LA CONNOTATION

I. S. B. N. 2-7297-0011-0

Catherine **KERBRAT-ORECCHIONI**

Université Lyon II

LA CONNOTATION

Presses
Universitaires
de Lyon

AVANT-PROPOS

Cet ouvrage n'est à l'origine qu'une pièce détachée d'une étude plus vaste, qui se présente elle-même comme une longue déambulation conceptuelle en territoire sémantique, déambulation dont l'itinéraire s'explicite en ces termes : « De la sémantique lexicale à la sémantique de l'énonciation » [1] — en passant par la sémantique de la connotation.

En effet :

Pour rendre compte de l'organisation sémantique d'un lexique, le modèle qui me semble le plus spectaculairement approprié, c'est celui que l'on appelle « sémique », ou « componentiel », et qui transpose en sémantique une méthodologie dont l'efficacité descriptive, s'agissant des systèmes phonologiques, est unanimement reconnue. Ce modèle est pourtant injustement décrié, faiblement explicité, pauvrement appliqué ; mal connu, méconnu — et partout exploité : sous divers avatars, c'est bien lui en effet que l'on trouve impliqué dans la composante sémantique (qu'elle soit interprétative ou basique) d'une grammaire générative, c'est lui qui constitue l'une des pièces maîtresses de la plupart des modèles narratologiques, et c'est encore lui qui fonde le concept, nodal en textologie, d' « isotopie ». Il me semble donc impossible de nier sérieusement la rentabilité opératoire du concept de « sème », et plus généralement, de cette idée qu'il est nécessaire de postuler l'existence d'unités de pur contenu, et de rang inférieur à celui du sémème. Impossible de nier l'importance du modèle componentiel, tant sur le plan théorique (il a permis l'importation dans le domaine sémantique de ce catalyseur épistémologique que fut pour la linguistique le principe structural énonçant la primauté du rapport sur l'élément, et de la forme sur la substance) qu'empirique (puisqu'il fournit des éclaircissements appréciables sur les fonctionnements langagiers, les mécanismes dénominatifs, et la manière dont les langues procèdent pour organiser, partitionner, étiqueter l'univers référentiel).

Mais le modèle componentiel ne prétend pas rendre compte de la totalité des valeurs sémantiques dont une séquence peut être porteuse. Le sens qu'il prend en charge, c'est en effet le seul « sens structurel » [2] d'unités envisagées dans leur seul fonctionnement déno-

---

(1) Thèse de doctorat d'Etat, Lyon, 1977.
(2) Notons que l'expression est ambiguë : il lui arrive de dénoter les valeurs sémantiques qui s'attachent aux signifiants syntaxiques.

*tatif. Le contenu sémique d'un item lexical, c'est en effet l'ensemble,
et lui seul, de ses « conditions dénotatives » (répondre à la question :
quels sont les sèmes d'un mot x ?, c'est répondre à cette question
équivalente : quelles sont les propriétés qu'il est nécessaire et suffisant qu'un objet possède pour pouvoir être adéquàtement désigné
par x ?) : l'analyse componentielle relève de ce que, pastichant
Genette, l'on peut appeler « la sémantique restreinte ».*

*D'où la nécessité de doubler l'investigation concernant les conte-
nus dénotatifs, dont le modèle componentiel permet au mieux de
rendre compte, d'une réflexion sur ces faits sémantiques plus flous,
ténus, périphériques, que l'on a coutume de regrouper sous l'étiquette
problématique de « connotation » — terme dont les variantes syno-
nymiques, plus ou moins métaphoriques, dénoncent assez le caractère
incertain de l'objet qu'elles prétendent dénoter : on parle du « halo »
des mots, de leur « banlieue », de leur « musique »[3], et même de leur
« odeur », « relent », « coloration », « encrassement »[4]... On parle
encore d' « auréole connotative », de « signification confuse »[5], de
« supplément de sens » — tout comme on dit « supplément d'âme » —,
et de « cet ensemble de facteurs émotifs et subjectifs insaisissables
qui accompagnent la dénotation » (Bloomfield). Le concept de connotation est flou, et pourtant, les linguistes s'entendent à peu près
lorsqu'ils le manipulent ; il est problématique, et pourtant « incon-
tournable » : comme l'avoue Barthes presque à regret[6], on ne peut
se passer de la connotation. Ce paradoxe m'a incitée à interroger, une
fois de plus[7], ce concept : l'entreprise n'est pas vaine, s'il est vrai que
le problème de la connotation, « malgré la fréquence d'emploi de ce
terme dans le discours des sémiologues, en est toujours au même
point où l'avait laissé Hjelmslev »[8], et que « les linguistes, malgré
leurs efforts répétés, n'ont jamais pu préciser le statut [des connota-
tions] » : j'ai voulu tenter de relever ce défi, lancé en 1973 par Jean-
Claude Coquet[9], et de montrer que le concept de connotation, en dépit
des problèmes épineux qu'il soulève, peut être considéré comme
opératoire dans la triple mesure où :*

---

(3) Cf. Valéry, à propos du mot « liberté » : « C'est un de ces détestables mots
qui ont plus de valeur que de sens ; qui chantent plus qu'ils ne parlent ».
(4) Jean Dubuffet, dans *Asphyxiante culture*, Pauvert 1968, pp. 51-56.
(5) Cf. la *Grammaire* de Port-Royal, pp. 25-26 : Un mot, « outre sa signification
distincte,... en a encore une confuse, qu'on peut appeler connotation d'une chose
à laquelle convient ce qui est marqué par la signification distincte ».
(6) Cf. *Tel Quel*, n° 47, p. 95 : « Hjelmslev m'a permis de pousser et de formaliser le schéma de la connotation, notion qui a toujours eu une grande importance
pour moi et dont je n'arrive pas à me passer, bien qu'il y ait un certain risque
à présenter la dénotation comme un état naturel et la connotation comme un état
culturel du langage ».
(7) Comme tentative récente de clarification du concept, citons surtout celle
de M.N. Gary-Prieur, « La notion de connotation(s) », *in Littérature*, n° 4,
décembre 1971, pp. 96-107.
(8) L. Prieto, *Pertinence et pratique*, 1975, p. 12.
(9) Cf. *Sémiotique littéraire*, p. 25.

1. *Sous ses différents avatars, le concept paraît bien posséder une valeur unitaire, et être susceptible de recevoir une définition conjonctive. Nous en proposons une, qui permet à la fois de regrouper des faits aussi hétérogènes en apparence que la rime et l'ironie, l'onomatopée et la métaphore, l'accent régional et le paragramme, et de les opposer globalement aux fonctionnements dénotatifs ; et qui se démarque nettement, notons-le au passage, du fameux schéma hjelmslévien du décrochement connotatif, schéma que reprennent pieusement à leur compte, alors qu'il me semble fortement inadéquat, Barthes, Greimas, et bien d'autres encore.*

2. *En dépit de leur extrême souplesse de jeu, les mécanismes connotatifs ne relèvent pas de l'ineffable, mais ils sont susceptibles d'être décrits en termes d'unités bifaciales, dont on peut spécifier l'ancrage signifiant et le contenu signifié — une partie importante de ce travail consistant précisément en une sorte d'inventaire des différents types de supports connotants et de valeurs connotées.*

3. *Enfin, et c'est peut-être l'essentiel, bien que ce critère d'évaluation soit lui-même difficilement évaluable, le concept de connotation est intéressant : il permet de mettre en évidence des aspects importants du fonctionnement langagier. Intéressant, et même fascinant : il serait facile de montrer à quel point sont le plus souvent connotés les métadiscours tenus sur la connotation, qui tantôt se trouve valorisée, voire fétichisée, comme refuge de la subjectivité discursive, comme lieu où s'affirme la spécificité des langues naturelles par rapport aux langages logiques, et celle du discours littéraire par rapport au degré zéro de l'écriture, et tantôt dévalorisée, dans la mesure où c'est un concept scientifiquement suspect, réfractaire à tout traitement rigoureux, et qui mérite en conséquence d'être évacué d'une analyse linguistique sérieuse* [10].

Pour moi, les séductions et les mérites qui s'attachent à la connotation tiennent essentiellement à ceci :

— d'une part, elle entraîne inéluctablement la réflexion linguistique vers les champs contingus du poétique, du psychologique, du sociologique, et de l'idéologique ;

— d'autre part, elle ouvre sur la problématique de la « signifiance » : sémantisant la totalité du matériel verbal, démultipliant les plans de lecture, pervertissant la légalité dénotative, la connotation démontre à l'évidence que les mécanismes de production du sens sont infiniment plus complexes que la classique théorie du signe ne le

---

(10) On peut noter pourtant que Bloomfield, le champion de l'anti-mentalisme, a été le premier à introduire la connotation dans le corps des concepts linguistiques. Paradoxalement, le discours de Bloomfield — lui que l'on pose parfois, et il faut bien reconnaître que certaines de ses affirmations provocantes ont favorisé cette réduction, en ennemi du sens — est très riche en considérations sémantiques, introduites en quelque sorte par prétérition.

*laisse supposer, infiniment plus subtils, plus indirects aussi parfois
— dans le cas par exemple de ce fonctionnement langagier sur lequel
à plusieurs reprises je m'interroge : le trope ; la métaphore bien sûr,
ce trope des tropes, mais plus généralement, l'ensemble de ces procédés qui relèvent de la représentation indirecte, de la rhétorique du
détournement, et qui ne cessent de me plonger dans une espèce de
perplexité fascinée. Car à tout prendre, on peut se demander pourquoi, ce serait tellement plus simple, on ne parle pas, toujours,
littéralement ; on peut s'étonner de ce paradoxe que constitue le trope,
qui place les sujets encodeur et décodeur dans une situation somme
toute inconfortable, puisqu'ils sont censés percevoir l'imposture que
constitue le sens littéral, et le traverser pour atteindre un sens dérivé
plus facilement recevable, sans pour autant l'expulser totalement : le
sens littéral cède en résistant, mais il résiste en cédant, et conserve
jusqu'au bout une certaine validité (sous la forme de traces connotatives venant surdéterminer le sens dérivé devenu pour la circonstance
dénoté), sans laquelle le trope perdrait toute espèce de légitimité.
Il y a donc dans le fonctionnement du trope, qui impose au sujet un
dédoublement psychologique corrélatif du dédoublement sémantique
qu'il institue, quelque chose de schizophrénique qui fondamentalement l'apparente au discours littéraire (de même que l' « être »
métaphorique fusionne en surface, ainsi que le montre bien Ricœur,
un « être » et un « n'être pas », de même le discours littéraire se
formule tout entier sur le mode du « cela était et cela n'était pas »),
ainsi qu'à certaines expériences oniriques ou hallucinatoires [11].*

*Le concept de connotation est donc extrêmement productif : il
aurait même tendance à l'être un peu trop ; c'est-à-dire qu'il ne cesse
de brandir cette question sans réponse : à partir de quel moment, et
sur quels critères, le jeu du décryptage sémantique doit-il être pris
au sérieux ? où arrêter la prolifération des sens, et où commence
l'arbitraire descriptif ? comment éviter que le travail de la « signifiance » ne dégénère en sa perversion, la « signifiose » ? Car il est
évident qu'une lecture plurielle incontrôlée, qui ne parvient pas à
endiguer les débordements anarchiques du sens, aboutit par des voies
inverses au même résultat que la lecture monologique : la nécrose du
sens, et la négation du texte : si l'on peut lire n'importe quoi sous
n'importe quel texte (et c'est vrai que la lecture paragrammatique,
par exemple, autorise cette polysémie infinie), alors tous les textes
deviennent synonymes, le support textuel inutile, et le texte, un simple
prétexte.*

---

(11) Sous mescaline par exemple, la perception des objets s'apparente à la
lecture du trope, si l'on en croit cette déclaration de Sartre au cours d'une
interview cinématographique réalisée par Alexandre Astruc : « Je *savais* que
c'était un parapluie, *sans pouvoir m'empêcher* de le voir comme un vautour » :
verbalisée, une telle expérience perceptive prend les formes mêmes de la métaphore.

La connotation, ne serait-ce donc qu'un pseudo-concept ? Si l'on en juge en tout cas par la fréquence d'apparition de ce terme dans des discours qui pourtant ne relèvent pas de la spécialité linguistique [12], elle se porte fort bien.

C'est essentiellement grâce à elle que s'est trouvée remise en cause une certaine conception monosémantique et monologique du texte. On sait maintenant que le sens est pluriel, et construit. Et que le sujet intervient, à l'encodage comme au décodage, dans la construction du sens, en mobilisant l'ensemble de ses compétences linguistique, culturelle, idéologique. C'est ainsi qu'après avoir transité à travers le vaste domaine de la connotation, je me suis tout naturellement trouvée en plein territoire énonciatif. Mais ceci est une autre histoire.

Au départ, le but de mon entreprise était simplement de clarifier le statut des différents types de valeurs sémantiques qui sont susceptibles de s'actualiser en discours, et que devrait spécifier ce que Fillmore appelle « le dictionnaire idéal » : dans cet ensemble hétérogène d'objets théoriques qui fonctionnent comme des unités minimales articulant le plan des contenus, les « connotèmes » occupent, aux côtés des sèmes, une place de choix.

---

(12) Il est incontestable en effet que le terme tend de plus en plus à sortir du ghetto de la terminologie spécialisée pour se répandre dans la langue commune, ou tout au moins dans la langue semi-technique des critiques littéraires et des publicitaires.

PROBLEMES DE DEFINITION

1. Le mot « connotation » n'est pas né dans le champ de la linguistique. Avant son irruption, grâce à Bloomfield, en 1933, dans la terminologie linguistique, c'était un terme de logique. L'histoire de la connotation logique est longue, celle de la connotation linguistique est brève. Les dictionnaires contemporains sont de ce point de vue révélateurs : ou ils ne signalent même pas l'acception linguistique du terme (ex. : le *Petit Robert*, 1972), ou ils la restreignent singulièrement. Ainsi, dans le *Dictionnaire du français contemporain* (Larousse, 1966), la connotation est définie comme l' « ensemble des valeurs affectives prises par un mot en dehors de sa signification (ou dénotation) ». Quant au *Dictionnaire alphabétique et analogique de la langue française*, de Robert, c'est seulement dans le supplément de 1970 qu'il accorde une entrée lexicale à « connotation » — la version de 1957 ne comportant que « dénotation » — en lui assignant deux significations : le sens logique, et le sens linguistique ainsi paraphrasé : « sens particulier d'un énoncé ou d'un élément linguistique que lui confère le contexte situationnel ». Or les valeurs affective et situationnelle d'un terme ne sont que des composantes, entre autres, du phénomène global de la connotation linguistique. Les dictionnaires n'en offrent donc qu'une vision partielle et fragmentaire.

Il n'est pas question de débattre ici de l'approche logicienne du fait connotatif [1]. Cela dépasserait notre propos et nos compétences. Mais il est indispensable de souligner qu'au cours de sa transplantation dans le domaine linguistique, le concept de connotation a subi une restriction d'extension, et que la frontière entre dénotation et connotation s'est déplacée de la façon suivante :

— En logique et en philosophie, la connotation d'un concept, c'est en gros, sa compréhension ; cf. :

● P. Foulquié, *Dictionnaire de la langue philosophique* :
Connotation :

---

(1) Sur ce problème, voir, entre autres, l'article de Jean Molino, « La connotation », *in La Linguistique*, vol. 7, fasc. 1, 1971, pp. 5-30.

a) chez les scolastiques : propriété que possède le terme de désigner, avec son objet propre, certains de ses attributs ;

b) chez certains modernes : ensemble des caractères que possède l'objet désigné par un terme. Dans ce cas « connotation » est synonyme de « compréhension ».

● **J.S.** Mill : « Le mot « blanc » dénote tous les objets blancs, comme la neige, le papier... et implique ou connote l'attribut blancheur ».

— En linguistique et sémiologie, la connotation d'une unité, ce n'est pas sa signification (ou compréhension) globale, c'est l'ensemble des « composantes connotatives » d'un terme, c'est-à-dire certains ingrédients seulement de sa signification, et qui ne sont pas considérés comme les plus importants puisqu'on les taxe souvent de valeurs additionnelles, secondes, périphériques, etc. Les constituants fondamentaux de la signification d'un terme sont les traits dénotatifs, **ou** sèmes, que dégage l'analyse componentielle.

Il faut donc bien voir :

— Que le terme de « connotation » a deux valeurs selon qu'on l'entend dans une perspective logique ou linguistique. L'extension de « connotation » (linguistique) est incluse dans celle de « connotation » (logique).

— Qu'en linguistique, « dénotation » est ambigu. La dénotation d'un terme, c'est à la fois :

● son extension (relation avec la classe des dénotés auxquels il renvoie) ;

● une partie de sa signification : l'ensemble des traits de sens qui permettent la dénomination (encodage) et l'identification (décodage) d'un référent, c'est-à-dire l'ensemble des traits strictement définitionnels — la connotation se chargeant de tous les traits supplémentaires.

Le schéma suivant met en évident l'hétéromorphie des deux structurations conceptuelles :

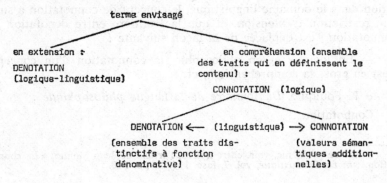

Bien plus, certains logiciens opposent à la « compréhension totale » (pour les linguistes : traits dénotatifs + connotatifs), la « compréhension décisoire » (traits dénotatifs seulement), ou « connotation proprement dite » : alors, il y a antonymie parfaite entre la connotation logique et la connotation linguistique. On voit les confusions que risque d'entraîner une définition insuffisante du champ scientifique à l'intérieur duquel sont envisagés ces concepts.

Cette confusion, on la constate d'ailleurs chez certains linguistes, comme Martinet, qui dans cette définition de la connotation amalgame la perspective logique et la perspective linguistique : « Une importante distinction du point de vue du sens est celle qui est faite entre la fonction référentielle et la fonction émotionnelle des signes... Désignée comme « valeur supplémentaire », la connotation serait la « définition en compréhension » ou « définition intensive », alors que la dénotation est une « définition en extension » ». Les incertitudes d'Eco au sujet de la dénotation s'expliquent de même par un désir, qui le conduit à l'incohérence, de concilier les perspectives logique et linguistique. Parfois, il intègre les sèmes à la connotation : c'est la « connotation comme signifié définitionnel » (« chaque lexème connote les propriétés attribuées à l'unité culturelle dénotée par la définition intensionnelle qui lui est communément appliquée »[2]) ; parfois, il retrouve la perspective linguistique traditionnelle en appelant « dénotation » cette partie de la signification qui se caractérise par sa stabilité et sa valeur informationnelle. Mais comme d'autre part il s'efforce, en une sorte de radicalisme immanentiste, de couper radicalement la dénotation du référent, il est amené à risquer cette formule approximative : « Le lexème isolé dénote une position dans le système sémantique ». En réalité, un lexème dénote une classe d'objets, en vertu de son sens dénotatif, lequel se définit par sa position structurale à l'intérieur d'un champ sémantique. A vouloir concilier les deux perspectives, Eco achoppe sur une aporie : il prend aux logiciens leur conception extensive de la connotation, et aux linguistes, leur souci de définir la signification sans l'asservir au référent. Alors, la dénotation devient un concept vide.

2. Le principal problème que pose la connotation à l'analyse linguistique, c'est celui de définir la ligne de démarcation qui sépare dénotation et connotation, c'est-à-dire d'expliciter les critères qui fondent la partition de l'ensemble des valeurs sémantiques constituant la compréhension (signification) d'un terme en deux sous-ensembles : traits dénotatifs/traits connotatifs. Si cette partition est possible, et si elle est intéressante, alors le concept de connotation pourra être considéré comme pertinent. D'après Bloomfield, « les variétés de connotation sont illimitées et indéfinissables et, dans leur ensemble, ne peuvent être clairement distinguées de leur sens dénotatif »[3]. Notre

_____

(2) *La structure absente*, p. 92.
(3) *Le langage*, p. 147.

tâche consistera ici à tenter de dégager les diverses facettes du phénomène de connotation, et de les réunir sous une définition conjonctive.

L'opposition entre dénotation et connotation est souvent formulée
en ces termes : appartenance à la langue/à la parole.

— Lorsque cette opposition langue/parole est elle-même ramenée
à l'opposition collectif/individuel (ce qui est déjà inadéquat), cela veut
dire que les traits dénotatifs auraient la propriété d'être communs
à tous les idiolectes, tandis que les valeurs connotatives seraient
différenciées selon les locuteurs. C'est ainsi que Mounin qualifie de
« rigoureuse » la définition que Martinet propose de la dénotation :
« tout ce qui est dans l'emploi d'un mot n'appartient pas à l'expérience de tous les utilisateurs de ce mot dans notre langue ». Or s'il
est vrai que certains types de connotations — ces « images associées »
que les mots drainent à leur suite, et qui sont solidaires de leurs
conditions d'acquisition et de mémorisation, donc de l'histoire personnelle du sujet parlant — sont strictement idiolectales, il en est
d'autres qui, quoique généralement reconnues comme d'authentiques
connotations (les niveaux de langue, par exemple) appartiennent
manifestement au diasystème, et à ce titre, figurent même dans le
dictionnaire : parmi les connotations, certaines sont institutionalisées,
d'autres sont idiosyncrasiques. Inversement, la valeur dénotative d'un
terme peut varier d'un idiolecte à l'autre [4]. L'opposition dénotation/
connotation ne saurait donc être superposée à l'opposition collectif/
individuel.

— Plus justement, « parole » signifie « tout ce qui dans un énoncé
ne peut être ramené à des règles générales sous-jacentes ». Est-il vrai
que dans un texte, on voit parfois surgir, de façon anarchique et non
codifiable, et à la faveur d'effets contextuels imprévisibles, des valeurs
connotatives inédites ? C'est un problème qu'il faudra poser plus tard.
Ce que l'on peut dire pour le moment, c'est que bien des connotations
appartiennent au code trans-textuel et/ou trans-individuel ; que par
conséquent l'axe langue/parole n'est pas pertinent pour fonder l'opposition dénotation/connotation.

Une conception proche de la précédente consiste à rendre la
connotation seule responsable des difficultés de la traduction. Au
lieu de localiser respectivement les dénotations/connotations dans les
diasystèmes/idiolectes, on formule l'opposition en termes de traits
universaux/spécifiques d'une langue (ou sous-langue) particulière.

---

(4) Quoi qu'en dise J.M. Peterfalvi (Introduction à la psycholinguistique,
p. 91) : « La signification (connotative) d'un mot peut être la même pour toute
une communauté linguistique, ou bien elle peut être propre à un groupe donné
et à la limite à un seul individu. La signification dénotative, au contraire, doit
être la même pour tous les locuteurs d'une langue donnée, faute de quoi la
communication ne pourrait pas s'établir de façon satisfaisante ».
On voit le raisonnement : la communication doit s'établir de façon satisfaisante ; donc les codes dénotatifs doivent être les mêmes pour tous. Ce bel
optimisme est pourtant démenti par le fonctionnement réel de la communication.

Mais l'idée selon laquelle les différentes langues seraient dénotativement isomorphes est erronée : l'hétéromorphie sémantique atteint les
structurations dénotatives tout autant que les systèmes connotatifs [5].

3. Quels sont donc les axes pertinents qui sous-tendent l'opposition connotation/dénotation, puisque ceux qui viennent d'être envisagés ne permettent pas d'en rendre compte ?

a) L'extraction du sens d'un mot comme « chaise » se fait sur la
base suivante : étant donné un objet x, quelles sont les propriétés
que doit posséder x pour pouvoir être appelé « chaise » ? Ou en termes
sémasiologiques : étant donné le mot « chaise », quels sont les traits
de son contenu qui lui permettent de référer à une classe particulière
d'objets ?

Nous appellerons « dénotatif » le sens qui intervient dans le
mécanisme référentiel, c'est-à-dire l'ensemble des informations que
véhicule une unité linguistique et qui lui permettent d'entrer en
relation avec un objet extralinguistique, au cours des processus
onomasiologique (dénomination) et sémasiologique (extraction du
sens et identification du référent). Toutes les informations subsidiaires
seront dites connotatives [6].

Trois exemples vont permettre d'illustrer la différence :

1. « *pomme de terre* »/« *patate* », qui est polysémique :

● Le sémème$_1$ de « patate » (« plante des régions chaudes, cultivée
pour ses gros tubercules comestibles à chair douceâtre ») s'oppose
dénotativement à celui de « pomme de terre » : pour choisir entre les
deux termes (encodage), il faut identifier correctement le référent ;
pour identifier le référent (décodage), il faut interpréter correctement
le sens — dénotatif — du terme proposé.

● Le sémème$_2$ de « patate » peut être approximativement décrit
comme la somme des sèmes de « pomme de terre » + le trait [langue
familière] : ce trait est connotatif. En effet, le même objet peut
toujours être dénommé par l'un ou l'autre de ces termes — ils ont
exactement la même extension ; et même si l'on ne décode pas le trait
connotatif de « patate », on peut toujours identifier correctement le
référent associé. « Patate » apporte des informations différentes de

(5) Dans *Problèmes théoriques de la traduction*, Mounin insiste sur les difficultés que la connotation cause à la pratique de la traduction, sans nier pour
autant l'hétéromorphie dénotative.
(6) La même opposition, formulée dans les termes très discutables de
« conception physique/psychologique » du sens, se retrouve chez Benzecri : « La
linguistique comprend une physique ; non toute la physique, mais seulement celle
sous-jacente à l'emploi des mots comme *désignant* des objets. Quelles questions
faut-il se poser pour pouvoir, devant un siège, décider si c'est ou non une
bergère ? » En revanche, relèvent de la connotation « les liens affectifs qui nous
relient aux sièges, le fauteuil du directeur, la bergère du boudoir, la chaise de
la salle à manger, les bancs des squares... ou toutes autres associations ordinaires
de la parole, qui sont sous-jacentes à l'évaluation des sièges » (*in Actes du
premier colloque international de Linguistique appliquée*, p. 223).

« pomme de terre », mais ces informations sont étrangères au référent du terme : elles portent sur le locuteur et sur la situation de communication.

Le connotant, c'est le signifiant lexical, où s'amalgament les signifiants de dénotation et de connotation.

Le connoté, c'est son appartenance à un registre particulier : la langue familière.

2. « *blonds cheveux* »/« *cheveux blonds* » :

Les deux syntagmes sont dénotativement synonymes, mais ils s'opposent connotativement.

Ici, le signifiant de connotation a une existence autonome : c'est l'antéposition de l'adjectif (qui peut par ailleurs fonctionner comme signifiant de dénotation : cf. « pauvre homme »/« homme pauvre » ; « bon cavalier »/« cavalier bon », etc.).

Le signifié de connotation, c'est quelque chose comme : « appartenance à la langue poétique stéréotypée ».

3. *les pâtes* « *Panzani* » :

Nous nous référons ici à la célèbre analyse de Barthes, qui remarque que « ce message lui-même peut se décomposer, car le signe Panzani ne livre pas seulement le nom de la firme, mais aussi, par son assonance, un signifié supplémentaire qui est, si l'on veut, l' « italianité » ; le message linguistique est donc double : de dénotation et de connotation »[7].

Dans le mot « Panzani » sont fusionnés deux signes :

● Un signe dénotatif, dont le signifiant est l'ensemble de la séquence phonique ou graphique (ou du moins l'ensemble de ses traits distinctifs), et dont le signifié (ou le référent ? le problème est délicat lorsqu'il s'agit d'un nom propre), c'est la firme qui produit cette sorte particulière de pâtes, et ces pâtes elles-mêmes.

● Un signe connotatif.

Son signifiant est difficile à localiser précisément ; le -i final y joue un rôle important, mais aussi la séquence consonantique -nz-, surtout si le mot est prononcé (p $\tilde{a}$ nzani), car c'est une séquence phonématique inconnue du français « normal », mais fréquente en italien.

Quant au signifié de connotation, Barthes l'explicite à l'aide du néologisme « italianité », qui tente de rendre compte du phénomène suivant : le terme Panzani « suggère » que les pâtes en question « évoquent » l'Italie ; que lorsqu'on les déguste, on est transporté en imagination, grâce aux sortilèges de l'exotisme culinaire, en pleine Italie pittoresque.

---

(7) « Rhétorique de l'image », *in Communications*, n° 4, p. 40.

On voit qu'ici la spécificité du signifié de connotation est différente des deux cas précédents : c'est un signifié de suggestion pure.
« Panzani » ne dit pas explicitement : « ces pâtes sont de fabrication
italienne », ce qui au demeurant est faux. Il suggère, simplement,
certaines associations.

La définition qui vient d'être proposée de l'opposition dénotation/
connotation est purement sémantique, puisqu'elle repose sur la nature
des informations véhiculées par le signifiant : les contenus de connotation peuvent être divers — et nous essaierons de les classer. Mais
ils partagent la propriété d'être indifférents à la stricte identification
d'un référent.

b) Quant aux signifiants de connotation, on voit d'après les
exemples précédents qu'ils peuvent coïncider avec ceux de la dénotation, ou avoir une existence autonome ; et qu'ils sont beaucoup plus
diversifiés que les signifiants de dénotation.

Les seuls supports du sens reconnus officiellement par la linguistique traditionnelle, c'est-à-dire dénotative, sont en effet les signifiants
lexicaux, et certaines constructions syntaxiques. Mais la connotation
exploite, en plus des mêmes supports, la totalité du matériel linguistique. Par exemple, pour exprimer l'idée de tristesse, on peut énoncer
« je suis triste » : la tristesse est alors dénotée. Mais on peut aussi
la connoter, en multipliant les consonnes et les voyelles nasales. Autre
exemple : pour décrire dénotativement une chute, on utilise un certain
matériel lexical et syntaxique qui produit des phrases telles que :
« Il tombe ». Mais on peut suggérer connotativement cette chute par
une anacoluthe, comme le fait Pascal dans la célèbre évocation du
philosophe funambule.

Un même élément de contenu peut être exprimé dénotativement
ou connotativement : la définition sémantique proposée en *a*) est donc
insuffisante, et il convient de la compléter ainsi : dès qu'une valeur
sémantique apparaît, sans être véhiculée par un signifiant appartenant
aux deux catégories généralement admises comme ayant cette fonction
(signifiants lexicaux et constructions grammaticales), on parle de
connotation. Dans ce cas — et c'est dans cette mesure qu'il est légitime, et non arbitraire, de n'admettre comme signifiants de dénotation
que les deux types signalés plus haut — les modalités d'affirmation
du sens sont tout autres que dans la dénotation, même si le contenu
sémantique est approximativement le même :

— Dans la dénotation, le sens est posé explicitement [8], de manière
irréfutable ; son décodage est général — sauf en cas de divergence
idiolectale entre l'émetteur et le récepteur.

— Dans la connotation, le sens est suggéré, et son décodage est
plus aléatoire. Les contenus connotatifs sont des valeurs sémantiques

---

(8) Genette, dans *Langages*, n° 12, p. 28, parle de « sémantique explicite »,
par opposition aux « effets de sens secondaires ».

floues, timides, qui ne s'imposent que si elles sont redondantes, ou du moins non contradictoires, avec le contenu dénotatif. Il serait absurde de voir une chute sous toute anacoluthe, ou de la tristesse chaque fois que les nasales sont anormalement fréquentes. Les valeurs connotatives virtuelles ne s'actualisent effectivement — sauf peut-être dans le discours poétique — que si la dénotation le permet. C'est ce qui explique que dans toutes les définitions de la connotation apparaisse l'idée de valeurs « en surplus » (Bloomfield parle de « valeurs additionnelles », Mitterand de « sursignifications », du « jeu de significations secondes qui se greffent sur la dénotation »), cette superfluité consistant :

● soit dans le fait que les informations connotatives n'ont aucune pertinence référentielle (elles portent sur tout autre chose que ce que dénote la séquence : le locuteur, la situation de communication, le type de discours choisi, etc.) : cela pour les connotations définies selon le critère a), et si l'on admet le caractère hiérarchiquement premier de la fonction référentielle ;

● soit dans le fait que même lorsqu'elles portent sur le référent du discours (définition de type b)), leur actualisation est subordonnée à celle des contenus dénotatifs — subordonnée au sens logique du terme : en termes hjelmsléviens, on peut dire qu'entre les plans dénotatif et connotatif la relation est de sélection, le second présupposant unilatéralement le premier.

4. Récapitulation : d'après ce que nous avons constaté des usages faits du terme « connotation », ce terme peut être ainsi défini :

On parle de connotation lorsqu'on constate l'apparition de valeurs sémantiques ayant un statut spécial

● *parce que leur nature même est spécifique : les informations qu'elles fournissent portent sur autre chose que le référent du discours*
et/ou

● *parce que leur modalité d'affirmation est spécifique : véhiculées par un matériel signifiant beaucoup plus diversifié que celui dont relève la dénotation, ces valeurs sont suggérées plus que véritablement assertées, et secondaires par rapport aux contenus dénotatifs auxquels elles sont subordonnées.*

Le « et/ou » s'explicite ainsi : il existe de ce point de vue trois classes de faits connotatifs :

● Sa de même nature que les signifiants de dénotation
Sé de nature différente (non dénotative).

● Sa de nature spécifique
Sé de même nature (mais de statut différent) que les signifiés de dénotation.

● Sa et Sé de nature spécifique.

Cette définition est complexe : elle fait appel concurremment à des considérations de contenu et d'expression. Mais au terme d'un inventaire approfondi des différents usages du terme, c'est celle qui nous a semblé le mieux répondre à la double exigence de simplicité et d'exhaustivité.

5. Clarification terminologique annexe :

En linguistique, le terme de connotation est ambigu dans la mesure où il désigne en général un certain type de mécanisme sémiologique (le « phénomène de connotation ») ; mais lorsqu'on parle de la « connotation d'un terme », on entend par là sa valeur connotative, son contenu de connotation. Pour clarifier la situation, nous proposons le lexique métalinguistique suivant :

— « connotation » : le mécanisme sémiologique global ;

— « signifiant de connotation » (« connotant », ou à la rigueur « connotateur » [9]) : le support du fait de connotation ;

— « signifié de connotation » (ou « connoté ») : son contenu ;

— on appellera enfin « fait » ou « unité de connotation », ou encore « signe connotatif », l'ensemble constitué par l'association d'un Sa et d'un Sé de connotation.

Un signe connotatif est élément d'un langage de connotation.

Pour la dénotation, le problème est plus complexe, car un facteur supplémentaire entre en jeu : le référent extralinguistique, appelé souvent « dénoté » [10]. Si l'on peut proposer parallèlement les expressions :

— « signifiant de dénotation » ;

— « signifié de dénotation », ou « sens dénotatif » (plutôt que « dénoté », généralement synonyme de « référent ») ;

— « unité de dénotation » (« signe dénotatif »), et

— « référent »,

— le terme de « dénotation » fait problème. On aimerait, pour la symétrie, le réserver au mécanisme sémiologique qui consiste à

---

(9) Cf. Barthes, *Communications*, n° 4, p. 131 : « Les signifiants de connotation, que l'on appellera connotateurs... ». Mais le terme est gênant car si la façon dont il est motivé suggère en effet qu'il renvoie au Sa, il semble que chez Hjelmslev, qui occupe parmi les théoriciens de la connotation une place prépondérante, l'usage soit inverse, cf. *Prolégomènes...*, p. 160 : « Il semble donc légitime de considérer l'ensemble des connotateurs comme un contenu dont les langages de dénotation sont l'expression ». On sait en effet que pour Hjelmslev, c'est l'ensemble du langage de dénotation (expression + contenu) qui fonctionne comme signifiant de connotation. Le contenu dont il s'agit ici ne peut donc être que celui de la connotation.

(10) On voit ici se profiler un problème qui sera repris plus tard : les signes connotatifs ont-ils eux aussi un corrélat référentiel ?

associer un signifié de dénotation à un signifiant de dénotation. Mais ce terme a l'habitude de décrire aussi la relation au référent : sans doute serait-il préférable de parler dans ce cas de « référence ».

Quant à la signification d'une unité, ce sera la totalité de ses valeurs dénotatives et/ou connotatives (le « et » correspondant au cas où s'amalgament dans une même unité un signifiant de dénotation et un signifiant de connotation).

6. Nous allons commencer à passer en revue les différents types de supports connotatifs, pour poser ensuite le problème théorique de l'autonomie des signifiants de connotation, et de leur relation avec le matériel de dénotation, et critiquer le célèbre schéma qui représente la connotation comme « décrochée » par rapport à la dénotation (Hjelmslev, Barthes, Greimas, etc.).

Puis, nous ferons parallèlement l'inventaire (non isomorphe au précédent) des signifiés de connotation.

Après avoir ainsi exploré les contours du concept, nous tenterons de l'évaluer, en postulant que pour qu'un concept comme celui-ci soit pertinent et opératoire, il faut et il suffit :

1. qu'on puisse lui trouver une certaine valeur unitaire, et en proposer une définition conjonctive ;

2. que l'opposition dénotation/connotation soit décidable, c'est-à-dire que dans la plupart des cas, en face d'une unité sémiotique donnée, on puisse répondre à la question : cette unité relève-t-elle des mécanismes dénotatifs ou connotatifs ? ;

3. que cette opposition enfin soit intéressante, c'est-à-dire qu'elle mette en lumière certaines particularités importantes du fonctionnement des langues naturelles. Ce dernier critère d'évaluation est difficile à évaluer lui-même, mais on ne peut s'en passer, sous peine de reconnaître comme pertinents des objets dont le statut est aussi bien assuré que l'intérêt limité.

L'étude du fonctionnement connotatif de la signification est un complément indispensable à l'analyse sémantique, et en particulier componentielle, qui par définition ne s'intéresse qu'aux traits dénotatifs (sèmes) : les valeurs connotatives, bien que logiquement secondes, ne sont pas pour autant secondaires par rapport aux valeurs dénotatives — l'importance relative des unes et des autres variant avec le type de discours auquel on a affaire.

D'autre part, la notion de connotation est à l'origine d'une certaine remise en cause de la théorie du signe. Elle montre, de façon « caricaturale » pour Kuentz, mais éloquente pourtant, que la relation Sa/Sé est beaucoup plus complexe que la conception saussurienne du signe ne le laisse supposer [11], que les supports signifiants sont extrê-

_____

(11) A côté de cette théorie du signe, Saussure a d'ailleurs développé, on le sait grâce à Starobinski, une théorie de l'anagramme qui montre combien il était lui-même conscient de la complexité des mécanismes sémiologiques.

mement variés, que les niveaux signifiés sont multiples, que la relation entre les uns et les autres peut être très indirecte, et qu'un même texte exploite plusieurs codes parallèles[12]. Même si l'on estime — ce qui n'est d'ailleurs pas évident — que le concept doit maintenant se saborder pour s'absorber dans une théorie plus puissante du sens pluriel, il est absurde de lui dénier toute valeur heuristique, toute efficacité analytique, et de méconnaître son pouvoir « critique » (au sens barthésien du terme) : contre les certitudes de la théorie du signe, la connotation a eu le mérite de contraindre le linguiste à reformuler en termes plus complexes le problème de la manifestation du sens.

---

(12) S'il est actuellement si difficile de dégager les significations textuelles, et d'éviter, dans les analyses structurales inspirées de Jakobson, Lévi-Strauss, etc., le « saut interprétatif » (cette coupure entre l'analyse formelle et l'interprétation sémantique profonde), c'est sans doute à cause d'une conception trop simpliste des relations entre signifiants et signifiés.

— II —

LE SIGNIFIANT DE CONNOTATION

C'est un aspect généralement négligé par les théoriens de la connotation, qui s'attachent davantage à son signifié qu'à son signifiant [1]. Cependant, quelques aperçus sur la diversité des connotants nous sont fournis par les linguistes suivants :

— Eco (*La structure absente*, p. 128), lorsqu'il analyse les « niveaux d'information dans un message esthétique » — en d'autres termes, les niveaux où se localise la connotation —, distingue :

a) Niveau des supports physiques :

langage verbal : tons, sons, inflexions ;

langages visuels : couleurs, phénomènes de matières ;

langage musical : timbres, fréquences, durées.

b) Niveau des éléments différentiels sur l'axe paradigmatique : phonèmes, rythmes, longueurs métriques.

c) Niveau des rapports syntagmatiques.

Il ajoute donc aux éléments traditionnellement reconnus comme supports signifiants : la substance de l'expression, les faits rythmiques et prosodiques, et certains faits syntaxiques sans fonction dénotative.

— Todorov (*Communications*, n° 4, pp. 33-39), cherchant à cerner les différents plans générateurs de signification en littérature, propose l'inventaire suivant :

a) les sons ;

b) la prosodie ;

c) le plan grammatical ;

d) le plan sémantique, ou « substance du contenu ».

---

(1) Cf. Metz, *Essais...*, t. II, p. 165 : « Il faut donc admettre que la connotation, de même qu'elle a ses signifiés propres (qui n'ont jamais été mis en question par la tradition post-hjelmslevienne) dispose aussi de ses signifiants propres, au sujet desquels la tradition flotte passablement ».

Mais le problème n'est pas clairement posé : d'abord, sous l'étiquette « plans de signification », Todorov amalgame expression et contenu ; ce qu'il est pertinent de se demander au contraire, c'est comment les trois premiers « plans » (il s'agit d'ailleurs plutôt de « niveaux », d'après la terminologie linguistique traditionnelle) engendrent le dernier. Ensuite, il ne dit pas explicitement ce qui, dans cet inventaire, relève de la connotation : ainsi, les structures grammaticales sont envisagées sous leur seul aspect dénotatif.

e) les « autres systèmes significatifs » : c'est une rubrique « fourre-tout », qui comprend aussi bien les connotations par allusion que la « symbolisation d'un concept par un objet », c'est-à-dire les connotations attachées aux référents extralinguistiques, et que la langue récupère lorsqu'elle les dénomme.

— Pour Greimas (*Du sens*, p. 95), les « connotateurs » (terme qu'il utilise à l'inverse de Hjelmslev auquel pourtant il se *réfère*) sont des unités qui appartiennent à l'un ou l'autre des plans suivants :

phonologique : forme de l'expression ;
grammatical : forme du contenu ;
phonétique : substance de l'expression ;
sémantique : substance du contenu.

Par exemple, le signifié « vulgarité » peut être connoté par :

la forme de l'expression : telle neutralisation phonologique ;
la forme du contenu : tel tour syntaxique ;
la substance de l'expression : telle réalisation de phonème ;
la substance du contenu : tel champ sémantique (sexualité, scatologie...).

Cette présentation appelle un certain nombre d'objections :

● Greimas reprend, pour l'appliquer au phénomène de connotation, une distinction entre forme et substance d'expression, qui se fonde sur le fonctionnement de la dénotation, et qui est pertinente de ce point de vue, mais cesse de l'être dès qu'il s'agit de connotation. Par exemple, le roulement du /R/ est un trait de la substance d'expression conçue dans la perspective dénotative (trait non fonctionnel puisque non distinctif), mais du point de vue de la connotation c'est un trait pertinent (fonction symptomatique) qui relève bel et bien de la forme de l'expression, si toutefois, comme nous en faisons ici l'hypothèse, il est possible de dégager une organisation structurale de ces traits connotatifs. Du point de vue de la connotation, l'opposition entre « telle réalisation de phonème » et « telle neutralisation phonologique » n'a donc aucune validité.

● Même dans une perspective dénotative, il est faux d'assimiler la forme du contenu à l'aspect grammatical du langage. L'information sémantique est mise en forme par l'organisation syntaxique, mais aussi par la façon dont les axes sémantiques constitutifs des sémèmes découpent le référent. Ce que décrit l'analyse sémantique, c'est la façon dont les sèmes sont articulés en sémèmes véhiculés par des signifiants lexicaux eux-mêmes organisés en phrases. La sémantique, il est important de le répéter, est une discipline formelle.

● La substance du contenu, ce serait à la rigueur le référent, encore que celui-ci soit organisé antérieurement au langage. Or ce que Greimas omet de signaler, c'est que ce référent lui-même, indépendamment de sa verbalisation, est connoté.

Enfin, il omet aussi, parce qu'il n'entre dans aucun de ses quatre « plans », un connotateur pourtant fréquent : le signifiant lexical. La « vulgarité » d'un mot peut être parfaitement indépendante de son contenu sémantique (et bien entendu, de son matériel phonique en tant que tel) ; elle peut relever uniquement du fait que le signifiant lexical est marqué comme appartenant au registre de la langue vulgaire [2].

C'est à notre tour maintenant de proposer un inventaire des supports signifiants susceptibles de véhiculer des informations connotatives [3].

A. — Le matériel phonique et/ou graphique

Le rôle traditionnellement dévolu aux unités phoniques et graphiques, c'est d'être constitutives, de par leur valeur distinctive, des signifiants lexicaux. A ce titre, elles participent fondamentalement, mais indirectement (en combinatoire seulement : ce ne sont pas des unités significatives), à l'établissement de la dénotation. Mais à côté de cette valeur officielle, elles participent à divers mécanismes connotatifs.

1. — LES PHONOSTYLÈMES.

Le terme vient de P.R. Léon, « Principes et méthodes en phonostylistique », *in Langue française*, n° 3, (septembre 1969), pp. 73-84.

Une séquence phonique, dit-il, véhicule deux types d'informations :

— Celles qui relèvent de la fonction représentative (Troubetzkoy), ou référentielle (Jakobson), dont les supports signifiants sont les phonèmes.

---

(2) Dans un autre domaine sémiologique, mais à propos toujours de la vulgarité, au cours d'un débat de France Musique cherchant à répondre à la question : « la vulgarité musicale réside-t-elle dans la partition ou dans son exécution ? », les réponses étaient embarrassées : c'est plutôt, disait-on en substance, dans l'exécution, mais certaines partitions se prêtent mieux que d'autres à une exécution vulgaire...

(3) La localisation précise du connotant n'est pas toujours aisée, on l'a vu dans le cas de « Panzani ». On en rencontrera d'autres exemples.

— Celles qui relèvent de la fonction émotive, ou expressive, dont les unités pertinentes d'expression sont appelées « phonostylèmes » : « La seconde catégorie apporte une information supplémentaire. Ainsi, tout en continuant de donner une information linguistique, le message « il pleut » peut transmetre en même temps de la colère, de la tendresse, un accent régional, un effet emphatique, etc. Ce second message, phonostylistique, est facilité par la redondance de la langue parlée ».

Les phonostylèmes sont des unités de connotation, dans la mesure où les informations qu'ils transmettent ne portent pas sur le référent du discours (la situation qu'il décrit), mais sur le sujet d'énonciation : ils s'apparentent à ce que nous appelons les connotations énonciatives.

Si l'on cherche à cerner de plus près la nature spécifique de ces signes connotatifs, on constate :

— Que le signifiant de connotation a une existence autonome : c'est la réalisation particulière de tel phonème, c'est-à-dire des traits phonétiques non pertinents dénotativement, par exemple le roulement du /R/, indice de l'origine géographique et/ou sociale du locuteur ; l'ouverture ou la postériorisation excessives dans la prononciation des voyelles, qui d'après Fonagy connotent la vulgarité.

Les phonostylèmes recouvrent en outre divers faits prosodiques. Nous les retrouverons donc dans la rubrique suivante.

— Quant au signifié de connotation, il porte sur le locuteur : son appartenance géographique ou socio-culturelle, ses dispositions psychologiques au cours de l'énonciation. En cela, les phonostylèmes s'opposent aux autres types de connotations reposant sur l'exploitation du matériel phonique. Une autre spécificité du phonostylème, c'est que son maniement, sauf dans les discours ironiques ou parodiques, est inconscient, ou tout au moins spontané. Les autres types de connotations à support phonique supposent au contraire un travail sur le signifiant, une élaboration plus ou moins consciente du message, c'est-à-dire qu'elles relèvent de la fonction poétique et non expressive du langage.

Remarques.

— En général, les connotations se greffent sur un langage de dénotation préexistant. Mais Léon (p. 74) fournit un contre-exemple : il cite le cas, mis en scène par Sacha Guitry, de cette jeune femme qui pour donner l'illusion qu'elle participe effectivement à une conversation hautement intellectuelle, émet une succession de « Hm ! » diversement intonés (dont la fonction est phatique, expressive, mais non référentielle) : elle utilise ainsi le seul code phonostylistique (connotatif) sans aucun soubassement phonologique (dénotatif).

— Léon affirme qu'il est possible de dégager des phonostylèmes à signifiant discret, à signifié stable, entre lesquels il y a écart différentiel, et qui n'ont de valeur qu'oppositive : « Si l'on étudie l'into-nation de la surprise, à partir d'une courbe mélodique donnée, on trouvera bien une série de courbes — variantes de la surprise — mais au-dessus et au-dessous d'un certain seuil, on passera probablement nettement à une autre catégorie phonostylistique »... « L'intonation du doute n'existe qu'en fonction de l'affirmation ; l'articulation de la colère en fonction de celle de la douceur » (il s'agit ici des intonations, ce qui déborde un peu notre propos immédiat, mais le principe s'applique à tous les phonostylèmes). Ainsi, malgré Hjelmslev, ce sont des unités formelles et non substantielles : « On a trop tendance à considérer sous le seul angle de leur substance les éléments du code phonostylistique. Or ils ont aussi une organisation, une forme — au sens hjelmslevien — qu'il s'agit de trouver » (p. 77).

— Pour lui, « le phonostylème, comme le phonème, est presque toujours constitué par un ensemble de traits phoniques ». Par exemple, la postériorisation du /a/ dans la prononciation de « Bonsoir madame » peut connoter soit un accent campagnard, soit un style emphatique, etc. Il faudra donc d'autres indices pour que soit décodée correctement l'unité connotative, et « le phonostylème sera donc le faisceau d'indices permettant d'identifier tel ou tel message phono-stylistique nettement caractérisé ».

Il est vraisemblable en effet qu'un phonostylème (unité formelle unique) puisse être complexe du point de vue de la substance. Mais la démonstration de Léon est contestable : plus justement, on peut considérer la postériorisation du /a/ comme un signifiant polysé-mique ; parmi l'ensemble de ses valeurs virtuelles, le contexte sélec-tionne un signifié isotope, selon un processus analogue à celui qui, d'après Katz et Fodor, assure la combinatoire des signifiés lexicaux.

2. — EXPLOITATION DE LA VALEUR EXPRESSIVE DES SONS (PROBLÈME DU SYMBOLISME PHONÉTIQUE).

a) *Position du problème :*

Les différents sons qu'utilise une langue possèdent-ils, intrinsè-quement, certaines valeurs expressives — qu'il serait plus juste d'ailleurs de qualifier de sémantiques ?

Cette idée, depuis l'antiquité grecque et latine où elle fonde la théorie des « naturalistes » (ou « cratyliens », par allusion au célèbre dialogue de Platon), a traversé triomphalement la linguistique clas-sique. Elle figure en bonne place dans les manuels de rhétorique, où l'on s'acharne à énumérer les valeurs sémantiques qui s'attachent aux différents sons, confondus d'ailleurs avec les lettres (ainsi, dans l'ouvrage de De Piis, chaque lettre se voit consacrer une strophe versifiée du genre : « L'*F* en fureur frémit, frappe, froisse, fra-casse... »). Elle inspire certaines réflexions de Faguet (« Le chiffre est rigoureux. Ah ! que le mot exprime bien la nature de la chose ! »), ou de Théodore de Banville, qui trouve que « citadelle » est un « grand

mot terrible » — et Nyrop de rétorquer finement que « " mortadelle "
serait un mot bien plus grand et bien plus terrible encore si par
malheur il ne désignait un gros saucisson de foie... »

Cette foi dans le symbolisme phonétique va jusqu'à susciter aux
XVIII° et XIX° siècles, l'éclosion de pseudo-sciences, telle la cognomologie chère à Balzac, qui postule que les signifiants des noms propres
livrent d'eux-mêmes les caractères physiques et psychologiques de la
personne qu'ils dénotent : « Madame de Listomère... Ceux auxquels
le système de « cognomologie » de Sterne est inconnu, ne pourraient
pas prononcer ces trois mots : Madame de Listomère ! sans se la
peindre noble, digne, tempérant les rigueurs de la piété par la vieille
élégance des mœurs monarchiques et classiques, par des manières
polies ; bonne, mais un peu roide ; légèrement nasillarde ; se permettant la lecture de la Nouvelle Héloïse, et se coiffant encore en
cheveux [4] ».

Dans cette perspective, les sons ont vocation, de par leurs propriétés intrinsèques, à véhiculer certaines valeurs sémantiques, plutôt
que d'autres : ce sont des sortes de signes (très polysémiques), et
le langage apparaît comme une onomatopée généralisée.

La linguistique structurale moderne, on le sait, en proclamant que
le signe est fondamentalement arbitraire, a réglé son compte à cette
idée d'un symbolisme phonétique généralisé, que certaines formulations caricaturales avaient contribué à discréditer. Pourtant, il ne
faudrait pas la reléguer trop rapidement dans le musée des « rêveries
sur le langage » : certaines constatations troublantes, renforcées par
des expérimentations de plus en plus raffinées [5], permettent actuellement de la réhabiliter. Mais il est difficile de dégager en cette
matière des conclusions assurées, du fait :

— Que la connaissance que l'on a du sémantisme qui s'attache
aux séquences phoniques déteint sur leur interprétation : cela est

---

(4) Balzac, *Le curé de Tours*, Le Livre de poche, 1967, p. 298. Notons que la
cognomologie survit encore dans les élucubrations de Madame Soleil et consorts,
du genre : « Les Albertine font bien la cuisine » (pourquoi ? parce que ça rime !).
  (5) On les doit surtout à :
  — I. Fonagy : « Le langage poétique : forme et fonction », in *Problèmes du
langage*, Gallimard, 1966, pp. 72-113.
  « Les bases pulsionnelles de la phonation », in *Revue française de psychanalyse*, janvier 1970, t. XXXIV, pp. 101-366.
  « Motivation et remotivation », in *Poétique*, n° 11, 1972, pp. 414-431.
  — J.M. Peterfalvi : « Les recherches expérimentales sur le symbolisme phoné-
tique », in *L'année psychologique*, n° 65, 1965, pp. 439-474.
  Recherches expérimentales sur le symbolisme phonétique, C.N.R.S., 1970.
  — M. Chastaing : « Le symbolisme des voyelles », in *Journal de psychologie
normale et pathologique*, 1958, pp. 403-423 et 461-481.
  « Des sons et des couleurs », in *Vie et langage*, décembre 1960 et juillet 1961.
  « La brillance des voyelles », in *Archivum Linguisticum*, 1962, pp. 1-13.
  « Nouvelles recherches sur le symbolisme des voyelles », in *Journal de
psychologie...*, n° 61, 1964, pp. 75-88.
  « L'opposition des consonnes « sourdes » aux consonnes « sonores » a-t-elle
une valeur symbolique ? » in *Vie et langage*, n° 147, 1964, pp. 367-370.
  « Dernières recherches sur le symbolisme vocalique de la petitesse », in *Revue
philosophique*, n° 155, 1965, pp. 41-55.

évident dans les réflexions de Faguet et Banville sur « chiffre » et
« citadelle ». De même lorsque Todorov remarque que le signifiant
/gRɛl/ évoque tantôt un roulement précipité, tantôt une impression
de chétivité, et qu'il en conclut que le symbolisme phonétique est
dépendant du contexte, il se laisse manifestement piéger par l'homonymie du mot « grêle ».

Pour neutraliser le facteur sémantique, les expérimentateurs tra-
vaillent généralement sur des « logatomes » (séquences phonologiques
vides de sens).

— Un risque plus subtil consiste à confondre le symbolisme
extralexical (indépendant de la structure lexicale d'une langue particulière) et intralexical, et Todorov a raison de remarquer que lorsque
Court de Gebelin écrit « Le son E désigne tout ce qui est relatif à
l'existence, à la qualité d'être. De là le verbe E, d'où le français « il
est », « être », etc. », « c'est une démarche typiquement lexicale, tra-
vestie en affirmation extralexicale »[6]. Le moyen de faire le tri entre
les deux types d'associations, c'est bien entendu de soumettre à la
même expérimentation des sujets appartenant à des systèmes linguistiques différents. Peterfalvi évoque le problème en ces termes :
« Nous pensons que les deux facteurs peuvent coexister ; que le
symbolisme phonétique véritable... peut être surdéterminé par des
associations intralinguistiques. Dans notre propre expérience, nous
verrons que nous avons cherché à minimiser cette surdétermination,
faute de pouvoir distinguer entre les effets des deux sources de
variation au niveau du résultat. Mais la thèse, soutenue par quelques
auteurs, que nous essaierons de discuter et de réfuter est que seuls
les facteurs associatifs intralinguistiques jouent un rôle et qu'il n'y
a donc pas de symbolisme phonétique véritable »[7].

b) Voici quelques-unes de ces constatations troublantes :

— Dans toutes les langues, les phonéticiens (pourtant en principe
hommes de science) désignent les sons à l'aide de métaphores analogues : ils parlent de voyelles claires ou sombres, de consonnes
mouillées ou liquides. Pourquoi ?

— Une étude comparative de la fréquence des sons [t] et [k][8]
dans deux séries de poèmes : les « Invectives » de Verlaine et les
« Châtiments » de Hugo d'une part, « La bonne chanson » et « L'art
d'être grand-père » de ces mêmes auteurs d'autre part (ce qui neutralise d'éventuelles prédilections idiolectales), a fait apparaître que ces
phonèmes considérés comme « durs » étaient effectivement beaucoup
plus fréquents dans les poèmes d'agressivité polémique que dans les
œuvres sereines et lyriques. Pourquoi ?

---

(6) T. Todorov, « Le sens des sons », *in Poétique*, n° 11, p. 449.
(7) *Recherches expérimentales...*, p. 59.
(8) Dans ce chapitre, nous utiliserons en général la notation phonétique
(crochets droits) puisque ce n'est pas en tant que phonèmes (distinctifs) que les
unités phoniques participent de ce symbolisme.

— Des tests effectués sur des enfants de divers âges, de divers pays, et utilisant divers systèmes d'écriture [9], ont obtenu des résultats concordants : pour la grande majorité des sujets [10], le [i] est perçu comme petit, clair et gentil ; le [u] est sombre et méchant ; le [a] gros et gras ; le [t] et le [k] sont durs et méchants, etc.

— En 1929, Sapir présente à des sujets anglais soixante paires de logatomes du type « mil/mal », en leur demandant lequel de ces deux pseudo-mots correspond à l'objet le plus grand. Cette expérience met en évidence le fait que les sujets établissent une proportionnalité parfaite entre le degré d'ouverture de la voyelle et la taille de l'objet correspondant.

— A sa suite, des gens comme Newman (1933), Eberhardt (1940), Chastaing (qui s'attache surtout à la « brillance » des voyelles), Fonagy et Peterfalvi multiplient des expérimentations dont le principe consiste en général à « faire mettre en relation par des sujets tels stimuli vocaux avec d'autres éléments (mots significatifs [11], figures visuelles [12]) considérés comme témoins d'une valeur symbolique. Si la mise en relation prend un sens concordant chez un certain nombre de sujets, on dira que le symbolisme existe, qui dépasse les correspondances fortuites ou purement individuelles : le critère est donc le consensus statistiquement significatif au sein d'un groupe » [13].

Conclusion de toutes ces investigations : « Nous disposons aujourd'hui de preuves suffisantes pour croire au bien fondé de la théorie classique de l'imitation sonore » (Fonagy). « On trouve une correspondance entre les caractères· physiques et symboliques des sons » (Peterfalvi), par exemple :

entre le degré d'aperture / la taille ;
le lieu d'articulation et la sonorité / la taille et la clarté ;

---

(9) Ce qui neutralise l'effet possible des associations graphiques. Ainsi le /i/ pourrait être perçu comme petit parce que son symbole graphique est menu. Il est d'ailleurs permis de penser que si l'on a choisi ce signe pour symboliser le /i/, c'est à cause de l'impression de minceur que produit le son ; le a au contraire est largement ouvert : nous aurions là des cas (la lettre o en fournit un exemple encore plus évident) de motivation graphématique, c'est-à-dire de relation non arbitraire entre le signifiant (= le graphème) et le signifié (= le phonème auquel il renvoie).

(10) La table suivante (établie par Fonagy, 1970) montre l'ampleur du consensus :

le [i] est plus petit	que le [u] : 88,4 % ;	le [u] est plus gros	: 97,9 %
plus agile	: 93,9 % ;	plus sombre	: 96,7 %
plus gentil	: 81,7 % ;	plus triste	: 92,4 %
plus joli	: 83,3 % ;	plus fort	: 80 %
plus aigu	: 92,3 % ;	plus caverneux	: 96,8 %

(11) Par exemple, « Kigène » est régulièrement associé à « petit » et « kugône » à « grand » dans cette phrase fabriquée par Chastaing : « Au conseil de révision, sous la toise, Pierre est plus kougône que Paul et plus kiguène que Jean ».

(12) Ainsi Köhler, en 1929, mit en évidence les traits de rotondité/angularité qui s'attachent aux deux configurations phonématiques « maluma/takete », en les faisant associer à des dessins aux formes respectivement rondes et rectangulaires.

(13) Peterfalvi, *Recherches expérimentales...*, p. 29.

la sonorité / le caractère « lourd, tendre et lent » de la consonne ;
l'acuité / la brillance des voyelles.

Et comme ces correspondances semblent universelles [14], il s'agit bien là d'un symbolisme authentique (extralexical) [15].

Reste à expliquer son fonctionnement :

— L'explication de type acoustique n'est pas à exclure complètement : certains sons sont particulièrement propres à symboliser certaines réalités dans la mesure où ils produisent un effet acoustique analogue (les bilabiales fricatives imitent le souffle du vent) ; le [1] reproduit le bruit d'un liquide en mouvement, etc.). Mais cette explication n'est acceptable que dans les cas, très limités, où le dénoté est de nature sonore.

— L'explication articulatoire semble beaucoup plus générale, et rend compte du fait que les enfants sourds démutisés ont devant les tests qui viennent d'être décrits les mêmes réactions exactement que les autres. Voici en quoi elle consiste : « La sensation de minceur associée à la voyelle i peut être la résultante d'une perception kinesthésique subconsciente de la position de la langue à l'émission de ce son. Pour articuler le son i, la langue se relève vers l'avant du palais, et l'air émis est contraint de passer par un canal réduit et aplati » (Fonagy). Pour expliquer la gravité des voyelles postérieures, Peterfalvi développe une argumentation semblable : « Si nous plaçons un objet source sonore dans une large cavité, les composantes situées dans les plus basses fréquences du spectre sonore seront renforcées par le résonateur constitué par la grande cavité. Ainsi, lorsque nous produisons un son dans une caverne, ce son nous paraîtra plus grave qu'à l'extérieur. Or le contraste extérieur - intérieur s'accompagne d'une autre opposition sensorielle : celle du clair au sombre, puisque l'intérieur de la caverne est obscur. D'où une association entre les sons graves et l'obscurité, les sons aigus et la clarté... L'intérieur de la cavité est alors représenté par l'organe buccal : plus on pénètre dans le corps, plus il y fait sombre, ce qui n'est pas directement perçu par le sujet mais rapproché de la situation telle qu'elle est vue dans le monde extérieur. Il n'est donc pas étonnant que les voyelles articulées vers l'extérieur du corps, voyelles aiguës acoustiquement, soient jugées « claires », tandis que les voyelles articulées vers l'intérieur et plus graves soient jugées « sombres ». Ce n'est d'ailleurs pas par hasard que la phonétique traditionnelle utilise ces mêmes termes « clair et « sombre » (op. cit., pp. 62-63).

---

(14) Une seule expérience dément cette universalité, celle de Taylor et Taylor (d'après eux, les [t] et [p] initiaux seraient petits aux yeux des sujets anglophones, et grands pour les Coréens). Mais c'est une exception, qui n'infirme pas (sans bien sûr la confirmer) la règle.
(15) Le fait que contre toute attente les sujets anglais associent « mil » à « small » et « mal » à « big » et non l'inverse, le prouve avec évidence.

En d'autres termes : l'articulation de tel ou tel son possède certaines propriétés visuelles, que l'on perçoit (inconsciemment) en se plaçant en quelque sorte à l'intérieur de la cavité buccale produisant le son, et que l'on projette métonymiquement, et par synesthésie, sur le son lui-même. Par exemple, lors de l'émission d'un [i], les organes phonatoires sont très resserrés, et la colonne d'air très mince, d'où l'impression que le [i] lui-même, et par un second glissement métonymique, que les objets correspondants (si toutefois le sémantisme du mot dans lequel figure la voyelle ne vient pas contrecarrer cette impression) sont petits ; au contraire, le [a] est « gros et gras » parce que la bouche est grande ouverte au moment de son articulation ; le [u] est obscur car la cavité buccale qui l'articule se présente comme un vaste espace clos ; les nasales sont « voilées » car en passant par les fosses nasales le son s'estompe et perd de sa clarté ; les consonnes « mouillées » exigent pour leur articulation, cela a été prouvé expérimentalement, une abondante émission de salive, et les [t] et [k] une grande tension articulatoire [16].

Sur ces propriété physiques se greffent des associations métaphoriques qui conduisent de la petitesse du [i] à sa gentillesse, de l'obscurité du [u] à sa méchanceté [17], du voilement des nasales à leur mélancolie, etc. Mais l'essentiel, c'est que l'on interprète comme propriétés du son lui-même les propriétés de son articulation, et que ces mécanismes métonymiques et métaphoriques complexes fonctionnent au niveau inconscient, ainsi que le remarque Peterfalvi (p. 93) : « Une interview post-expérimentale montre bien que le consensus observé dans le choix ne répond à aucun principe intentionnel ou conscient de la part des sujets : là même où ceux-ci s'accordent massivement pour mettre en rapport un dessin et un mot donnés, les justifications de l'appariement sont si disparates qu'elles semblent bien ne résulter que d'une rationalisation *a posteriori*, sans grand rapport avec les mécanismes effectivement mis en jeu dans le choix lui-même ».

— Inconscientes aussi sont les associations de type psychanalytique que propose Fonagy et qui viennent renforcer les explications acoustique et articulatoire [18]. Pour ne citer qu'un exemple [19], les sons

---

(16) Proust décrit ainsi les comportements articulatoires du « timide Saniette » : « Il avait dans la bouche, en parlant, une bouillie qui était adorable parce qu'on sentait qu'elle trahissait moins un défaut de la langue qu'une qualité de l'âme... Toutes les consonnes qu'il ne pouvait pas prononcer figuraient comme autant de duretés dont il était incapable... ».

(17) Sans doute parce qu'à l'idée d'un lieu obscur s'associe celle de menace, d'insécurité.

(18) Dans son *Traité de la formation mécanique des langues* (1765), analysé par Genette dans *Poétique*, n° 11, le Président de Brosses propose une interprétation du symbolisme phonétique qui concilie en quelque sorte les perspectives acoustique et articulatoire : « L'organe prend, autant qu'il le peut, la figure qu'a l'objet même qu'il veut dépeindre avec la voix : il donne un son creux si l'objet est creux, ou rude si l'objet est rude... Si les sons vocaux signifient les idées représentatives des objets réels, c'est parce que l'organe a commencé par

tels que le [l] et le [m], dont l'articulation reproduit en les stylisant les mouvements qu'effectuent les lèvres dans la succion du sein maternel, seraient de ce fait liés à l'érotisme oral et perçus comme « douceureux ». Fonagy rencontre ainsi les conclusions de Jakobson (« Why « papa » and « mama » ? »), qui a montré qu'il était universel, parce que « naturel », d'associer à l'idée de mère la nasale bilabiale.

c) « *Cratylisme* » [20] *primaire et cratylisme secondaire.*

On peut donc considérer comme acquis le fait que certaines significations sont « naturellement » attachées à certains sons, et que « tout phonème, lorsqu'il est réalisé, peut se charger de symbolisme par référence à sa nature articulatoire et acoustique », et P. Léon propose d'appeler « sèmes potentiels » ces valeurs significatives virtuelles qui s'attachent aux propriétés physiques des sons [21].

Mais est-ce à dire que les mots d'une langue soient de ce fait phonétiquement motivés ? Telle est la question que se pose Chastaing : « Nous voudrions savoir si les langues que nous parlons symbolisent la lumière et l'obscurité ; savoir donc si, quand nous parlons de clarté, nous proférons plus fréquemment des voyelles claires que des voyelles sombres, et quand nous parlons d'obscurité, plus fréquemment des sombres que des claires » [22].

Il ne suffit pas pour étayer les thèses cratyliste ou anticratyliste d'aligner quelques exemples (les mots grecs micrós/macrós) ou contre-exemples (nuit/jour) de motivation phonétique. Là encore, certaines investigations plus systématiques ont été tentées :

---

s'efforcer de se figurer lui-même, autant qu'il a pu, semblable aux objets signifiés ». Ainsi, c'est grâce à une sorte de mimétisme articulatoire que les signifiants linguistiques et leurs dénotés se ressembleraient.

(19) Fonagy en propose d'autres, ainsi :
— le [R] apical serait d'après lui « phallique » ;
— les voyelles vélaires sont généralement considérées comme plus « vulgaires » que les palatales, et ce discrédit s'explique par une assimilation inconsciente des sphincters glottal et anal ;
— l'ouverture articulatoire est frappée de la même connotation dévalorisante, surtout dans la diction féminine, ce que Fonagy explique par une association, bien attestée par ailleurs, entre la bouche et le sexe de la femme.

(20) Ce néologisme, forgé par Roland Barthes, a été popularisé par Gérard Genette (cf. l'article de *Poétique* n° 11 intitulé « Avatars du cratylisme »).

(21) Dans *Problèmes de l'analyse textuelle*, p. 9. Curieusement, Léon oppose de ce point de vue les voyelles et les consonnes : celles-ci, dit-il, « semblent tendre à fonctionner comme éléments signifiants et les voyelles comme éléments mélodiques », et au cours du débat qui suit son exposé, il est amené à préciser ainsi sa pensée (p. 16) : « Ce que j'ai voulu dire, c'est que pour les voyelles on ne peut guère constater que des *tendances* signifiantes pour, d'un côté les voyelles antérieures en bloc, de l'autre les voyelles postérieures, en bloc également ; alors qu'il semble possible d'établir au moins des classes de distinctions signifiantes parmi les consonnes. Le couple « jour-nuit »... prouve bien la fragilité de la fonction signifiante du signe au niveau de la deuxième articulation du langage » : on voit ici que Léon confond ici le problème de la valeur symbolique des sons, et celui de la motivation phonétique des mots.

(22) *Journal de spychologie...*, n° 61, p. 77.

— D'abord, des expériences de « devinement », plus spectaculaires par leurs prétentions que par leurs résultats. Elles consistent à essayer de faire deviner par des sujets qui l'ignorent le sens de certains mots étrangers (encore faudrait-il regarder de près comment ils sont sélectionnés), à partir de leur seule configuration phonétique, ou plus précisément à présenter à des sujets une paire de mots appartenant à leur propre langue et une paire de termes étrangers, en leur demandant de choisir entre les deux possibilités d'appariement. Une enquête menée selon ce principe par Brow, Black et Horowitz en 1955, a obtenu 57,4 % de traductions correctes — ce qui n'excède guère la probabilité purement aléatoire.

— Une autre méthode consiste à établir pour un système lexical donné la liste des termes contenant par exemple une idée de petitesse, et celle des termes qui s'associent à l'idée de grandeur, et de comparer le nombre des [i] apparaissant dans chacune des deux listes : là encore, les résultats sont peu concluants, et tout ce qu'on peut dire, avec Peterfalvi, c'est que le phénomène du symbolisme phonétique « a pu agir incidemment sur l'évolution des langues, dans certains secteurs du lexique »[23].

Donc, la motivation phonétique est exceptionnelle (« incidemment ») et limitée (à « certains secteurs du lexique »). On pouvait s'en douter : les mots sont le résultat d'aléas historiques, de l'action aveugle des lois de la phonétique diachronique, qui ne s'embarrassent pas de considérations sémantiques[24]. Il ne faut pas conclure du fait que les sons possèdent certaines virtualités sémantiques à leur actualisation dans le code : il n'y a aucune raison que les voyelles claires figurent plus volontiers dans les termes exprimant la clarté, ni que les consonnes mouillées soient particulièrement nombreuses dans les signifiants symbolisant des objets aqueux. La répartition des sons dans les mots est aléatoire, c'est-à-dire que les mots, à l'exception des onomatopées et autres mots expressifs, dont le nombre est très limité dans tous les systèmes linguistiques[25], sont phonétiquement arbitraires ; la langue est bien, de ce point de vue, « perverse »[26].

— Tout change si l'on travaille à partir de dictionnaires de fréquence : on constate alors par exemple que les Anglais, lorsqu'ils parlent de clarté, emploient :

---

(23) *L'année spychologique*, n° 65, p. 469.
(24) Sauf dans quelques cas particuliers souvent montés en épingle, où le signifié s'est adapté au signifiant, tels que :
/muRmuR/ = « grondement sourd » → /myRmyR/ = « bruit léger » ;
« miniature » : peinture au minium → peinture fine de petits sujets.
(25) Plus ou moins : l'anglais et l'hébreu sont relativement riches en termes expressifs.
(26) Ce terme vient de Mallarmé : « Quelle déception devant la perversité de la langue conférant à jour comme à nuit, contradictoirement, des timbres obscurs ici, là clairs » (*Œuvres complètes*, N.R.F., p. 364).
Jean Paulhan fait à propos de ces deux termes la même remarque dans *Œuvres*, t. III, p. 273.

1. plus fréquemment les phonèmes clairs (77 %) que ceux qui ne sont pas clairs (23 %) ;

2. plus fréquemment les plus clairs (44 %) des phonèmes clairs que les moins clairs (33 %) ;

3. plus fréquemment, s'ils utilisent des phonèmes sombres, les moins sombres (17 %) que les plus sombres.

Ce qui autorise Chastaing à conclure : « Malgré les mots (que collectionnent les contempteurs du symbolisme) comme « éclipse » et « dim » ou comme « aube », « aurore » et « daw », malgré les mots aussi usuels que le nocturne mot « jour » et le diurne mot « nuit », malgré la perversité sonore du couple habituel de mots « morning-evening », les dictionnaires de fréquence nous autorisent à juger que les Français et les Anglais font — de façon différente — quand ils parlent de la clarté ou de l'obscurité, un emploi phonétiquement motivé de leur vocabulaire » [27].

Il serait intéressant de voir sur quel type de corpus se fondent les dictionnaires de fréquence. Mais il est certain que cet emploi motivé du vocabulaire caractérise, bien plus que le comportement verbal ordinaire, la parole poétique, qui tend constamment à remotiver les signes, et se place délibérément, on l'a souvent remarqué (Barthes, Cohen, Genette), dans le camp de Cratyle. En poésie, les signifiants sont sélectionnés au nom de leur potentiel expressif intrinsèque tout autant que pour la valeur sémantique que leur attribue le lexique, et le scripteur tente d' « abolir le hasard » [28] en multipliant la fréquence des sons adaptés au contenu : c'est ce qui exlique et ce que prouvent les variations sensibles de la fréquence d'un même son, chez un même auteur, d'une œuvre à l'autre.

Récapitulation du raisonnement :

1. *Les sons possèdent intrinsèquement, en vertu de leurs propriétés physiques et surtout acoustiques, et des associations analogiques qui se greffent sur ces propriétés, certaines virtualités de signification, dont l'origine est donc kinesthésique et synesthésique.*

2. *Cependant, ils se répartissent de façon quasiment aléatoire dans les mots du code, qui pour la plupart sont phonétiquement arbitraires.*

3. *Cependant, la parole en acte, et singulièrement la parole poétique, tente consciemment ou non de lutter contre ce hasard et de limiter cet arbitraire en augmentant la fréquence des sons adéquats au contenu.*

---

(27) M. Chastaing, *Journal de psychologie...*, n° 61, p. 80.
(28) « Hasard » étant entendu comme un synonyme mallarméen d'arbitraire linguistique : c'est une des interprétations possibles du « Coup de dé ».

Il convient donc d'opposer, comme le propose Genette, à l'opti-
misme naïf du « cratylisme primaire » [29], *qui rêvant de motivation*
généralisée affirme à la fois que les éléments phonétiques d'une langue
ont une capacité mimétique, et que les mots sont effectivement
constitués selon cette capacité, le réalisme du « cratylisme secon-
daire » qui de ces deux assertions n'admet pour vraie que la première.

d) Symbolisme phonétique et connotation.

Lorsque les « sèmes potentiels » qui s'attachent au matériel
phonétique s'actualisent dans le discours, et que l'on voit surgir, à
la faveur du symbolisme phonétique, certaines valeurs sémantiques
particulières, il y a mécanisme connotatif.

— Le signifiant de connotation peut être un phème (ex. : les
traits [nasalité], [mouillure], [fermeture]), ou un complexe de
phèmes (pour [t] et [k], c'est l'ensemble des traits [sourd = tendu],
[occlusif], et peut-être [articulation linguale], puisque le [p] ne produit pas le même effet, qui entrent en jeu pour connoter la dureté).
Il peut être isolé ou répété, et l'effet sémantique est d'autant plus
net que le signifiant de connotation est plus récurrent. Mais à la
différence du cas qui va être envisagé ensuite, où le fait de connotation réside dans une configuration syntagmatique de traits phoniques constituant un signe connotatif unique, la répétition d'un même
élément à valeur expressive doit être traitée comme une redondance
de signes, dont chacun possède une valeur intrinsèque propre.

— Le signifié de connotation : il peut s'agir d'une onomatopée
caractérisée [30] : le signifiant phonique renforce, en le mimant, la
représentation du dénoté. Ou, plus subtilement, de ce que Todorov,
dans *Poétique*, appelle « l'illustration sonore » [31] (« Les mots, sans être
des onomatopées, évoquent chez nous l'impression auditive que nous
aurions du phénomène décrit » — et cela souvent grâce aux associations synesthésiques). Enfin, la dominante phonétique évoque, plus
vaguement encore, un « état d'âme », une « atmosphère ambiante » [32].

---

(29) C'est celui-là dont parle Barthes lorsqu'il évoque dans « Proust et les
noms » « ce grand mythe séculaire qui veut que le langage imite les idées et que,
contrairement aux précisions de la science linguistique, les signes soient motivés ».
(30) Ex. : la plus célèbre des allitérations : « Pour qui sont ces serpents... »
(onomatopée acoustique) ; ou le slogan publicitaire : « Tuc, le crac des trucs
qu'on croque » (onomatopée acoustique et articulatoire).
(31) Ex. : le contraste, dans ces deux vers de Baudelaire, entre la dominante
vocalique aiguë du premier et la tonalité sombre du second :
        « Des cieux spirituels l'inaccessible azur
        S'ouvre et s'enfonce avec l'attirance du gouffre ».
(32) La présence lancinante des nasales, qui constituent à peu près la moitié
des phonèmes, dans les vers d'Apollinaire :
        « Mon automne éternelle ô ma saison mentale
        Les mains des amantes d'antan jonchent ton sol
        Une épouse me suit c'est mon ombre fatale
        Les colombes ce soir prennent leur dernier vol »,
contribue à l'évocation estompée, ténébreuse, mélancolique et grave de cet
automne symbolique.

Dans tous les cas, le signifié de connotation apporte une information analogue au signifié de dénotation.

Mais le mécanisme sémiologique est bien conforme à notre définition de la connotation :

— Le signifiant de connotation n'est pas isomorphe aux signifiants de dénotation.

On peut se demander si ce sont nécessairement des phèmes (traits distinctifs des phonèmes) qui sont investis par la connotation. Peterfalvi le pense : « Il est très probable que le symbolisme phonétique est en réalité un symbolisme « phonématique », c'est-à-dire que les sujets, en entendant des sons vocaux articulés, interprètent ces sons comme des réalisations des phonèmes de leur langue et que c'est à ces phonèmes qu'ils attribuent des valeurs symboliques. Ceci est suggéré notamment par le résultat de Taylor et Taylor concernant l'invariance des valeurs symboliques d'un son placé dans différents entourages qui affectent sa prononciation. Ainsi, un trait articulatoire phonologiquement non-pertinent ne pourrait véhiculer aucune valeur symbolique » [33].

Pourtant, il signale par ailleurs que le degré de labialisation d'une voyelle, qui n'a d'un point de vue dénotatif aucune fonction distinctive, est pertinent quant à sa valeur symbolique.

D'autre part, même si les phèmes et les phonèmes, du fait qu'ils assurent l'essentiel du fonctionnement de la communication, sont considérablement privilégiés lors du décodage, ce ne sont sûrement pas les seuls éléments de la substance phonétique à être perçus : les sujets sont par exemple très sensibles au roulement d'un [R], alors que ce trait n'a aucun statut phémique. Enfin, lorsque nous parlons de non isomorphie de signifiants, nous entendons par là que le phème peut fonctionner comme connotant véhiculant un connoté, alors qu'il ne constitue jamais à lui seul un signifiant de dénotation, tant s'en faut (puisque pour accéder à la fonction significative il doit d'abord se combiner avec d'autres phèmes pour constituer le phonème, lequel doit se combiner avec d'autres phonèmes pour constituer un signifiant de morphème).

— Le connoté est de même nature que le dénoté, dont il constitue une sorte de reduplication concrétisante. Mais ses modalités d'affirmation sont différentes : le signifié de dénotation s'impose de façon patente, le signifié de connotation s'insinue de façon latente. A la fois plus évident (la relation Sa/Sé est plus directe puisque motivée) et plus timide, le connoté ne s'affirme qu'à la faveur de la redondance : redondance entre eux des signes connotatifs, qui se renforcent mutuellement ; redondance avec les contenus de dénotation, sans laquelle les signifiés de connotation n'ont qu'une existence précaire : dans un

---

(33) *Recherches expérimentales...*, p. 77.

texte gai, les nasales risquent bien de prendre un air gai. Et c'est dans cette mesure que la connotation présuppose unilatéralement la dénotation.

3. — LE SIGNIFIANT DE CONNOTATION COMME CONFIGURATION
    SYNTAGMATIQUE DE TRAITS PHONIQUES.

a) Certaines séquences phoniques, qui n'exploitent pas la valeur expressive des sons, produisent pourtant un effet particulier.

Dans le vers de Racine :

« (Ariane, ma sœur, de quel amour blessée,)

Vous mourûtes au bord où vous fûtes laissée »
/ vumuRytə zobɔRuvufyt əlɛse : /,

on ne peut voir aucune illustration sonore. L'effet connotatif est d'une autre nature :

— Signifiant : c'est la disposition non anarchique, non aléatoire, de certains éléments phoniques, qui se laisse décrire ainsi dans l'exemple de *Phèdre* : isovocalisme du début des deux hémistiches [uuyə], jeu sur les deux voyelles arrondies de premier degré d'aperture (/u/ et /y/) ne s'opposent que par un phème) ; et accessoirement, sur les deux consonnes fricatives labiales, qui font elles-mêmes écho aux voyelles arrondies [34] : la diction du vers exige ainsi un fort investissement labial, qui assure son homogénéité articulatoire, son isotopie phonétique.

— Non seulement ce signifiant de connotation ne joue en tant que tel aucun rôle dénotatif, mais le signifié correspondant est de nature très spécifique : le procédé connote « discours poétique », « langage à fonction esthétique, ludique, hédoniste ». La perception d'un retour régulier d'éléments identiques, d'un rythme phonique, produit en effet un plaisir musical en même temps qu'elle révèle ce travail sur le signifiant qui caractérise le discours poétique. Ce type d'information (« appartenance à telle catégorie de discours ou à tel registre de langue ») est de nature spécifiquement connotative : nous parlerons à ce sujet de « connotation stylistique ».

L'assonance [35] et l'allitération [36] constituent des cas particuliers de ce mécanisme connotatif, mais elles peuvent en outre relever de la

---

(34) On peut considérer que l'arrondissement des voyelles et le caractère bilabial des consonnes représentent une sorte d'archiphème labial.

(35) Le mot est pris ici dans le sens de « récurrence d'un même élément vocalique » ; l'assonance comme « identité de la dernière voyelle accentuée de deux mots figurant en fin de vers » est assimilable à la rime du point de vue de la connotation.

(36) L'inverse de l'allitération, c'est la « contre-allitération » (*Oulipo*, p. 82) ; on peut citer l'exemple du poète grec Lasos qui par réaction contre le « sigmatisme » d'Euripide s'efforçait d'éviter systématiquement « le sifflement désagréable du sigma ». La contre-allitération s'apparente formellement au lipogramme, sans avoir exactement la même fonction.

rubrique précédente si les sons qu'elles exploitent ont une valeur symbolique intrinsèque adaptée au contenu du message [37].

Tous ces exemples posent le même problème : où commence l'harmonisme ? Deux traits suffisent-ils à la constitution d'une configuration syntagmatique ? Ce qui est sûr en tout cas, c'est que ce problème ne peut être traité dans des termes exclusivement quantitatifs : la position des traits impliqués, l'importance particulière des lexèmes dans lesquels ils figurent, peuvent jouer un rôle prépondérant dans l'institution du connotateur. P. Léon le remarque à propos de l'allitération : « Ainsi, dans un exemple emprunté à Flaubert, Philippe Bonnefis (1968, p. 160) note une allitération en « i ». Or dans cet exemple le pourcentage des « a » est à peu de choses près aussi élevé que celui des « i ». Mais si les « i » sont mieux perçus que les « a » c'est à cause de leur position. « Elle ouvrit les narines à plusieurs reprises, fortement, pour aspirer la fraîcheur des lierres autour des chapiteaux ». Les « i » apparaissent soit en finale de syntagme, soit dans des mots pleins. Les « a » sont en position non finale ou dans des mots outils » [38].

Nous proposons d'appeler « harmonisme » ce type de jeu phonétique, ainsi que le suivant.

b) La rime et la paronomase.

— Signifiant de connotation : c'est la ressemblance de deux signifiants lexicaux.

Cette ressemblance est strictement déterminée dans le cas de la rime — identité, au moins, de la dernière voyelle accentuée et de tous les phonèmes qui la suivent, cette homéotéleute étant renforcée par l'identité de place dans le vers ou l'hémistiche —, elle reste floue dans le cas de la paronomase. Quel nombre minimal d'éléments communs deux mots doivent-ils comporter pour mériter d'être considérés comme des paronymes ? Si deux mots s'opposent par un seul phonème, c'en sont à coup sûr [39]. Mais au-delà de ce cas simple, où passe la frontière entre ressemblance et différence ? Et ces éléments communs doivent-ils figurer dans le même ordre, ou peuvent-ils être permutés ? En l'absence d'une définition linguistique rigoureuse de la paronymie, donc de la paronomase, ces questions demeurent sans réponse. Ce qui est sûr, c'est qu'une telle définition devra :

● tenir compte de la place des unités phoniques communes ;

_____

(37) Ainsi « Pour qui sont ces serpents... » (bel exemple de sigmatisme) cumule : une exploitation de la valeur onomatopéique du /s/ ; un fait d'harmonisme.

(38) *Problèmes de l'analyse textuelle*, p. 5.

(39) Paronomase donc dans cette phrase de Prévert : « J'aime mieux tes lèvres que mes livres » ; ou dans Ponge, qui dans *Le parti pris des choses* (Gallimard, coll. « Poésie », 1972) jongle avec les paires « heurts/peur » (p. 59), « valse/valve » (p. 71), « Louvre/livre » (p. 74), « tiare/tare » (p. 77), etc.

● raisonner en termes de phèmes et non de phonèmes. Ainsi, le slogan féministe « femme boniche, femme potiche », comporte une paronomase évidente : « boniche » et « potiche » s'opposent par deux phonèmes, mais trois phèmes seulement (/b/ vs /p/ = [sonore] vs [sourd], et /n/ vs /t/ = [nasal] vs [oral] et [sonore] vs [sourd]) [40].

Quoi qu'il en soit, la vitalité de ces procédés, non seulement dans la poésie proprement dite, mais dans les comptines [41], les formules proverbiales, les slogans publicitaires ou politiques, la prose des critiques mondains, s'explique sans doute par la richesse de leurs effets connotatifs [42].

— Signifié de connotation.

A la valeur précédemment reconnue aux jeux phonétiques — appartenance à la langue « poétique », au sens où l'entend Jakobson ; fonction euphorisante, jonglerie langagière, qui favorise la mémorisation de la formule — s'en ajoute une plus spécifique : la rime et la paronomase renforcent le lien sémantique qui unit les unités lexicales. Malgré l'arbitraire du signe, la proximité phonétique tend à être interprétée comme une parenté sémantique [43].

Le lexique d'une langue se caractérise en effet par ce que l'on peut appeler l'arbitraire paronymique : il n'y a aucune corrélation entre la distance phonétique et la distance sémantique qui séparent deux mots. Une langue qui généraliserait la motivation paronymique, en accordant par exemple des signifiants apparentés à tous les termes désignant des sièges, serait sans doute plus « logique », mais cette

---

(40) Cette paronomase produite par un enfant de quatre ans, « tu es conasse comme une godasse », rapproche deux termes qui se différencient par deux phonèmes, mais surtout, deux phèmes seulement.
(41) Ex. : « Cueille cueille le cerfeuil, c'est la fête du bouvreuil ».
(42) En voici quelques exemples (entre mille) :
Paronomase :
    Last but not least.
    Traduttore, traditore.
    Classifier, c'est clarifier.
    Derrotar, no derrocar (il s'agit du président Allende).
    Défense nationale, dépense nationale, démence nationale.
    Télévision Grammont, un écran dans un écrin.
    Les Miko parfaits aux divers parfums.
Rime :
    Pompidou des sous.
    Roche à la broche.
    Fouché au musée.
    Pas de flics, du fric.
    Poupou, t'es mou.
    Poulidor, tu dors.
    Valéry au tri, Anémone au téléphone.
    Des crédits pour l'école, pas pour les monopoles.
    Giscard, du pognon, pas d'accordéon, etc, etc.
(43) Cela apparaît nettement dans cette phrase de Jacqueline Baudrier : « Populaire ne rime pas avec vulgaire, ni culture avec obscur » (mais si !), ou dans ce slogan publicitaire : « Avec Mill, vous êtes tranquille, d'ailleurs ça rime », qui a au moins le mérite de suggérer, par l'ironie du commentaire métalinguistique, que le sujet d'énonciation n'est pas tout à fait dupe du sophisme qui consiste à déduire une affinité sémantique d'une proximité phonétique.

langue est inconcevable, comme le remarque Mandelbrot (d'après Bresson, *Problèmes de psycholinguistique*, p. 14) : « ... Il faudrait qu'à des signifiés voisins, c'est-à-dire partiellement différents, correspondent des signifiants voisins. La structure de voisinage des signifiants devrait être la même que celle des signifiés. La correspondance entre les deux ne serait donc pas arbitraire. En fait, la plupart des structures de voisinage des signifiés ne seraient pas réalisables avec des signifiants à support acoustique » [44].

La proximité phonétique n'entraîne donc pas la parenté sémantique — dénotative du moins. C'est alors qu'intervient la connotation remotivante, qui nous suggère insidieusement que malgré tout, l'accord des sons recèle l'accord des sens [45], que quelque affinité profonde assemble les mots qui se ressemblent [46] et que la formule « traduttore traditore » en dit plus que la phrase : « les traducteurs sont toujours infidèles ». La poésie exploite abondamment cet effet de connotation — excessivement parfois au goût de Valéry : lorsqu'il déclare qu'il ne faut pas « préférer la rime à la raison », on peut traduire : la connotation ne doit pas prendre le pas sur la dénotation ; la cohérence dénotative est première, les effets connotatifs secondaires : c'est une autre façon d'affirmer qu'entre les deux mécanismes sémiologiques il y a présupposition unilatérale.

La rime et la paronomase peuvent même, dans certains cas, véhiculer des signifiés plus spécifiques que cette impression d'étroite affinité entre deux dénotés. Jakobson, dans sa célèbre analyse du slogan « I like Ike » [47], l'a montré avec éloquence, en dégageant le processus connotatif — bien qu'il n'utilise pas le terme à ce propos — suivant :

Sa : inclusion phonématique de /ajk/ dans /lajk/,
et de /aj/ dans /ajk/.

---

(44) Cohen (*Structure du langage poétique*, p. 72) énonce la même idée, mais sans distinguer assez clairement les motivations morphologique et paronymique : « Les rapports entre signifiants sont les mêmes que les rapports entre signifiés... Des signifiants différents auront des signifiés différents ; des signifiants totalement ou partiellement semblables auront des signifiés totalement ou partiellement semblables. C'est sur ce principe qu'est fondée la motivation relative de la flexion et de la dérivation » (il s'agit ici de motivation morphologique). « Toutefois, ce principe même ne va pas sans déficience. Pour exprimer des signifiés différents, la langue devrait utiliser des signifiants aussi différents que possible. Mais cette procédure, comme l'écrit A. Martinet, « serait incompatible ave les latitudes articulatoires et la sensibilité auditive de l'être humain » ».

(45) Lévi-Strauss le signale lui aussi : « Les mots sont contaminés par leurs homophones... en dépit des différences de sens » : « quintette » par « quinte » (de toux) ; « sextuor » par « sexe », etc. (il s'agit en réalité de « parhomophones ») ; et il reconnaît à M. Leiris le mérite d'avoir amorcé « l'étude de cette structuration inconsciente du vocabulaire » (*Anthropologie structurale*, p. 107).

(46) Lorsque Ponge nous dit qu' « A mi-chemin de la cage au cachot, la langue française a cageot » (*Le parti pris des choses*, p. 38), faut-il l'interpréter en termes sémantiques ou exclusivement phonétiques ? Les deux sans doute : en poésie, les sons et les sens suivent des routes parallèles.

(47) Cf. *Essais...*, 1963, p. 219.

Sé : enveloppement des dénotés : le personnage central, Ike, enveloppe « paronomastiquement » le sujet d'énonciation en même temps qu'il est enveloppé dans l'amour de celui-ci.

L'analyse est subtile, et ramenée à sa juste valeur : la connotation, dit Jakobson, est « secondaire » par rapport à la dénotation, qu'elle ne fait que « renforcer » : « Le rôle secondaire de la fonction poétique renforce le poids et l'efficacité de cette formule électorale ».

Autre exemple de valeur sémantique engendrée par la paronomase : dans la première phrase du *Portrait de l'artiste en jeune homme*, Joyce décrit la rencontre sur une route indéterminée d'une vache et d'un bébé. La vache est appelée « moocow », métaplasme enfantin, qui remotive le mot par l'adjonction d'un élément évoquant par onomatopée le cri de l'animal (notons qu'en outre, cet élément adventice comporte le phonème /m/, symbolique de la même nourricière) ; le bébé, avec lequel s'identifie par la suite le narrateur, est appelé « baby tuckoo » : c'est un néologisme constitué sur le radical de « to tuck » qui signifie à la fois « border » et « manger goulûment », et qui renvoie ainsi aux deux fonctions biologiques élémentaires. Un lien étroit s'instaure entre les deux termes : ils constituent un couple syntaxique, et ce sont des paronymes : le second (/tΛku/) reprend avec chiasme la séquence /uk/ du premier (/mukau/) et répète son /u/ final [48]. Ces parallélismes formels suggèrent l'interprétation suivante : cette vache — animal qui traverse toute l'œuvre de Joyce —, c'est peut-être le substitut symbolique de la mère du narrateur. Ce n'est pas littéralement dit, c'est un effet de sens qui repose sur des indices connotatifs. Il faut le répéter : il y a différents degrés dans l'affirmation du sens, les différentes couches sémantiques sont hiérarchisées. Le niveau dénotatif est premier. En dessous, s'insinuent des valeurs connotatives virtuelles, qui ne s'actualisent effectivement que par la convergence des réseaux sémantiques contextuels, et il peut se produire alors, mais seulement au niveau de la grande syntagmatique, un renversement de la hiérarchie des deux plans.

Il reste à évaluer l'importance du phénomène de connotation fondée sur l'exploitation du matériau phonique. Son lieu de déploiement, c'est le langage poétique. Mais même à l'intérieur de ce champ d'élection, son importance est minime aux yeux de Todorov et de Cohen. Pour Todorov [49], les possibilités musicales et picturales du langage verbal sont indigentes (« C'est une pauvre musique et une peinture bien limitée »), les autres écarts poétiques sont plus intéressants que les jeux phonétiques, et la fonction de représentation assurée par la dénotation est primordiale. Cohen, cherchant à évaluer l'incidence sur le contenu de l'élaboration de l'expression, écrit aussi : « Rien n'est changé dans la signification d'un message selon qu'il

---

(48) On peut y voir en plus une paronomase *in absentia* avec « cuckoo », phonétiquement très proche : ce bébé, ce serait l'intrus, le bâtard.
(49) Cf. l'article précédemment cité de *Poétique* n° 11.

compte tel ou tel nombre de syllabes, pas plus que le sens d'un mot
n'est affecté selon qu'il rime ou non avec un autre. Mètre et rime ne
semblent donc pas des caractères linguistiquement pertinents. Ils
apparaissent comme une superstructure, affectant la seule substance
sonore, sans influence fonctionnelle sur le signifié. Le discours versifié
apparaît donc, du point de vue proprement linguistique, comme
isomorphe au langage non versifié. Et s'il existe entre eux une différence esthétique, c'est parce qu'au premier s'ajoute, du dehors, une
sorte d'ornement sonore capable de produire son effet esthétique
propre » [50].

Il est vrai que la poésie ne saurait prétendre rivaliser avec la
musique ; que d'autres faits linguistiques (les tropes, en particulier),
sont plus spécifiques de la « poésité » ; que le discours même poétique
charrie des sens ; que ces sens sont engendrés d'abord par les mécanismes dénotatifs. Mais Cohen a tort de refuser l'épithète « sémantique » à ces effets connotatifs, et de ne leur accorder qu'une fonction
esthétique, décorative, ornementale. Au moins, ils renforcent, en le
concrétisant, le sens dénotatif. Au plus, ils engendrent, en filigrane,
des valeurs sémantiques additionnelles spécifiques, ainsi que le
remarque justement Jakobson : « (En poésie), le lien entre son et
sens, de latent, devient patent, et se manifeste de la manière la plus
palpable et la plus intense ». Et même, la texture phonique d'un vers
ou d'un poème peut véhiculer un « courant sous-jacent de signification » [51].

Pour évaluer avec plus de précision ces effets connotatifs, rappelons les distinctions que nous avons introduites :

— Sur la base du signifiant de connotation, nous avons opposé
le procédé 2) : (Sa : une unité isolée — même si elle a besoin de la
redondance pour que s'actualise effectivement sa valeur symbolique
potentielle) au procédé 3) : (Sa : une configuration syntagmatique de
traits phoniques).

— Mais dans la perspective du signifié de connotation, on pourrait opposer plus justement 3) a) (harmonisme pur, sans fonction
autre que poétique et musicale) à 2) et 3) b) réunis [52]. Les deux procédés — exploitation du symbolisme phonétique, et des parallélismes
sémantico-phonétiques — jouent en effet le même rôle remotivant, et
même s'il convient de s'élever contre une confusion encore trop

---

(50) *Structure du langage poétique*, p. 29. Et, dans *Poétique* n° 11, à propos
du symbolisme phonétique, p. 432 : « On a dépensé des trésors d'ingéniosité
pour trouver, sans vraiment y parvenir, le fondement de ce que l'on appelle
couramment « symbolisme phonétique ». Je reste cependant persuadé que ce type
de motivation existe, et d'autre part qu'il ne joue dans la poésie qu'un rôle
secondaire ».
(51) *Essais de linguistique générale*, 1963, p. 241.
(52) Selon que la configuration syntagmatique est sémantiquement pertinente
(3) b)) ou pas (3) a)), Todorov parle quant à lui de théorie « diagrammatique »
vs « syntaxique » de la connotation phonétique.

fréquente, qui risque d'encourager cette extase chauviniste devant le caractère « adéquat » de nos beaux mots français (elle n'a que trop sévi aux siècles passés), entre les motivations phonétique et paronymique, il n'en reste pas moins qu'elles partagent la propriété de rendre plus intime l'union du Sé au Sa.

Les considérations de ce type se font de plus en plus fréquentes et audacieuses dans le discours critique contemporain, en voici quelques illustrations :

Louis Seguin, la *Quinzaine littéraire* n° 187, 16-31 mai 1974, p. 28, à propos du film de Fellini : « " Amarcord " n'est pas seulement la version romagnole de « mi ricordo » (« je me souviens ») mais surtout la cadence claire des deux « a » inaugurée avec le moëlleux du « m » puis livrée à la rugosité d'un premier « r » dont l'écho après la cassure du « c » et avant la clôture du « d » est modulée en mineur par l'amplification grave du « r ». Ce film tout entier est ainsi scandé de répétitions et d'accords ».

Marie-Thérèse Goose, « S + F/V = M, Note sur les « Chats » de Baudelaire », *in Poétique* n° 12, 1972, p. 596 : « M est l'accord : amoureux, aiment, également, comme, amis ; la plénitude : mûre ; la paix, le repos : maison, endormir, vaguement ; la sagesse impérieuse : magiques, mystiques. M n'est pas la mort, le mouvement, mais l'immuable, l'immortel... F/V, ou la volupté : fer, vents, frileux, volupté... ; S, ou la science : savants, austères, sédentaires, science, silence... ; il y a des interférences, des équivalences F/V et S ", etc. ».

Roger Dadoun, « Marches barthésiennes », *in L'Arc* n° 56, 1974, p. 37 : « Quelques-uns disaient, peu à la coule, « barthès » — faisant de la sorte couler le nom jusqu'au bord extrême de ses lettres lues (b-a-r-t-h-e-s) quitte à y aller de l'ajout d'un accent gravement fécondateur, donnant sa pleine, sa généreuse, son hispanique sonorité à ce « s » final du Barthe(s) universitairement tu, éludé, suspendu, insonore et creux comme un crochet sans chair, croc sans carne, crosse en l'air... Du « barthès » lu au « barthes » dit, c'était perte « sèche », assèchement : tombe et enfouissement du « s », certes, mais encore inanité sonore du « e », tandis que le « h », crucial en ses forme et position, s'abîme, paumé — englouti, lui et les deux lettres compagnes et suivantes, dans la rude, brutale sonorité anglo-saxonne du « bart »... Trois lettres chutant (h-e-s), lettres tues, englouties..., anglo-saxonisent le nom. Espace anglo-saxon nominal de Barthes (« bart ») : comment s'étonner que s'y ébatte un Barthes aguiché par la « scientificité », allant à marches («barthiennes », celles-là) quelquefois forcées en des lieux où s'affichent de confortables et un peu pesantes positivités, gourmandes d'abréviations, de formules, de « signaux » mathématiques rêvant de « détrousser » le texte ».

Nous sommes, on le voit, en pleine cognomologie : Barthes est Barthes parce qu'il s'appelle « Barthes ». Mais au-delà de ce qu'elles

ont de régressif et de joyeusement confus [53], au-delà de leur incroyable
arbitraire, parfois reconnu [54], souvent ludiquement revendiqué, ces
élucubrations ont le mérite de mettre en lumière des faits trop longtemps occultés par le rationalisme positiviste de la linguistique du
début de ce siècle : que les mots sont d'abord des *objets* sonores qui
se manipulent comme tels, avec lesquels on peut jongler, et qui
jonglent entre eux de leur propre initiative ; qu'il faut admettre leur
lubricité [55], et les laisser jouer ensemble, se débaucher l'un l'autre,
glisser et déraper, s'aimanter et se repousser [56] ; mais qu'ils sont en
même temps malléables, et qu'on peut les travailler, nous dit Joyce [57],
comme le sculpteur travaille la pierre ; que le corps s'investit dans le
langage au moment de cet acte phonatoire [58], que Fónagy appelle avec
bonheur la « danse buccale » ; que cette chorégraphie locutoire est
en grande partie inconsciente, et que le sont aussi les effets produits
sur l'auditeur ; et que ce n'est pas une raison pour en nier l'existence
aussi brutalement que Christian Delacampagne condamne la poésie
abstraite, lettriste et bruitiste : « Le type de « bruits » substitués par
Tzara, ou Isou, au langage peuvent avoir, comme de taper sur une
casserole, une valeur incantatoire, mais n'ont qu'une valeur expressive
ou communicative très pauvre, sinon nulle » [59], ce qui est vrai peut-être
de leur valeur « communicative », mais sûrement pas de leur valeur
expressive, et la violence des quolibets que le public réserve régulièrement aux spectacles qui tentent, comme la « Lettre à la reine
Victoria » de Bob Wilson, de réduire le texte à l'expression connotative (phonétique et prosodique) s'explique sans doute — outre notre
conditionnement culturel qui nous a dressés à n'admettre comme

----

(53) Elles confondent en effet (ou omettent de signaler s'il s'agit de) :
— motivation absolue (phonétique)/relationnelle (cf. le jeu sur les homophones « Barthes » (Roland)/« Barth » (Karl) ;
— valeurs diasystématiques/relevant d'un idiolecte textuel (l'analyse de M.T.
Goose est de ce point de vue particulièrement ambiguë) ;
— sans parler de la confusion entre unités phonique et graphique : dans un
article récent, voulant démontrer que chez Antonin Artaud le *son* « i » connote
(paradoxalement ?) la féminité et « o » la virilité, l'auteur s'est amusée à dénom-
brer les diagrammes « ai » et « oi », le trigramme « oin », etc.
(54) Cf. M.T. Goose, p. 597 : « L'exégèse est proposée sans écarter la possibilité d'une autre ou d'une meilleure interprétation. Seul le phénomène phonétique paraît indiscutable ».
(55) Nous empruntons ce terme, qui nous semble aussi savoureux qu'éloquent,
à notre collègue Claude Labrosse.
(56) Ce jeu n'est jamais innocent : « Les allitérations, les rimes, les assonances et les rythmes révèlent des parentés profondes entre les mots... Quand
les mots jouent entre eux, c'est qu'ils reconnaissent leur cousinage » (M. Arrivé,
Les langages de Jarry, p. 295).
(57) D'après Frank Budgen, *James Joyce et la création d' « Ulysse »*, Denoël,
1975 : « Le mot « leib » (corps) provoquait son enthousiasme. C'était un son qui
suscitait l'image d'un corps en masse unique, continue. Après un départ liquide,
on passe sur la double voyelle riche et luisante, et puis les lèvres se referment
sur la consonne finale, sans que rien soit venu rompre l'unité toute dorée de
ce mot. Il parlait de la monosyllabe malléable comme un sculpteur parle d'une
pierre ».
(58) Et aussi, bien entendu, graphique.
(59) « L'écriture en folie », *in Poétique*, n° 18, p. 161.

inter-communication véritable que l'échange dénotatif rationnel [60], alors que notre expérience quotidienne dément l'importance de ce type d'échange et démontre que les règles effectives du jeu verbal sont d'une tout autre nature [61] —, par la violence de l'effet que produit sur les affects ce type de manipulation langagière.

Les faits que nous allons envisager maintenant n'ont en commun avec les précédents que d'utiliser pour support signifiant des configurations syntagmatiques de phonèmes (ou graphèmes), qui puisent dans le matériel de la dénotation sans épouser ses découpages. Mais ils ont pour fonction sémantique d'inscrire dans le texte apparent des sens cachés, et sous les mots d'autres mots.

c) Anagramme et contrepet.

1. On appelle parfois « anagramme » le phénomène que nous allons envisager ensuite, et que nous préférons dénommer « paragramme », pour conserver à l'anagramme sa valeur traditionnelle.

— Définition : deux mots x et y [62] sont dans une relation anagrammatique quand leur deux signifiants sont constitués des mêmes phonèmes et/ou graphèmes — en général, il s'agit d'anagrammes graphiques, mais rien n'empêche de jouer aussi aux « anaphones » —, mais différemment ordonnés.

— L'anagramme peut être « in praesentia » (et ce n'est alors qu'un cas particulier de paronomase), ou « in absentia ».

● Anagramme in praesentia : x et y figurent tous deux dans le texte. Le procédé est fréquent dans la poésie médiévale (cf. Zumthor), et fonde le poème de Queneau intitulé « Don Evane Marquy ». Sa valeur est de resserrer le lien sémantique qui existe entre les deux mots, qui sont en quelque sorte perçus comme deux avatars superficiels d'un même concept profond.

● Anagramme in absentia : x, seul mot explicitement exprimé, dissimule (connote) y, dont il est l'anagramme. Les pseudonymes surtout exploitent ce procédé, par exemple :

François Rabelais (y) devient Alcofribas Nasier (x) ;

Boris Vian → Bison ravi ;

Salvador Dali → Avida Dollars, ou Va laid, d'or las.

Lorsque la séquence graphique x est non signifiante, l'anagramme ne joue qu'un rôle de camouflage ludique du véritable dénoté. Lorsque

---

(60) Et aussi une certaine réaction de défense contre le malaise que suscite toujours le spectacle de la folie.

(61) Un seul exemple : les vociférations qui à l'armée tiennent lieu de phrases (cf. le film du Living Theater sur les Marines), et dont le contenu importe beaucoup moins que la violence articulatoire.

(62) Puisqu'un titre fonctionne comme un mot, on peut considérer que « N. a pris les dés », titre du dernier film d'Alain Robbe-Grillet, est l'anagramme approximatif de « L'Eden et après ».

x est signifiant, le procédé sert à remotiver le nom propre [63] ; il suggère, comme dans la perspective cognomologique mais par un processus différent, que le nom propre, bien qu'apparemment arbitraire, possède une signification cachée (et contradictoire dans le cas de Salvador Dali).

2. Le contrepet est l'analogue, au niveau du syntagme ou de la phrase, de ce qu'est l'anagramme au niveau du mot. Le *Petit Robert* le définit comme une « interversion des lettres ou des syllabes d'un ensemble de mots spécialement choisis, afin d'en obtenir d'autres dont l'assemblage ait également un sens, de préférence burlesque ou grivois », et illustre cette définition par l'exemple de Rabelais : « femme folle à la messe » [64].

Dans le contrepet, comme dans l'anagramme in absentia, un signifiant apparemment unique se prête à deux lectures :

— la lecture « normale » livre le signifié de dénotation (littéral) [65] ;
— la lecture anagrammatique, par réordonnancement des graphèmes, oblige à un réajustement du signifié.

Il y a bien mécanisme connotatif dans la mesure où coexistent deux signifiants non isomorphes dont l'un se dissimule sous l'autre. Mais le mécanisme est complexe car des deux niveaux de signification superposés, c'est le sens littéral qui est « secondaire », et c'est le sens latent qu'il est nécessaire de reconstruire pour atteindre la signification « véritable » du message. L'anagramme et le contrepet opèrent donc une sorte de renversement dans la hiérarchie des niveaux sémantiques, que l'on retrouvera dans l'étude du trope : le signifié de dénotation est fallacieux, trompeur, illusoire. Il n'est là que par galéjade. Il faut le traverser pour atteindre le signifié de connotation, qui seul importe véritablement (cf. le *Petit Robert* : x est « spécialement choisi » pour évoquer y).

On voit qu'ici la « secondarité » de la connotation par rapport à la dénotation est loin d'impliquer son « accessoirité » [66].

---

(63) En mai 68, le mot « Berliet », qui couronne superbement la façade des usines de Vénissieux, avait été transformé en « Liberté » — l'inversion anagrammatique des lettres symbolisant alors une totale inversion sémantique, et référentielle.

(64) Cf. *Œuvres complètes*, Seuil, 1973, II, 16 : « Femme folle à la messe, est volontiers molle à la fesse ».

(65) Comme pour l'anagramme, il arrive que le signifiant$_1$ ne soit pas grammatical, et nous renvoie immédiatement au signifiant$_2$ qui seul est interprétable, comme dans cet exemple de Jarry :
　　　　« Dans le taillis,
　　　　Oyez, oyons
　　　　Le gazillon
　　　　De l'oisouillis ».

(66) Le palindrome (ex. : « élu par cette crapule » ; « l'âme des uns jamais n'use de mal »), formellement apparenté à l'anagramme et au contrepet, ne présente aucun intérêt autre que de curiosité, car il n'introduit aucun surplus de sens : par définition, la signification du message est invariante, qu'on le déchiffre à l'endroit ou à l'envers. La seule valeur ajoutée à l'énoncé par le palindrome est la connotation ludique.

d) Le paragramme [67].

1. *Le paragramme au sens strict :* Saussure.

En 1964 — cinquante ans après l'édition du *Cours* — la publication, grâce à Starobinski, de 99 Cahiers manuscrits de F. de Saussure,
révèle qu'au cours de ses études minutieuses sur la poésie latine ou
latinisante, Saussure avait observé que souvent, ces poèmes présen-
taient une récurrence frappante de certains phonèmes disséminés
tout au long du texte, et que si on les mettait bout à bout, ces
phonèmes constituaient un signifiant lexical ayant pour signifié le ou
les mots-thèmes du poème. Ces mots-thèmes :

● représentent un ou plusieurs noms propres qui sont au centre
du poème ; éventuellement, en plus, un ou plusieurs noms communs
qui condensent la signification de l'œuvre ;

● peuvent être ou non énoncés explicitement, par le mécanisme
sémiologique normal (dénotatif) : s'ils le sont, Saussure parle de
« paragramme non cryptographique » (in praesentia) : le signifié de
connotation renforce le signifié de dénotation ; sinon, on a affaire à
un paragramme cryptographique (in absentia) ; le signifié, pourtant
fondamental, n'existe qu'à l'état connoté [68].

Cette découverte, présentée comme spectaculaire par certains, qui
parlent à ce propos de « seconde révolution saussurienne », montre
en effet que pour Saussure, le mécanisme de production du sens ne
se laisse pas réduire à la théorie du signe. Non seulement le signifié
naît d'un signifiant lexical formé d'unités distinctives contiguës, mais
parallèlement, il peut être véhiculé par des graphèmes [69] disséminés,
qui constituent un « signifiant discontinu » d'un genre nouveau.

— Problème terminologique [70] :

En général, Saussure parle d'« anagramme », mais ce terme est
gênant car traditionnellement, il renvoie à un procédé différent,
comme le remarque Starobinski : dans l'anagramme saussurien, « il
n'est pas question de solliciter tous les phonèmes constitutifs d'un
vers, mais d'exploiter les phonèmes principaux d'un nom en les séparant les uns des autres par des éléments phonétiques indifférents »,
alors que l'anagramme traditionnel réutilise la totalité du matériel
phonématique de la dénotation.

Il faut donc préférer le terme de « paragramme » à celui d' « anagramme », qui d'ailleurs, à côté de sa valeur générique, est utilisé
parfois par Saussure pour désigner un cas particulier de paragramme :
lorsque tous les éléments du mot-thème sont concentrés dans un petit

---

(67) Sur ce problème, voir J. Starobinski, *Les mots sous les mots*, 1971 ;
Th. Aron, « Une seconde révolution saussurienne ? », 1970 ; et Peter Wunderli,
« Saussure et les anagrammes », *TraLiLi*, 1972.
(68) Pour des exemples de paragrammes relevés par Saussure, voir Starobinski, pp. 53, 79. 150, entre autres.
(69) Le procédé n'a jusqu'à présent été observé que dans le discours écrit.
Mais à la rigueur on peut concevoir des « paraphones » oraux.
(70) Dans *Communications* n° 4, Todorov utilise le terme d'anagramme pour
décrire le procédé rhétorique de la dénégation : c'est un emploi purement
idiolectal.

espace textuel (Starobinski, p. 31)) ; ou lorsque le procédé ne joue que sur les monophones, par opposition à l'hypogramme qui exploite les diphones (p. 46) [71].

— Ces paragrammes sont des faits de connotation puisque leur signifiant est spécifique, et que leur signifié est implicité.

Ils se distinguent des autres mécanismes connotatifs, précédemment étudiés :

● des anagrammes et contrepets : dans les deux cas, il s'agit de faire éclater les signifiants apparents pour les reconstruire autrement, et de traquer des « mots sous les mots ». Mais l'anagramme et le contrepet exploitent la totalité du matériel phonique de la dénotation, tandis que le paragramme ne sollicite que certaines unités seulement de ce matériel ;

● des « harmonies phoniques » (Starobinski, p. 27), des allitérations, rimes et assonances, dont le signifiant de connotation n'est pas isomorphe à un signifiant lexical.

Pour récapituler les différents types de mécanisme connotatifs reposant sur l'exploitation du matériel phonique ou graphique, on peut proposer le schéma suivant :

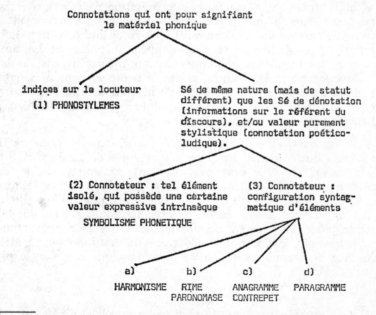

---

(71) Nous ne comprenons pas bien comment Zumthor (*Poétique*, n° 11, p. 328) peut affirmer : « Rien jusqu'à présent ne permet de retrouver dans le texte médiéval la fonction paragrammatique hypothétiquement identifiée par Saussure dans certains textes antiques. Acrostiches et anagrammes semblent en langue vulgaire, principalement sinon exclusivement, destinés à transmettre, non un thème, mais un nom propre : celui de l'auteur ou celui du destinataire, moins souvent celui d'un agent intérieur au texte ». En quoi cela est-il contradictoire avec la définition saussurienne du paragramme ?

Rime et paronomase : le connotateur, c'est la ressemblance partielle de deux signifiants lexicaux.

Anagramme et contrepet : ont pour signifiant de connotation la totalité des unités constitutives d'un mot, d'un syntagme ou d'une phrase, mais permutées.

Paragramme : le signifiant est un morphème discontinu constitué de graphèmes disséminés dans le texte, et séparés par des unités non pertinentes.

— Le signifié de connotation :

● Saussure s'est lui-même interrogé sur la fonction du procédé. Son origine, dit-il, est sans doute rituelle : le paragramme, « tissant dans le texte les syllabes du nom divin », a valeur incantatoire. De plus, il s'expliquerait, dans le cas particulier du cryptogramme, par le tabou religieux interdisant l'énonciation explicite du nom propre. Pour la poésie laïcisée, Saussure propose l'interprétation suivante : le mot-thème constituerait « l'appui mnémonique du discours », dont la mémorisation serait facilitée par la récurrence phonématique (dans le cadre d'une poésie orale). Et ce serait en outre une de ces contraintes formelles plus ou moins gratuites qu'affectionne la poésie qui, selon Valéry, « vit de contraintes et meurt de liberté ».

● Starobinski (p. 64) préfère l'interprétation génétique : le texte préexisterait dans le mot-thème, sorte de pré-texte, d'antécédent du discours, de germe vital de l'œuvre. Il « ouvre et limite tout ensemble le champ de possibilité du vers développé... Le poète est astreint à réemployer les matériaux phoniques du mot-thème, si possible dans leur séquence normale. Pour le reste, le poète en agit à sa guise, distribuant les mots et les phonèmes de façon à satisfaire aux autres règles de la versification et de l'intelligibilité » — l'intelligibilité, c'est, en d'autres termes, la cohérence dénotative.

Telle est aussi l'interprétation de Todorov, dans *Poétique* n° 11 : les analyses de Saussure, dit-il, exploitent l'idée de L. Becq de Fouquières, selon laquelle « on peut souvent constater que le mot générateur de l'idée... devient à son tour, au moyen de ses éléments phoniques, le générateur du vers et soumet tous les mots secondaires qui l'accompagnent à une sorte de vassalité tonique » (p. 451-452).

Cette pièce est à verser au dossier du modèle de production : dans certains cas, le discours procéderait d'un mot inducteur, matrice génératrice de l'œuvre, tant sur le plan phonique que sur le plan sémantique [72].

---

(72) Cette méthode de production poétique est exploitée en pédagogie : on demande à l'enfant de construire, à partir d'un mot-inducteur, un texte qui en exploite paragrammatiquement les potentialités phonétiques. Par exemple, à partir du mot « Chambourcy », on obtient : « Dans le labour des champs, ma bourse est tombée dans la boue, et j'entends le chant d'une scie dans le bourg », etc. (*Le français aujourd'hui*, n° 16, janvier 1972, p. 44). Le paragramme est ici gratuit sémantiquement.

● Car le mot-thème porte tout le poids de la signification de l'œuvre, dont il est une sorte de condensé sémantique. On voit alors que le paragramme peut encore se justifier ainsi, en dehors de toute considération génétique : il crée un signifié superlatif, « emphatisé » par la démultiplication de son signifiant, et dont l'existence est d'autant plus insistante qu'elle est paradoxale (dans le cas du crypto-gramme du moins) : le paragramme dévoile en occultant, dit sans dire, et dit d'autant plus qu'il a l'air de ne pas dire. Là encore, le signifié de connotation (implicite) est plus important que le signifié de dénotation (explicite) : seul le mot-thème est véritablement choisi, et le reste du discours se contente d'en paraphraser les contours phonétiques et le contenu sémantique.

Perspective génétique et perspective statique sont bien entendu conciliables[73]. Le mot-thème, c'est à la fois :

       le thème du discours (son condensé sémantique) ;
       le générateur du discours (phonétique et sémantique).

— Critiques et auto-critiques.

Tout au long de son entreprise de décryptage du paragramme, Saussure, tour à tour confiant et sceptique[74], n'a cessé de se poser la question : l'existence du paragramme est-elle réelle ou fantasma-tique ? Question qui renvoie au problème général de la grammaire implicite, et des critères permettant de poser l'existence d'un fait linguistique quel qu'il soit :

● Ce n'est certes pas la conscience que le locuteur possède de ce phénomène. Starobinski a raison de le répéter : l'existence d'un fait n'est pas réductible à la conscience de ce fait au moment de l'encodage. Il a raison de reprocher à Saussure sa tendance à chercher dans les intentions de l'auteur un garant de l'existence du para-gramme[75]. Le « silence » des poètes latins à ce sujet est moins « embarrassant » qu'il n'y paraît.

_____

(73) Comme le note Starobinski lui-même : « Il faut ici le répéter : tout discours est un ensemble qui se prête au prélèvement d'un sous-ensemble : celui-ci peut être interprété :
    a) comme le contenu latent ou l'infrastructure de l'ensemble ;
    b) comme l'antécédent de l'ensemble » (c'est-à-dire envisagé dans la diachronie de la production de l'œuvre).
(74) Cf. Starobinski citant Saussure, p. 123 : « Je serais enchanté qu'on me montrât par exemple qu'il n'y a pas d'anagramme mais une répétition des mêmes syllabes, ou éléments, selon des lois de versification n'ayant rien à voir avec les noms propres, ni avec un mot déterminé... J'ai vu en revanche l'anagramme établissable à tout instant et je m'en tiens à celui-ci pour qu'une voie quelconque soit ouverte sur des phénomènes que je tiens incontestables dans leur valeur générale ». Et, p. 138 : « ...mais j'ai bien le sentiment que vous resterez finalement perplexe, puisque je ne cache pas que je le suis resté moi-même, sur le point le plus important, c'est-à-dire ce qu'il faut penser de la réalité ou de la fantasma-gorie de l'affaire entière ».
(75) « L'erreur de Ferdinand de Saussure (si erreur il y a) aura aussi été une leçon exemplaire. Il nous aura appris combien il est difficile, pour le critique, d'éviter de prendre sa propre trouvaille pour la règle suivie par le poète. Le critique, ayant cru faire une découverte, se résigne mal à accepter que le poète n'ait pas consciemment ou inconsciemment voulu ce que l'analyse ne fait que supposer. Il se résigne mal à rester seul avec sa découverte » (p. 154).

● Plus tentante encore est l'assimilation : existence d'un fait/
perception de ce fait au moment du décodage. Comment accorder
quelque réalité à un phénomène linguistique qui jamais ne serait
décodé ? Dans cette perspective, l'anagramme existe en tant qu' « ana-
lecte ». A cela on peut objecter que la perception d'un fait n'est pas
nécessairement consciente ; que bien des phénomènes linguistiques
— les faits connotatifs tout particulièrement — agissent insidieusement. C'est le cas de la plupart des jeux phonétiques précédemment
étudiés. C'est le cas du paragramme, qui impose sournoisement la
présence lancinante d'un nom propre par un procédé que le décodeur
n'est pas nécessairement en mesure d'identifier, d'expliciter.

● C'est à l'analyse que revient cette explication. Un fait linguistique peut exister, indépendamment de toute perception consciente
de l'encodeur et du décodeur, dans la seule mesure où il est identifié
comme tel par une analyse attentive. Mais sur quelle base ? Qu'est-ce
qui garantit, dans le cas particulier du paragramme, la non-arbitrarité
de l'analyse ? Il est bien évident, et Saussure en est parfaitement
conscient [76], que tout texte offre un matériau graphématique assez
riche pour qu'un nom quelconque puisse s'y inscrire paragramati-
quement. La réponse, comme dans le cas des autres jeux phonétiques,
ne peut être que statistique : la seule façon de prouver l'existence
d'un paragramme, c'est de montrer que les graphèmes constitutifs du
mot-thème présumé sont représentés dans le texte avec une fréquence
supérieure à la fréquence aléatoire de distribution des unités distinctives [77]. Or, l'état actuel de la recherche linguistique ne nous fournit
aucun moyen d'évaluer la probabilité d'apparition de ces unités dans
un texte. Ce « calcul général des chances », reconnaît Saussure,
« défierait les forces des mathématiciens » : telle est l'aporie qui
condamne le paragramme à une existence encore hypothétique [78].
Mais on peut en attendant se contenter d'une appréciation intuitive, à partir du moment où l'identification du fait anagrammatique
converge avec l'ensemble des procédés dénotatifs et connotatifs qui
constituent la texture de l'énoncé étudié : c'est à cette seule condition
que l'exhumation des anagrammes peut devenir, d'après Delas et
Filliolet, une opération linguistique authentique, au lieu de rester,

---

(76) Constatant (Starobinski, p. 132) qu'il est possible de « lire le nom de
Pindarus sous les premiers vers de l'Enéide, bien qu'il n'y soit nullement question du poète grec », Saussure s'interroge en effet : « L'hypogramme... n'est-il pas
une construction arbitraire ? N'est-il pas trop facile d'obtenir partout des hypo-
grammes ? »
(77) C'est aussi l'avis de Rastier : « L'hypothèse de l'anagrammatisme soulève
des difficultés réelles : elle risque de permettre la réapparition de la théorie du
Maître-Mot ; et d'autre part, des techniques de description et de lecture des
anagrammes restent à créer, si l'on ne veut pas se limiter à des trouvailles
fantasmatiques ; il faudra mettre au point des programmes pour une évaluation
statistique des redondances significatives » (in Greimas, Essais de sémiotique
poétique, p. 84).
(78) Ce qui n'est pas le cas de l'acrostiche, et autres cas particuliers de
paragramme : la place (déterminée) des unités constitutives du signifiant de
connotation garantit son existence.

comme elle l'est le plus souvent, un exercice de haute voltige, une machine folle à produire des sens en tout sens : « déterrer tous les anagrammes d'un texte, c'est, si l'on veut, faire un exercice poétique sur un échantillon de langue, ce n'est aucunement étudier linguistiquement un échantillon de poésie. Cette pratique réduit le texte à un prétexte plus ou moins fortuit pour une entreprise au succès assuré (étant donné le nombre vertigineux des combinaisons anagrammatiques possibles) mais à la pertinence problématique. L'étude linguistique, au contraire, se soumet à la structuration poétique. C'est pourquoi les anagrammes, relevé et combinaison de phonèmes ou de groupes de phonèmes prélevés dans le texte entier « hors de l'ordre dans le temps qu'ont les éléments » (Saussure), n'entrent dans la structuration textuelle que si l'intégration de ces éléments linguistiques dans une totalité poétique se fait à partir d'une forme d'ensemble, et à l'intérieur de celle-ci. Dans ce cas seulement, ils seront considérés comme pertinents » (*Linguistique et poétique*, p. 180).

Faute de quoi (pour reprendre une opposition judicieusement formulée par Barthes), voulant mettre au jour la signifiance d'un texte, on verra vite celle-ci se pervertir en « signifiose »[79].

Quoi qu'il en soit, il est aussi irréaliste de nier l'existence du paragramme que d'en exagérer l'importance, relative à coup sûr au type de texte envisagé. Saussure voit le paragramme traverser toute la poésie latine, et même, dans son enthousiaste entêtement, il le voit proliférer dans la prose de César et de Cicéron. Starobinski en identifie à son tour quelques-uns dans *Les Mémoires d'outre-tombe*, *Le Vieux Saltimbanque* de Baudelaire, et *Le Cimetière marin*. Ricardou en découvre dans Edgar Poe[80] et Rastier chez Mallarmé[81]. Il serait sans doute aisé d'en extraire massivement dans les œuvres de Raymond Roussel, ou de Severo Sarduy, dont par exemple le titre d'un roman, *Cobra*, se trouve ensuite paragrammatisé[82] à travers les noms de « Copenhague », Bruxelles », et « Amsterdam ».

Mais il serait imprudent de généraliser la lecture paragrammatique. La plupart du temps, le procédé apparaît moins comme un mécanisme sémiologique constitutif de l'œuvre que comme un épiphénomène plus ou moins isolé[83] : ainsi, dans *Un amour de Swann*, où

---

(79) Cette prolifération anarchique des sens est aussi, comme le connote le suffixe, une forme de nécrose — inverse de la nécrose par figement du sens.

(80) Voir « L'or du scarabée », *in Théorie d'ensemble*, p. 378.

(81) Ainsi, « avec les phonèmes les plus caractéristiques de (la classe sémiologique de) *Vie*..., on peut former les lexèmes *idée* ou *dé*, et dire qu'ils sont disséminés agrammaticalement dans les occurences de cette classe et dans les isotopies qu'elles constituent ; mais on ne dispose pas encore de procédures scientifiques pour la lecture des anagrammes »... (Rastier, *in* Greimas, *Essais de sémiotique poétique*, p. 104).

(82) Le verbe est utilisé par Saussure.

(83) Citons comme exemple cet article du *Monde* qui signalait que les scripteurs réels des mémoires de Thorez titrés « Fils du peuple » — appelons-les x et y — avaient, dans la première page de l'ouvrage, inscrit paragrammatiquement (il s'agit bien sûr d'un paragramme cryptographique) cette phrase : « x et y ont écrit cet ouvrage », et que cette espèce de paragramme — car d'un point de vue formel, il ne s'agit pas ici tout à fait du même procédé que celui qu'identifie Saussure — avait disparu des éditions suivantes.

la périphrase « la cadette des cocottes connues » paragrammatise le nom d'Odette [84] — ce qui pose un problème de chronologie génétique : du syntagme périphrastique et du nom propre, lequel a précédé l'autre dans la pensée de Proust ? Quoi qu'il en soit, Starobinski a raison de souligner l'intérêt de la découverte saussurienne du point de vue de la genèse du discours : « Ainsi, l'on en vient à cette conclusion, implicite dans toute la recherche de Ferdinand de Saussure, que les mots de l'œuvre sont issus d'autres mots antécédents, et qu'ils ne sont pas directement choisis par la conscience formatrice. La question étant : qu'y a-t-il immédiatement derrière le vers ? la réponse n'est pas : le sujet créateur, mais : le mot inducteur », qui seul ferait l'objet d'un choix délibéré. Le paragramme, comme la paronomase et le calembour surréaliste, montre que le discours est susceptible de se déployer selon une dynamique propre, celle de l'enchaînement des signifiants qui, dans une certaine mesure, échappe à l'initiative et au contrôle du sujet créateur.

La notion de paragramme subvertit aussi la conception monologique du texte. Elle nous met en garde : *un mot peut en cacher un autre* [85]. Elle nous invite à doubler la lecture « normale » (dénotative) d'un décodage autre, plus actif peut-être — la lecture n'est plus alors un enregistrement passif, c'est un travail sur le signifiant — qui cherche sous la linéarité du signifiant une autre ordonnance de signes. Elle nous oriente vers une conception pluraliste des niveaux sémantiques.

Mais il faut le souligner pour conclure : en dépit de certaines déclarations fracassantes, selon lesquelles l'hypothèse paragrammatique pulvériserait la théorie traditionnelle du signe, les deux lectures sont complémentaires, et non mutuellement exclusives. Dans un même texte, aux signes dénotatifs, qui véhiculent l'essentiel de l'information, peuvent se superposer sans concurrence les signes paragrammatiques, avec :

● leurs signifiants, non isomorphes aux signifiants de dénotation, mais qui peuvent leur être redondants (cas des paragrammes non cryptographiques) ;

---

(84) Exemple analogue dans Robbe-Grillet : « C'est Georges *Marchat*, l'ex-fiancé de Lauren, qui a longtemps erré à l'aventure en *remâchant* sans cesse dans sa tête les éléments de son bonheur perdu et de son désespoir. Parti très tôt de la réception..., il avait d'abord *marché* lui aussi »... (cité par Ricardou dans *Poétique*, n° 4, p. 436).

(85) Selon un mécanisme fort bien décrit par Th. Aron (*Langue française*, n° 7, p. 57) : « Sous le nom d'anagramme, de paragramme, d'hypogramme, de cryptogramme, Saussure désigne la possibilité de lire dans un texte, ou plus exactement, comme il le dit lui-même, sous un texte, d'extraire de lui d'autres mots que ceux offerts par la lecture « normale ». Cette dernière découpant la chaîne syntagmatique en unités de signification qui associent, à chaque étage du démembrement (en phrases, syntagmes, monèmes), un signifiant et un signifié isomorphes, l'autre texte sera obtenu par transgression de ce découpage et combinera des phonèmes ou des groupes de phonèmes prélevés dans ce texte sans tenir compte ni de l'unité du signe linguistique, ni de ses frontières, ni enfin de la linéarité du discours ».

● leurs signifiés, parfois redondants, parfois spécifiques, mais jamais contradictoires avec les signifiés de dénotation. Pour reprendre l'exemple de Saussure, si « Pindarus » ne s'intègre pas à l'isotopie dénotative du début de *L'Enéide*, aucun décryptage paragrammatique de ce mot n'est admissible — ou alors tout est admissible, et le nombre des sens de chaque texte se démultiplie à l'infini, donc tous les textes deviennent synonymes, donc le support textuel indifférent : la signifiose ne mène qu'au non-sens.

En aucun manière, malgré ce que prétendent certains iconoclastes complaisants, l'hypothèse paragrammatique ne saurait supplanter la théorie du signe (dénotatif). C'est, au mieux, un modèle sémiologique complémentaire, et non substitutif. Peter Wunderli le note avec raison : « En l'absence d'un texte de base soumis au principe de la linéarité, l'anagramme surajouté ne pourrait pas être réalisé » [86] : ce qui montre une fois de plus que le langage de connotation, pour pouvoir le parasiter, présuppose le langage de dénotation.

2. *Le paragramme élargi.*

Dans « Pour une sémiologie des paragrammes » (*Tel Quel* n° 29, pp. 53-54), Julia Kristeva déclare : « Nous accepterons les principes énoncés par Ferdinand de Saussure dans ces « Anagrammes », à savoir :

a) Le langage poétique donne une seconde façon d'être, factice [?], ajoutée pour ainsi dire à l'original du mot.

b) Il existe une correspondance des éléments entre eux, par *compte* [?] et par rime.

c) Les lois poétiques *binaires* [?] vont jusqu'à transgresser les lois de la grammaire.

d) Les éléments du *mot-thème* (voire une lettre) s'étendent sur toute l'étendue du texte ou bien sont massés en un petit espace, comme celui d'un mot ou deux ».

Certains points de cette « paraphrase » de la vulgate saussurienne nous demeurent obscurs ; mais l'extension que Kristeva propose de faire subir au concept de paragramme l'est plus encore à nos yeux : il s'agit, semble-t-il, de le rendre responsable de l'ensemble des opérations structurantes qui traversent le texte, et l'intertexte. Mais nous sommes obligés d'avouer que, faute sans doute d'une information suffisante sur les théories du groupe « Tel Quel », nous ne voyons pas comment, ni où, peut s'arrêter, dans une perspective qui définit la signification d'un texte comme le produit toujours différent d'une activité structurante livrée à la fantaisie du lecteur, la prolifération des sens. Ce qui est sûr en tout cas, c'est que le paragramme ainsi

---

(86) Page 44 de l'article des *TraLiLi*, 1972.

conçu n'a plus rien à voir avec le concept dont nous cherchons à évaluer ici le rendement opératoire.

En revanche, le paragramme se laisse facilement reconnaître sous le travestissement que lui fait subir Jacques Proust dans *Littérature* n° 4. Parmi d'autres mécanismes connotatifs à l'œuvre dans *Manon Lescaut*, Proust signale en effet celui-ci : certains mots, fortement récurrents, et disséminés tout au long du texte, se trouvant réunis dans la scène finale de la mort de Manon, fonctionne à la fois comme séquence-clé, et comme matrice génératrice de l'œuvre, on pourrait voir là, dit-il, un « aspect paragrammatique » du texte. Il suffit en effet d'opérer un changement du niveau (rang) auquel on applique le concept pour constater que la transposition est parfaite :

Paragramme au sens strict :

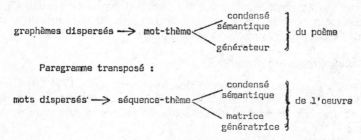

Dans le même numéro de la même revue, Philippe Hamon identifie dans *le Horla*, semblablement, une « séquence-clé », qui constituerait une « sorte de condensé sémantique et narratif », un « modèle réduit de l'œuvre, qui n'en est qu'une démultiplication plus complexe ». Réconciliant les deux types de paragramme, Hamon nous montre que dans le texte de Maupassant, le paragramme-mot vient redoubler les effets du paragramme-séquence [87].

Starobinski conclut son étude du paragramme en l'apparentant au langage chiffré. Dans cette mesure, il est en effet proche parent d'autres procédés tels que le « javanais », le « pidgin English », les permutations, prosthèses, épenthèses et autres paragoges expérimentés par Queneau dans ses *Exercices de style*, les jargons divers (cf.

---

(87) Cf. p. 43 : « Ainsi on remarquera à certains endroits du texte une augmentation de la fréquence de certaines syllabes, lettres ou phonèmes, ceux ou celles constitutifs du nom HORLA : OR, LA, HO, H, R, L, etc. De plus, l'apparition de ces unités semble coïncider avec des mots narrativement marqués, ceux où la présence du Horla se fait plus manifeste ». On voit ici clairement quelle est la fonction sémantique du procédé. Hamon énumère quelques-uns des mots qui paragrammisent le nom « Horla » : « frôlant », « la rose », « la mort », « aurore », « là », « la porte », « les organes », « horreur », « hurler », « homme », et surtout « alors », plusieurs fois employé en couple dans les moments du grand trouble du narrateur. Et il extrait cette phrase caractéristique : « ...sentant bien qu'il était *là*, mais qu'il m'échapperait *encore*, lui dont le *corps* imperceptible avait dévoré mon reflet ». Le paragramme, disant en occultant, reproduit avec bonheur la modalité d'être du dénoté : celle de la présence-absence.

les Ballades de Villon étudiées par Guiraud), et le calembour [88] qui, d'après J.Cl. Chevalier, redécoupe la forme de l'expression pour y inscrire d'autres signes, absents en apparence [89].

Tous ces procédés sont fonctionnellement analogues : inscrivant des mots sous les mots, ils subvertissent le langage dénotatif, soit dans un but purement ludique, soit pour déjouer un tabou, une censure morale ou politique. Mais formellement, il faut introduire entre eux une distinction radicale : seuls relèvent d'un traitement en termes de dénotation/connotation les cas où s'actualisent simultanément deux, ou plusieurs, niveaux sémantiques (comme celui du calembour et d'*Après le Déluge*). Au contraire, dans l'exemple du javanais, où le sens n'apparaît qu'au prix d'une manipulation du signifiant qui tel quel en est dépourvu, et dans le cas des codes secrets, où le sens apparent n'a aucune pertinence [90], un seul niveau sémantique s'actualise. On ne saurait donc parler à ce propos de connotation (si ce n'est stylistique), qui par définition n'existe qu'en tandem avec la dénotation.

Pour clore cette première rubrique, où nous avons regroupé un certain nombre de signifiants de connotation, rappelons que nous l'avons intitulée : connotant = le matériel phonique et/ou graphique. En effet, parmi les faits envisagés :

● certains se manifestent et dans le code oral et dans le code écrit : l'anagramme, le contrepet et le paragramme sont essentiellement pratiqués à l'écrit, mais rien n'interdit leur manifestation orale ;

● d'autres sont spécifiques de l'expression orale : les phonostylèmes ; l'exploitation de la valeur expressive des sons ;

● mais on peut leur trouver des équivalents graphiques :

Pour les phonostylèmes, c'est la façon dont la réalisation particulière des graphèmes en lettres, objet de la graphologie [91], fournit éventuellement des informations sur le scripteur (origine géographique [92], âge et sexe, milieu socio-culturel, caractéristiques psychologiques, etc.).

---

(88) Qui peut être généralisé à tout un poème. Ainsi, d'après Y. Denis, « Glose d'un texte de Rimbaud : « Après le Déluge » », *in Les Temps Modernes*, n° 260, janvier 1968, pp. 1261-1276, cette œuvre serait entièrement « chiffrée ».

(89) C'est ce qui autorise Th. Aron, dans *Langue française* n° 7, à rapprocher le calembour du paragramme.

(90) Ainsi l'expression « Les myosotis sont en fleurs », veut dire, et ne veut dire que « Les alliés ont débarqué ». Il faut radier le signifiant apparent, et lui en substituer un autre au moyen d'un code de transposition. C'est un simple problème de traduction.

(91) Qui commence enfin à se faire scientifique : une mesure précise de la longueur du fil graphique, de l'emplacement de ses ruptures, etc., permet une définition graphologique du scripteur plus idiosyncrasique encore que le relevé de ses empreintes digitales.

(92) Ainsi l'écriture permet-elle, aussi facilement que l' « accent », de déceler l'origine anglo-saxonne d'un sujet.

Quant à la valeur expressive des sons, elle trouve son analogue parfait dans le fait que les graphèmes possèdent certaines virtualités significatives intrinsèques [93], qui se réalisent ou non dans les unités lexicales — et l'on pourrait transposer ici intégralement le raisonnement mené plus haut sur la motivation phonétique des mots. Il faudrait consacrer une étude spécifique aux valeurs connotatives qui s'attachent aux faits typographiques [94] — rigueur distinguée du « graphisme suisse », spontanéisme sauvage et anarchisant de certaines inscriptions murales volontairement dégoulinantes, etc. Il faudrait envisager le cas limite du calligramme, de ces « carmina figurata où les graphismes de la phrase composent, dans les deux dimensions du plan écrit, un dessin porteur du sens général » (Zumthor, *Poétique* n° 11, p. 331), et qui constituent une sorte d'équivalent graphique de l'onomatopée [95].

Certains de ces faits sont d'ailleurs plutôt les équivalents graphiques des faits prosodiques, que nous allons maintenant envisager.

B. — Les faits prosodiques comme signifiants de connotation

Le terme de « prosodie » est ambigu. Appliqué au langage poétique, il est à peu près synonyme de versification. Mais on entend aussi par faits prosodiques l'ensemble des traits suprasegmentaux qui, durant l'émission vocale, se surajoutent à la chaîne phonique sans en épouser le découpage en phonèmes. La plupart d'entre eux peuvent, selon les cas, avoir une valeur dénotative ou connotative. Tous sont spécifiques de la langue orale, mais ils ont à l'écrit certains équivalents (ponctuation, blancs graphiques).

---

(93) Ainsi que le montre Genette (dans *Langages*, n° 12, p. 36), qui met en lumière, à propos du mot « nuit », le fait que le problème se pose de façon strictement analogue pour les graphèmes et pour les phonèmes : « Ainsi n'est-il pas indifférent à notre propos de remarquer entre les lettres u et i, une nuance graphique analogue à celle que nous avons notée entre les phonèmes correspondants, un double effet de minceur et d'acuité que la présence contiguë des jambages du n initial et la hampe du t final, dans son élancement vertical, ne peut que souligner encore : sur le plan visuel comme sur le plan sonore, « nuit » est un mot léger, vif, aigu ». C'est sans doute Claudel (cf. J.-Cl. Coquet, *Poétique*, n° 11) qui est allé le plus loin, et de la façon la plus aventureuse, dans cette investigation sur la valeur expressive des graphismes.

(94) Sur ce problème, voir, entre autres, dans le numéro 19 de *Communications et langages*, 1973, l'étude de P. Garnier sur les textes spatialistes ; Raymond Queneau, *Bâtons...*, pp. 185 et sqq. ; et cette réflexion de Jean-Noël Vuarnet sur *La Crue* de Lucette Finas : « La mise en page et la typographie (conçues par Massin) fonctionnent dans « La Crue » comme matérialisation visuelle de la science du commentaire et rendent perceptible la transe de lecture : résistance, altération » (*La Quinzaine littéraire*, n° 150, p. 16).

(95) Comme exemples d'onomatopées graphiques, signalons par exemple :
• Dans l'affiche du film « Tremblement de terre », les lettres qui composent le titre semblent se désagréger comme sous l'effet d'un séisme.
• Dans les bandes dessinées, il est courant de proportionner la dimension des lettres à l'intensité supposée de la réplique ; et de suggérer l'émotion du locuteur par un tremblement du trait, ou sa colère par une explosion du graphisme.

1. — L'INTONATION.

C'est la courbe mélodique définie par les variations de hauteur dans l'articulation des sons au cours de l'émission d'une phrase.

Le problème de l'intonation met en évidence le fait que c'est la nature du signifié qui est décisive lorsqu'il s'agit de savoir si l'on a affaire à un fait dénotatif ou connotatif. En dehors de toute considération sémantique, seul un décret arbitraire permettrait en effet de ranger tel type de signifiant — par exemple les signifiants lexicaux et les constructions grammaticales — dans la classe des dénotants, et la distinction n'aurait aucun intérêt. Si les linguistes, après certaines hésitations, ont été amenés à considérer comme « pertinentes » (c'est-à-dire, dans la perspective traditionnelle, dénotativement pertinentes) certaines intonations, c'est parce qu'ils se sont rendu compte qu'elles véhiculaient la même information que certaines unités lexicales ou syntaxiques. Dans les phrases suivantes :

Il vient ? Vient-il ? Est-ce qu'il vient ?

l'intonation est dénotativement synonyme de l'inversion et du morphème interrogatif.

C'est donc sur des bases sémantiques que l'on distinguera :

— Les intonations dénotatives : elles ont une incidence sur le contenu référentiel du message.

— Les intonations connotatives : elles fournissent des informations non sur le référent décrit, mais sur le locuteur, et ces informations sont de deux types :

● son appartenance géographique (par exemple, l'intonation « en accroche-cœur » caractéristique du parler lyonnais) ou sociale (c'est ainsi que la parenté stupéfiante entre les élocutions de Giscard d'Estaing, Jean-Pierre Fourcade et Jacques Chirac s'explique sans doute, en plus des tendances mimétiques qu'engendre le charisme présidentiel, par l'homogénéité sociale de ceux qui nous gouvernent) : ces faits intonatifs font partie de ce que Léon appelle, on l'a vu, les « phonostylèmes », ensemble d'éléments homogènes du point de vue de leur valeur, mais que notre principe de classement nous contraint de dissocier ;

● état émotionnel du locuteur : c'est la connotation dite « affective ». Il existe entre les supports intonatifs et la valeur affective, des relations privilégiées, et il arrive même, comme le signale Jean Pohl, que dans certaines situations les seules informations que l'on puisse extraire d'un message, en dehors de toute appréhension du contenu dénotatif, soient de cette nature ; ainsi, lorsque nous entendons « une conversation à une certaine distance, trop grande pour que nous puis-

sions même être certain de la langue utilisée [96]. Mais la « musique »
du dialogue nous est perceptible : cela suffit pour que nous ayons
une idée des sentiments de ceux qui parlent, que nous devinions s'ils
sont fâchés ou joyeux, graves ou exubérants » [97]. Grâce à l'intonation,
on dispose d'indices précieux pour évaluer la façon dont se situe le
sujet d'énonciation vis-à-vis du contenu de son énoncé : ainsi le
30 avril 1975, le ton utilisé par les journalistes de la presse parlée
pour annoncer la « chute » de Saïgon — ton de condoléances, d'orai-
son funèbre — était aussi éloquent que les termes choisis.

Un problème de frontière se pose au sujet des intonations qui,
sans être des indices purs du locuteur, expriment la façon particulière
dont celui-ci appréhende le référent, comme l'intonation exclamative.
P. Delattre [98] l'admet comme intonème authentique dans la mesure
où la phrase : « Quelle tombe ! » est unanimement reconnue comme
sémantiquement distincte de « Quelle tombe ? » et de « Qu'elle
tombe ! ». Une solution pourrait être de considérer comme unités de
dénotation celles dont la relation Sa/Sé est stable, et de reléguer dans
la connotation les faits dont le décodage s'avère variable et aléatoire,
comme les différentes variantes de cet intonème exclamatif. Il nous
semble plus légitime d'admettre que cette intonation cumule une
valeur dénotative (elle nous dit que la tombe en question possède
certaines caractéristiques peu ordinaires), et une valeur connotative
(elle nous informe que le sujet d'énonciation n'est pas émotionnellement neutre vis-à-vis de cet objet). Ce problème qui se pose aussi
pour la connotation axiologique, sera repris ultérieurement lorsque
nous nous interrogerons sur le signifié de connotation.

En plus de l'intonation proprement dite (variations de la hauteur
vocale au cours de l'émission d'une phrase), la hauteur moyenne de
la voix peut être considérée comme un connotant, porteur d'informations sur le sexe et l'âge du locuteur [99].

2. — L'ACCENT TONIQUE [100].

De même qu'à côté de la hauteur relative on peut s'intéresser à
la hauteur moyenne d'articulation des sons, de même l'intensité

---

(96) C'est-à-dire que dans ce cas, cette connotation même que Hjelmslev
considère comme la plus générale et la plus fondamentale échappe au récepteur.

(97) *Symboles et langages*, t. II, p. 25.

(98) P. Delattre, « L'intonation par les oppositions », in *Le français dans le
monde*, avril-mai 1969.

(99) Ce type de signifiant n'est jamais pertinent dénotativement : la linguistique s'en est donc désintéressée. Pourtant, au registre vocal s'attachent des
valeurs symboliques essentielles. A telle enseigne qu'au siècle dernier, les Nègres
d'Alabama n'avaient pas le droit d'utiliser pour parler les registres graves : leur
voix devait être haut perchée — d'où, par réaction contre ce décret castrateur
promulgué par les blancs pour humilier leur virilité, la prédilection de certains
jazzmen noirs, tel Howard Johnson, pour les registres, vocaux ou instrumentaux,
graves : ce connotateur est ainsi devenu l'enjeu d'un combat (cf. Francis Mar-
mande *in Jazz magazine*, n° 232, avril 1975, p. 27).

(100) Bien entendu, il ne faut pas confondre l'accent tonique avec l' « accent »
régional, c'est-à-dire l'ensemble des phonostylèmes qui fournissent des informations sur l'appartenance géographique du locuteur — que ce soit la réalisation
particulière de certains phonèmes, la nature des intonations, ou la place de
l'accent tonique.

moyenne d'émission d'un message, connotativement pertinente car elle fournit des informations sur l'état affectif du locuteur ou sur la situation de communication (cf. le chuchotement confidentiel), doit être envisagée en plus de l'accent proprement dit, qui est relatif à l'entourage phonique.

Comme dans le cas précédent, l'accent peut avoir valeur dénotative ou connotative ; comme dans le cas précédent, la frontière est parfois problématique.

Seuls doivent entrer en ligne de compte, car ils sont seuls sémantiquement pertinents, les accents libres, c'est-à-dire ceux qui ne sont pas placés à l'endroit que la langue française leur assigne automatiquement (dernière voyelle du syntagme), et ceux dont la place est normale, mais l'intensité anormalement forte.

— *Accent à valeur dénotative :*

Ex. : « C'est bien ce que je dis ». Selon que l'accent frappe ou non le mot « bien », le sens dénotatif de ce mot, donc de la phrase, change nettement. En fait, la différence sémantique repose sur des différences d'intonation et de pause autant que sur des différences d'accentuation. C'est en général d'un faisceau de faits prosodiques imbriqués que naissent les valeurs sémantiques.

Un des rôles essentiels de l'accent consiste à signaler la hiérarchie des éléments d'information, et en particulier la nature du « focus », élément sur lequel porte véritablement l'assertion, en réponse à une question implicite [101]. Ainsi, la phrase : « Pierre a mangé des pommes frites » [102] est ambiguë à l'écrit, dans la mesure où elle peut répondre aux questions suivantes :

« Qui a mangé des pommes frites ? »

« Qu'a fait Pierre ? »

« Qu'est-ce que Pierre a fait aux pommes frites ? »

« Qu'est-ce que Pierre a mangé ? »

« Qu'est-ce que Pierre a mangé de frit ? »

« Comment étaient les pommes que Pierre a mangées ? » [103].

---

(101) Répondre facétieusement « ça m'est égal, je ne suis pas pressé » à la phrase « l'alcool tue lentement », c'est feindre de prendre « lentement » pour le focus de la phrase, alors que lorsqu'elle est normalement intonée, c'est l'ensemble du prédicat verbal, et plus particulièrement le verbe, qui se trouve focalisé.
(102) L'exemple est emprunté à Zuber.
(103) On peut encore ajouter à cette liste :
    « Pierre a mangé *des* pommes frites » (et non *une*) ;
    « Pierre *a* mangé des pommes frites » (focus : le temps passé).

A l'oral, l'accent spécifie — dans une certaine mesure, et moins nettement qu'en anglais — la nature du focus [104].

— *Accent à valeur connotative* :

Cette valeur est double, comme précédemment :

● L'accent peut être un indice de l'origine géographique du locuteur (ex. : les bretons parlant français utilisent fréquemment un accent non oxyton, qui s'explique comme un fait de substrat du parler celtique).

● Valeur émotive : c'est l'accent « affectif ».

Exemple : « C'est beau ».

Signifiant de connotation : c'est le fait que la voyelle (o) soit articulée avec une intensité plus forte que ne l'implique l'accent tonique normal [105].

Signifié de connotation : l'énoncé n'est pas un simple constat, il y a engagement émotionnel du locuteur. Mais en même temps on peut y voir une sorte de superlativisation du prédicat : l'accent indiquerait que la qualité en question est représentée dans le référent à un degré élevé ; dans cette mesure, la valeur de cet accent serait aussi dénotative.

3. — LA PAUSE.

— *Valeur dénotative.*

Combinée avec les autres faits prosodiques, la pause concourt à spécifier le sens dénotatif d'un message ; par exemple, elle permet de lever l'ambiguïté « polycatégorique » (Pottier) telle qu'elle se manifeste dans le cas limite des vers à rime généralisée (holorime) du type « Gall, amant de la reine... ».

Mais elle a une valeur spécifique, qui consiste à signaler le degré de cohésion syntactico-sémantique entre les unités constitutives de la phrase : « L'indépendance des unités composantes du discours est en effet relative. Deux chapitres sont plus indépendants l'un de l'autre que ne le sont deux paragraphes, et ceux-ci le sont plus que deux phrases. La pause se chargera d'exprimer ces variations en proportionnant sa longueur au degré d'indépendance. Au niveau de la phrase,

---

(104) Nous avons entendu à la télévision cette phrase à la louange de l'ancien Sud-Viêt-nam : « Tout le monde trafiquait [et l'on peut certes le déplorer] mais [inverseur axiologique] *tout le monde* trafiquait [c'était donc un paradis démocratique] ». Dans cette phrase orale, nous avons traduit par l'italique l'accent d'intensité. L'écrit dispose en effet de certains procédés focalisateurs compensatoires : le soulignement, ou l'italique, comme dans cette phrase de Ricœur (*La métaphore vive*, p. 167) : « La polysémie n'est pas l'homonymie. Mais cette *identité* plurielle est aussi une identité *plurielle* ».
(105) Dans « c'est formidable », c'est le déplacement de l'accent qui supporte l'effet connotatif.

où la solidarité psychologique des éléments se double d'une solidarité grammaticale, la langue écrite a cru bon de surcharger les blancs de signes particuliers, dits "signes de ponctuation" » (Cohen [106]).

— *Valeur connotative.*

● Joncture à valeur expressive comme indice de l'appartenance sociale du locuteur (connotation énonciative).

P.R. Léon, étudiant ce phonostylème particulier qu'est la pause expressive (ex. : « C'est $\neq$ incroyable ») — d'ailleurs corrélative d'un accent d'insistance —, constate que sa fréquence varie de façon stable avec le corps social auquel appartient le sujet d'énonciation, et qu' « il s'agit à n'en pas douter d'un procédé expressif pouvant caractériser soit le style des annonceurs, des démonstrateurs, des pédagogues, soit celui de certains individus — essentiellement "intellectuels" ». Qu'il y ait d'évidentes relations entre le maniement des faits prosodiques et le milieu socio-culturel du locuteur, donc que ces faits fonctionnent comme connotateurs, c'est indéniable. Mais Léon est peut-être bien optimiste de conclure en ces termes son étude des phonostylèmes : « Le temps n'est peut-être plus très éloigné où l'enregistrement de la voix pourra être décodé entièrement par un ordinateur qui après écoute du texte, donnera en quelques fragments de seconde son verdict : "voix d'homme, français, méridional, émotif, coléreux, tendre, efféminé, snob" ».

● Dans une tout autre perspective, si l'on s'interroge sur le problème de savoir quelle est la propriété qui véritablement définit le vers par rapport à la prose, on est amené à conclure avec Cohen [107] que sa spécificité tient à l' « agrammaticalisme », c'est-à-dire à l'existence dans le message de certains décalages conflictuels entre la coupe métrique — marquée par la typographie à l'écrit, et par la pause à l'oral —, et la coupe syntactico-sémantique. L'agrammaticalisme est d'autant plus marqué que le degré de solidarité entre les unités disjointes par la pause métrique est plus grand, et Cohen montre que la poésie, qui d'une manière générale n'a cessé au cours de son histoire de développer jusqu'au paroxysme les caractères spécifiques de la « poésité », est allée toujours plus loin dans le sens de l'agrammaticalisme, jusqu'au cas limite de ces vers imprononçables :

« A toutes jambes, Facteurs, chez l'
Editeur de la décadence » (Mallarmé).

La pause est donc susceptible de véhiculer l'information connotative suivante : « Le message appartient à un type particulier de discours, le discours versifié » (connotation stylistique).

● Enfin, c'est bien d'une sorte d'onomatopée qu'il s'agit dans ce vers de Hugo : « Qu'il va, stoïque, où tu l'envoies... », puisque les

---

(106) *Structure du langage poétique,* p. 59.
(107) Pour la démonstration, voir Cohen, *Structure...,* pp. 73 et sqq.

pauses, en isolant graphiquement l'adjectif, connotent en le concrétisant l'isolement spatial et moral de l'actant (cf. Fónagy, *Poétique*
nº 11, p. 419).

4. — LE RYTHME [108].

Phénomène complexe, résultante de composantes linguistiques
diverses, le rythme peut se définir comme la manière dont se distri-
buent le long de l'énoncé certains éléments récurrents, essentiellement
les accents et les pauses, secondairement les unités phoniques, constructions syntaxiques et items lexicaux dont le retour peut concourir
à créer le sentiment d'un rythme.

Il n'est pas question ici de proposer une classification des différents types de rythmes, mais de signaler que s'ils n'ont aucune pertinence dénotative, ces rythmes fonctionnent comme des signifiants de
connotation porteurs de valeurs sémantiques variées, par exemple :

— rythme régulier : impression de sérénité, évocation d'une
atmosphère pacifiée, etc.

Sa de connotation : équilibre rythmique.

Sé de connotation : équilibre du sujet d'énonciation, et du référent évoqué ;

— rythme heurté, avec des ruptures, des décrochements, des
syncopes : il se prête à suggérer la violence, le tumulte intérieur, les
bouleversements de l'âme... Mais il ne s'agit là que de valeurs floues
et virtuelles, dont l'actualisation précise est assujettie à la nature
particulière de la dénotation.

Cette réserve étant posée, le rythme peut se charger de valeurs
très spécifiques. Ainsi dans cet exemple de Fónagy, cité par Todorov [109] : il s'agit d'un poème de Rilke, « Le Torse d'Apollon », dans
lequel nous assistons à la mutilation d'une statue du dieu, qui se
brise en éclats. Or, la description dénotative de cette mutilation se
trouve renforcée, d'après Fónagy, par le procédé connotatif de la
brisure rythmique.

Le fonctionnement sémantique de la connotation rythmique est
ainsi analogue à celui de la connotation phonétique :

— Généralement, elle se contente d'évoquer une atmosphère, une
disposition affective du locuteur, qui imprègne tout l'énoncé.

---

(108) Pour une étude plus approfondie des phénomènes rythmiques, voir,
entre autres :
— les *Eléments de métrique française*, de Jean Mazaleyrat ;
— *Le langage dramatique*, de Pierre Larthomas (qui établit une opposition
distinctive entre les concepts de « rythme » et de « tempo »).
(109) *Poétique*, nº 11, p. 454.

— Plus spécifiquement, le signifiant de connotation reproduit mimétiquement le dénoté. C'est le cas de l'onomatopée, et de l'exemple précédent, sorte d'onomatopée rythmique, où le rythme véhicule une information analogue à la phrase : « La statue se brise », mais de statut tout différent : à la fois plus évidente parce que concrétisée par le signifiant, et plus floue parce qu'implicite, l'information connotative se met au service du contenu dénotatif.

5. — LE DÉBIT,

enfin, qui n'a aucune pertinence d'un point de vue dénotatif, joue un rôle connotatif analogue à celui des autres faits connotatifs. On peut remarquer par un exemple que lorsqu'il déclame un texte vif et gai, l'acteur accélère spontanément et sensiblement le débit de son élocution.

Tous ces faits phonétiques et prosodiques, auxquels il conviendrait d'associer le paralangage mimo-gestuel, sont aussi importants dans le fonctionnement de l'échange verbal, que négligés par l'investigation linguistique, qui se préoccupe surtout des mécanismes qui assurent la communication dénotative. Bakhtine le remarque déjà : « Nous sommes très prompts à deviner le moindre changement d'intonation, le plus léger chevauchement de voix dans le mot, pour nous essentiel, qu'un autre homme prononce dans la vie pratique. Il n'est pas... une restriction, une échappatoire, une allusion ou une sortie qui se dérobe à notre oreille, pas une que notre bouche elle-même ne connaisse. On s'étonnera d'autant plus qu'aujourd'hui encore rien de tout cela n'ait été nettement reconnu par les théoriciens et n'ait été estimé à sa juste valeur ! » [110]. C'est vrai : les linguistes ont trop tendance à minimiser l'importance des faits phonétiques et prosodiques. Ainsi Cohen ne leur reconnaît que la fonction de signaler l'appartenance du message à cette langue séparée, cet anti-langage qu'est le discours poétique. Et Jakobson, après avoir dégagé avec la plus grande minutie les structures rythmiques constitutives des poèmes de Fernando Pessoa [111], ne leur octroie pour toute fonction que celle de signaler que Pessoa est un « poète de la structuration » qui exprime « en construisant, architecturant, structurant » — conclusion bien décevante : toute cette élaboration laborieuse du signifiant, cette complexe architecture, pour simplement signifier : j'aime les structurations...

Nous espérons avoir montré que les informations connotatives de cette nature peuvent être moins pauvres, plus intéressantes et plus diversifiées, puisqu'elles sont selon les cas de nature stylistique, énonciative, ou sémantique (renforcement onomatopéique du contenu de dénotation, et apport d'informations implicites supplémentaires), valeurs que l'on va retrouver à propos de la connotation syntaxique.

---

(110) Mikhaïl Bakhtine, *Problèmes de la poétique de Dostoïevski*, p. 235.
(111) R. Jakobson et L. Picchio Stegagno, « Les oxymores dialectiques de Fernando Pessoa », *in Langages*, n° 12, décembre 1968, pp. 9-27.

C. — La construction syntaxique comme signifiant de connotation

Les phénomènes linguistiques jusqu'à présent envisagés jouaient du point de vue de la dénotation un rôle minime ou nul. Les unités et constructions grammaticales interviennent au contraire de façon déterminante dans l'établissement de la dénotation. Ainsi la place de l'adjectif est « pertinente » (dénotativement) dans les syntagmes : « un bon cavalier », « un sale gosse », « un brave type », etc., dans la mesure où ils ne décrivent pas le même référent que les expressions respectives : « un cavalier bon », « un gosse sale », « un type brave ». En revanche, la phrase : « cachez vos rouges tabliers » dénote la même situation que lorsque l'adjectif se trouve postposé.

C'est alors qu'intervient la connotation : elle prend le relais de la dénotation en exploitant à son profit les constructions syntaxiques qu'elle délaisse. Dans ce dernier exemple :

Sa de connotation : inversion de l'adjectif, dont la place est marquée par rapport à la place normale connotativement neutre .

Sé de dénotation : « langue poétique » (ou à prétentions poétiques) puisque Cohen a montré, statistiques à l'appui, que « si l'on se tourne vers le langage poétique, l'inversion (de l'adjectif) apparaît avec une fréquence nettement plus élevée. Cette figure est donc bien un trait spécifique de la poésie » [112].

Les valeurs connotatives que sont susceptibles de véhiculer les tournures syntaxiques sont les suivantes :

1. Appartenance du message à tel ou tel type de discours (connotation stylistique). Exemples :

— L'inversion de l'adjectif comme connotateur du discours poétique ; plus spécifiquement, la postposition d'adjectifs normalement antéposés (« Victorieusement fui le suicide beau »), comme indice, d'après Cohen, de l'appartenance de l'énoncé au sous-ensemble des poèmes symbolistes.

— Hors contexte et hors situation, un énoncé peut se laisser identifier comme message publicitaire par la seule présence de tournures syntaxiques spécifiques, comme la juxtaposition de syntagmes normalement régis par une préposition (« Je m'habille Rhovyl », « Pensez Société Générale », « La supériorité Telefunken »).

— Si l'on assimile les niveaux de langue à des types de discours, il faut envisager ici le cas des constructions syntaxiques dénotativement synonymes, mais ne relevant pas du même registre (ex. : Combien vous dois-je ? Combien est-ce que je vous dois ? Combien je vous dois ? Je vous dois combien ?).

---

(112) *Structure du langage poétique*, p. 189.

2. La tournure syntaxique fournissant des informations sur le sujet d'énonciation (connotation « énonciative »).

Ce principe de classement des signifiés de connotation est en intersection avec le précédent. Ainsi, la connotation de type « niveau de langue » peut être envisagée comme un indice du locuteur (et de la situation du discours). Les connotateurs affectifs (l'imparfait hypocoristique, l'antéposition de l'adjectif, qui est connotativement polysémique) spécifient le type de discours en même temps que la disposition particulière du locuteur. A la limite, tout fait stylistique décelable dans un énoncé permettrait de le ranger dans telle ou telle catégorie stylistique — par exemple, une syntaxe embarrassée, avec ses correctifs et ses enchâssements multiples mal dominés, permettrait de ranger l'énoncé dans la catégorie « style embarrassé » (cf. les classifications du type de celle de Morier dans *La psychologie des styles* [113]). C'est pourquoi toute tentative de typologie des énoncés doit être extrêmement exigeante sur le chapitre de la pertinence de ses critères classificatoires.

3. La construction syntaxique comme connotateur renforçant le signifié de dénotation (connotation « sémantique [114] »).

Dans un texte de Pagnol [115] décrivant à l'aide d'une série de métaphores synesthésiques les impressions sonores qui l'ont un jour assailli à l'écoute d'un morceau de piano, on lit ceci : « Soudain, j'entendis sonner puissamment des cloches de bronze. D'abord un peu espacées, comme les premières gouttes d'une pluie d'été ; puis elles se rapprochèrent et réunirent en accords triples et quadruples, qui tombaient en cascades les uns sur les autres... » L'ellipse « anormale » du second pronom personnel réciproque (« réunirent ») n'a aucune valeur dénotative. Son rôle est d'illustrer mimétiquement la situation décrite :

Sa de connotation : le rapprochement des verbes.

Sé de connotation : le rapprochement, jusqu'à la totale fusion, des gouttes sonores.

Il s'agit en quelque sorte d'une onomatopée syntaxique, dont voici d'autres exemples :

— Les facteurs d'attente syntaxique (appositions, inversions, etc.) évoquant connotativement une attente de l'actant de l'énoncé : on en rencontre dans *La modification* de Butor ; dans la *Pénélope* de Georges

---

(113) Georg, Genève, 1959.
(114) Au sens étroit de l'adjectif, nous appellerons « sémantiques » les connotations qui fournissent des informations sur le référent du message. Mais tous les signifiés de connotation peuvent être considérés comme « sémantiques », au sens large.
(115) M. Pagnol, *Le Temps des Secrets* (*Souvenirs d'Enfance*, III, Gallimard, 1960, p. 147).

Brassens ; dans la nouvelle de Kafka, *Un message impérial* : ce texte développe la thématique d'une attente fanstasmatique, et concrétise ce contenu dénotatif à l'aide d'un emboitement de facteurs d'attente qui se résolvent partiellement, jusqu'à la résolution finale.

— Dans ce passage de Céline : « C'est même de ce jour-là... qu'il a pris l'habitude de la rencontrer dans ma salle d'attente, la vieille mère Henrouille, Robinson », le procédé d' « emphase »[116], familier à Céline, a sa valeur stylistique habituelle (oralisation du discours), mais il permet en outre la juxtaposition des deux syntagmes nominaux, laquelle connote la rencontre et le rapprochement complice des deux personnages :

Sa de connotation : conjonction des deux SN

Sé de connotation : conjonction des deux actants

— L'anacoluthe enfin n'est jamais insignifiante. Tantôt c'est l'indice d'une syntaxe « bégayante », comme dans cet autre passage de Céline : « J'allais faire cette démarche décisive quand, à l'instant même, arriva vers nous au pas de gymnastique, fourbu, dégingandé, un cavalier à pied (comme on disait alors) avec son casque renversé à la main... il bredouillait et semblait éprouver comme un mal inouï, ce cavalier, à sortir d'un tombeau et qu'il en avait tout mal au cœur », où la rupture de construction (puisque le verbe « sembler », construit d'abord sur le mode personnel, est ensuite réinterprété comme introducteur impersonnel d'une complétitive) connote l'affolement du « cavalier à pied »[117] : l'irruption inattendue du conjonctif « que » mime en quelque sorte l'irruption incongrue de ce personnage tragique et bouffon, burlesque et macabre, qui vient perturber en projetant brutalement sur l'avant-scène l'image intolérable de la mort, le cours normal des choses. C'est encore une rupture que connote cette anacoluthe que l'on rencontre dans le célèbre texte où Pascal décrit la marche funambulesque, et brutalement interrompue, du philosophe :

Sa de connotation : rupture dans le déroulement syntaxique de la phrase.

Sé de connotation : rupture dans le déroulement normal de la marche du philosophe, trébuchement et chute.

Nos paraphrases sont sans doute un peu trop insistantes, pour éclairer un mécanisme sémiologique aussi subtil. Mais une bonne description est toujours inflationniste, c'est-à-dire qu'elle ajoute du sens à l'objet qu'elle veut élucider. Il serait bien entendu absurde de poser l'existence stable, au sein du code linguistique, de signes du type :

---

(116) Nous entendons par là la co-présence redondante, dans une même phrase, de deux SN ayant mêmes fonctions syntaxique et sémantique.
(117) Cette expression étant elle-même une sorte d'oxymore figé.

anacoluthe = chute ;

brisure rythmique = brisure référentielle (cf. l'exemple de Rilke signalé précédemment).

Les signes connotatifs suggèrent plus qu'ils ne disent, et dans tous ces exemples, si nous nous sentons autorisés à lire des valeurs aussi précises, c'est uniquement dans la mesure où elles convergent avec celles que véhiculent les unités de dénotation et/ou d'autres procédés connotatifs [118].

Une remarque pour terminer : dans le vers de Ponge (extrait du « Papillon ») : « Minuscule voilier des airs maltraité par le vent en pétale superfétatoire », l'anomalie constructive s'explique par un amalgame, qui remotive le verbe « maltraiter », des deux tournures : voilier maltraité/traité en pétale... Peut-elle être traitée en termes de connotation [119] ? Pour qu'il y ait mécanisme connotatif, il faut et il suffit :

— que se superposent et s'imbriquent deux niveaux sémantiques : c'est bien le cas ici ;

— que ces deux niveaux n'aient pas le même statut : l'un relève de la littéralité explicite du texte, l'autre de la suggestion implicite. Or, cette condition n'est pas remplie dans la phrase de Ponge, qui met sur le même plan les deux signifiants et leurs signifiés corrélatifs. Cet exemple — et celui de nombreux calembours — montre que le concept de connotation n'est pas assez extensif pour englober tous les cas où se manifeste le sens pluriel : nous en reparlerons.

D. — Connotateur : le signifiant lexical (mot ou morphème)

Une unité lexicale telle que « bagnole » cumule deux sortes d'informations :

— dénotative : c'est le sens proprement dit, l'ensemble des sèmes permettant au signifiant de renvoyer à une classe bien circonscrite de dénotés ;

— connotative : le mot appartient (d'après le dictionnaire *Robert*) à la langue populaire.

Les particularités de ce type de connotation sont les suivantes :

— Le signifiant de connotation est isomorphe au signifiant de dénotation. Comme les constructions grammaticales, les items lexicaux selon les cas,

● se spécialisent dans la fonction dénotative ou connotative (ex. : le morphème diminutif «-ette », qui dans « tablette » dénote une

_____

(118) Ainsi dans le texte de Céline, la mort se trouve par ailleurs connotée par le mot « tombeau ».
(119) Nous parlons ici de connotation *sémantique*. Car la connotation stylistique accompagne d'emblée toute « anomalie » constructive.

propriété du référent, tandis qu'affixé à certains prénoms il n'a d'autre valeur qu'affective) ;

● cumulent les deux fonctions. Dans l'exemple de « bagnole », la même séquence phonique recouvre deux unités fonctionnelles distinctes.

Il faut y insister dès maintenant, avant de reprendre le problème dans son ensemble : c'est le signifiant, et non le signe global, qui fonctionne comme connotateur. La connotation familière de « bagnole » est totalement indépendante de son signifié, qui est exactement le même que celui d' « automobile », son équivalent extensionnel.

— Le statut de connotation repose sur la nature particulière du signifié, à savoir :

> l'appartenance à tel niveau de langue ou type de discours ;
> la valeur affective ;
> la valeur axiologique ;
> l'image associée ;
> certaines valeurs sémantiques additionnelles apparaissant à la faveur de mécanismes associatifs divers (effets de la polysémie, des collocations, de l'allusion, etc.).

Ces différentes valeurs (stylistiques, énonciatives, associatives) seront envisagées dans le détail lorsqu'il s'agira du signifié de connotation.

Reste le problème de la connotation liée à la motivation des mots. L'analyse componentielle décrit le signifié sans tenir aucunement compte de la structure du signifiant, considérée comme non pertinente. C'est ce que Guiraud [120] reproche à l'analyse du sémantisme des termes désignant des sièges telle qu'elle est menée par Pottier. Pour lui, le mécanisme sémiologique n'est pas exactement le même dans le cas de « chaise », mot arbitraire, et dans celui de termes partiellement et diversement motivés comme « pouf », « pliant », « causeuse », « transatlantique ». Certes, il serait erroné de décrire le sens de « transatlantique » en se fiant à sa motivation : les sèmes de ce mot (qui désigne un fauteuil pliant en toile) sont indépendants de la structure du signifiant. Cependant, dans une perspective connotative, il est illégitime d'évacuer ces considérations dans la mesure où elles ont une incidence sur l'image associée. Autre exemple : dans le même article (p. 161), Guiraud propose différentes appellations pour désigner les champs morpho-sémantiques : catégorie lexicale = modèle = paradigme = matrice = signifié de puissance = macrosigne = structure élémentaire, étymologique, immanente... Ces expressions sont-elles synonymes ? Elles le sont dénotativement : elles ont même extension, c'est-à-dire que chaque fois que l'une d'elles est

---

(120) *In* A. Rey, *La lexicologie*, p. 163.

utilisable adéquatement toutes les autres le sont au même titre. Mais elles ne sont pas équivalentes connotativement. Chaque terme met en lumière, en l'explicitant, une propriété différente de l'objet qu'il dénote. Par exemple, la catégorie lexicale, « ensemble des mots qui ont des caractères lexicaux communs », est un modèle « *dans la mesure où* [121] elle permet de construire analogiquement de nouveaux mots ». Les sémèmes correspondant à ces différentes expressions comportent les mêmes sèmes, mais hiérarchisés différemment : l'un d'eux se trouve privilégié parce qu'explicité par le signifiant. Corrélativement, les termes dénotent le même objet, mais envisagé sous un angle différent. Gérard Genette propose un autre exemple encore pour illustrer « la variété des mots désignant le même objet selon les diverses « faces », ou circonstances, sous lesquelles ont peut l'envisager » : « Ainsi le prêtre est-il nommé en latin « sacerdos » *en tant qu*'il exerce des fonctions sacrées, « presbyter » *pour* son âge, « antistes » *parce qu*'il se tient debout devant l'autel, « pontifex » *comme* chargé de l'entretien des ponts, « praesul » *pour* [122] sauter le premier, etc. [123] : ces termes, dénotativement synonymes, s'opposent au niveau de ce qu'on peut appeler leur image associée.

Ainsi, la motivation d'un terme le connote [124].

E. — Connotateur : le dénoté extralinguistique

Les objets du monde sont le lieu de nombreuses cristallisations connotatives (symboliques, axiologiques, poétiques, etc.). Ce sont même, d'après Eco, des unités doublement sémiotiques :

● du fait de sa fonction économique, « un objet, sur la base de sa valeur d'échange, peut devenir le signifiant d'autres objets » ;

● du fait de sa valeur sociale : « Si l'automobile indique un certain « status » social, elle acquiert une valeur symbolique non seulement quand elle est donnée comme contenu d'une communication verbale... — c'est-à-dire quand l'unité sémantique « auto » est désignée à travers le signifiant /car/ ou /voiture/ ou /bagnole/ mais même lorsqu'on s'en sert comme objet. L'objet /auto/ devient le signifiant d'unités sémantiques... (telles que) « vitesse », « confort », « richesse », etc. Au niveau social, l'objet en tant que tel a déjà une fonction de signe, et par là, une nature sémiotique » [125].

---

(121) Souligné par nous.
(122) Soulignés par nous.
(123) Gérard Genette, *Poétique*, n° 11, p. 384.
(124) On trouvera des observations analogues chez Bernard Pottier (*Linguistique générale*, p. 91), et chez Jean Dubois (parlant dans les *Cahiers de lexicologie* n° 9 du vocabulaire technique) : « Les traits retenus peuvent être différents : il est certain que « aéroplane » et « avion » ne définissent pas les mêmes traits pertinents ». La formulation est contestable, mais l'idée juste.
(125) *La structure absente*, p. 29.

Ainsi, les objets sont des signes, et le monde est un langage, articulé comme tel : « Dans toute société, qu'elle soit imaginaire ou réelle, les objets forment un système significatif, une langue, et c'est à l'intérieur d'elle qu'apparaît la connotation. C'est pourquoi les membres de cette société peuvent s'y référer sans donner d'explications » [126].

Todorov a sans doute raison d'insister sur l'existence de ces connotations que l'on peut appeler « symboliques », mais on ne peut le suivre lorsqu'il restreint, paradoxalement [127], le phénomène global au seul cas de la connotation qui « s'applique aux objets », et qui par conséquent, « ne relève pas de la linguistique ».

Le fonctionnement sémiologique de ces « objets-signes » a été analysé surtout par Baudrillard, et par Roland Barthes dans ses *Mythologies* : c'est bien en effet aux connotations de ce type que s'attachent les mythologues, tel E.R. Leach lorsqu'il décèle dans certains mythes des Indiens Pueblo une « distinction catégorielle ternaire : l'agriculture (qui signifie la vie), la guerre (qui signifie la mort) et la chasse (qui est une catégorie médiatisante, puisqu'elle est un moyen de vivre pour les hommes, mais qu'elle signifie en même temps la mort pour les animaux) » [128] : ce qui « signifie » ici, ce sont les pratiques sociales elles-mêmes, et non les termes qui les dénotent. Des analyses fragmentaires de certaines connotations symboliques particulières se rencontrent aussi par exemple chez :

— Todorov, qui à travers *Les Liaisons Dangereuses* met en évidence les trois valeurs sémantiques (nouvelle, intimité, authenticité) qui s'attachent au XVIIIe siècle à tout échange épistolaire ;

— Jean-Paul Dumont, qui démontre que dans l'idiolecte rimbaldien, les différentes parties du corps s'organisent en un système symbolique ternaire : « « mammes » et « flanc » sont codés sexuellement sur le mode de la fécondité. En ceci, ils s'opposent *a posteriori* pourrions-nous dire à « nuque » et « reins » marqués érotiquement et à « cœur » et « oreilles » marqués affectivement » [129].

— Coseriu, qui prend pour exemple de connotations symboliques celles dont chaque collectivité charge les animaux qui l'entourent : « Les idées de force, d'endurance, etc., c'est l'objet « bœuf » (ou son image) qui les dégage (et non pas le mot *bœuf*) ; et il les dégage dans *la communauté française*, et non pas *en français*, comme le dit Bally. Ces idées et opinions, qui peuvent être traditionnelles, concernent,

(126) *Littérature et signification*, p. 30.
(127) Todorov n'admet en outre comme connotations symboliques que celles qui sont institutionnalisées par la collectivité : attitude encore paradoxale, puisque l'on considère souvent que « connotation » implique [individuel] (pour nous, l'axe « collectif/individuel » n'est pas pertinent pour définir ce concept).
(128) *Langages*, n° 22, p. 16.
(129) Jean-Paul Dumont, « Littéralement et dans tous les sens, essai d'analyse structurale d'un quatrain de Rimbaud », *in* Greimas, *Essais de sémiotique poétique*, p. 126.

précisément, les « choses » et non pas le langage en tant que tel :
elles sont une forme de la culture linguistique reflétée par le langage.
Du reste, leurs limites ne coïncident que rarement avec les limites
de la communauté linguistique » [130].

Coseriu met ici en lumière la dualité des connotations symboliques : d'une part, elles préexistent à toute verbalisation, et sont de
nature extralinguistique ; d'autre part, elles sont « reflétées par la
langue », c'est-à-dire que la linguistique doit en tenir compte, et cela
pour plusieurs raisons :

— Un même contenu de connotation peut avoir un support lexical
ou extra-lexical. Comme le remarque Todorov, « non seulement l'esprit
danois est la connotation des mots de la langue danoise mais aussi
l'esprit français est la connotation du bifteck-pommes frites » [131].

— D'un point de vue génétique, le traitement verbal d'un objet
extralinguistique joue un rôle important dans le mécanisme de cristal-
lisation connotative dont il est le lieu.

— Inversement, les connotations symboliques investissent les
langues naturelles lors de la dénomination verbale : la relation entre
connotations linguistiques et extralinguistiques est dialectique.
Lorsque la langue parle des choses, lorsqu'elle convertit les objets
en dénotés, elle intègre ces symboles extralinguistiques et récupère
les connotations référentielles. Plus exactement, ce sont d'un point de
vue linguistique des valeurs potentielles, que la langue selon le cas
confirme ou neutralise.

C'est pourquoi toute analyse sémantique doit

1. s'efforcer de dissocier soigneusement :

● les connotations qui ont pour support signifiant l'objet lui-
même, indépendamment de toute verbalisation ;

● celles qui n'apparaissent que dans le traitement linguistique de
l'objet ;

2. chercher dans quelle mesure et par quels procédés la connotation symbolique se trouve renforcée, neutralisée ou inversée par le
contexte verbal.

Donnons un seul exemple de cette distinction qu'il convient de
maintenir entre les niveaux linguistique et référentiel : celui de la
connotation poétique :

— A la question : « le référent peut-il être poétique ? » Cohen
répond : il y a des choses à vocation poétique — la lune, par exemple :
comme le constate Mallarmé, « elle est poétique, la garce ! » — et il

---

(130) *Actes du premier colloque international de linguistique appliquée*, p. 186.
(131) *Littérature et signification*, p. 30.

serait légitime d'entreprendre l'édification d'une « poétique des choses » [132].

— Mais le lexique charrie en outre des connotations poétiques autonomes, comme celle qui s'attache au mot « pétrel » [133], et à lui seul puisqu'il dénote « un oiseau fort commun sur nos côtes ». L'existence de couples lexicaux du type « mer/ondes » montre bien que le lieu d'inscription de la valeur poétique peut être le signifiant verbal, et non le contenu dénotatif (pas plus que le signifié correspondant, qui est dans les deux cas le même).

Dans cet autre système sémiologique qu'est le langage cinématographique, le problème se pose en des termes identiques. Les unités sur lesquelles travaille la langue filmique, ce sont d'abord les objets du monde, ces objets-signes, chargés de leurs connotations que Pasolini appelle « im segni » [134] (par exemple l'objet-cathédrale véhicule un réseau d'im segni parmi lesquels prédominent la connotation religieuse au Moyen Age, la connotation esthétique actuellement [135]. Puis ces objets sont insérés dans le film avec tout leur complexe de connotations. C'est alors qu'intervient l'élaboration filmique, pour souligner ou neutraliser telle ou telle d'entre elles ; pour détourner ou inverser par exemple la connotation viriliste et méliorative qui s'attache à l'objet-moto : la plongée, ce signifiant spécifique du langage cinématographique, peut rendre dérisoire un objet généralement magnifié — et la contre-plongée, magnifier un objet dérisoire.

---

(132) C'est pourquoi d'après Cohen le conte de fée n'est pas, linguistiquement parlant, poétique : « la poésie y émane de choses, et non de mots ».

(133) Terme que Proust, avec une double malice, glisse d'abord dans un pastiche de Flaubert, puis reproche à celui-ci, sous le masque cette fois de Sainte-Beuve, de l'avoir utilisé « pour faire joli », fustigeant ainsi du même coup les facilités du style flaubertien, et le bon sens réaliste et scientiste des explications de texte à la Sainte-Beuve : « Ils auraient connu le cri des pétrels, la venue des brouillards, l'oscillation des navires, le développement des nuées » (citation du faux Flaubert, ensuite commentée par le faux Sainte-Beuve). « Mais je le demande, que viennent faire ici les pétrels ? L'auteur visiblement recommence à s'amuser, tranchons le mot, à nous mystifier. On peut n'avoir pas pris ses us en ornithologie et savoir que le pétrel est un oiseau fort commun sur nos côtes, et qu'il n'est nul besoin d'avoir découvert le diamant et fait fortune pour le rencontrer. Un chasseur qui en a souvent poursuivi m'assure que son cri n'a absolument rien de particulier et qui puisse si fort émouvoir celui qui l'entend. Il est clair que l'auteur a mis cela au hasard de la phrase. Le cri du pétrel, il a trouvé que cela faisait bien, et dare-dare, il nous l'a servi » (Proust, *Pastiches et mélanges*, Gallimard, « Idées », 1970, p. 28).

(134) Cf. les *Cahiers du cinéma*, n° 171, octobre 1965.

(135) Les im segni sont naturellement soumis aux changements diachroniques. Au cours d'une conférence sur la connotation, un professeur de Leipzig nous parla du vin de Bordeaux et de sa connotation « qualité » : l'exemple était malencontreux, survenant peu de temps après le scandale qui venait précisément d'inverser (« qualité » → « fraude ») la connotation axiologique attachée à cet objet.

F. — Signifiant de connotation : un mot, un syntagme, une phrase, un énoncé, avec leurs deux plans de l'expression et du contenu

C'est de cette seule connotation, ou presque, que parle Hjelmslev :

— ainsi, l'ensemble du matériel dénotatif d'un message en langue danoise connote d'après lui la langue danoise. C'est incontestable, mais à partir de ce cas particulier, Hjelmslev a extrapolé pour édifier, abusivement nous semble-t-il, une théorie de la connotation qui fait fureur : nous en reparlerons, ainsi que d'autres conceptions qui localisent la connotation au niveau de ces unités bi-faciales, par exemple :

— toute phrase connote ses inférences, et ses conditions de validité (Oswald Ducrot) ;

— Tout texte connote, en dernier ressort, son propre travail d'écriture (Jean Ricardou).

G. — Les connotateurs complexes

Nous n'avons envisagé jusqu'ici que des cas simples, où le connotateur était facilement localisable. Mais les réalités linguistiques sont en général plus complexes. Prenons l'exemple du slogan publicitaire : « Tendre est la nuit à bord du France ». C'est une phrase complète, dotée d'un sens cohérent. D'un point de vue dénotatif, elle se signale simplement par l'association combinatoire recherchée et légèrement métonymique : « une nuit tendre » ; recherchée aussi est l'inversion de l'adjectif attribut. Mais la phrase comporte un procédé connotatif supplémentaire, celui de l'allusion. « Tendre est la nuit » : c'est le titre d'un roman de Scott Fitzgerald. La connotation a pour

Sa : l'expression globale « tendre est la nuit » + le mécanisme associatif qui lui permet de renvoyer à une autre occurrence, dans un autre contexte, de la même expression ;

et pour

Sé : valeur ludique et culturelle + suggestion d'une atmosphère particulière faite de luxe, de volupté, de fureur de vivre, et de romantisme nostalgique.

Retenons de cet exemple que le support de la connotation peut être une unité linguistique d'une dimension supérieure au mot (syntagme, portion de phrase, phrase, énoncé) aussi bien qu'inférieure ; et qu'elle naît souvent de mécanismes associatifs divers, dont nous proposerons par la suite une classification. En fait, l'expression « signifiant de connotation » est ambiguë : c'est à la fois le segment de l'énoncé où se localise matériellement la connotation, et le processus qui l'engendre.

La complexité des connotateurs tient aussi au fait qu'ils fonctionnent souvent en réseaux. La connotation « poétique », la connotation « vulgaire » (cf. Greimas), ont pour support un ensemble de
traits de nature linguistique très diverse, qui se renforcent mutuellement. A la limite, on l'a vu, la totalité du matériel de dénotation d'un
texte en français fonctionne comme un signifiant de connotation
unique, ou plutôt comme un ensemble de signifiants redondants,
porteur du signifié : « langue française ».

Un dernier exemple de cette intrication complexe des connotateurs sera emprunté à l'étude de Jacques Proust sur Manon Lescaut [136],
dont l'hypothèse est que « l'œuvre entière peut être considérée comme
une figure du corps décomposé de Manon ». Le terme de « figure »
n'est pas défini, mais il semble bien désigner un signifiant complexe
de connotation. Si l'on explicite son analyse, on constate en effet que
Proust dégage différents procédés significatifs qui convergent pour
évoquer l'image de Manon morte. Ce sont :

1. L'exploitation du champ sémantique de la pâleur, de l'apparence fantômatique.

Sé : Manon est « exsangue », étiolée, elle n'est que l'ombre d'elle-
même, qu'une morte en sursis.

Le mode de signifiance est ici dénotatif : la pâleur de Manon est
littéralement décrite. Le seul mécanisme connotatif est le suivant :

[vie ténue] par association référentielle [vie absente]
(dénoté) ————————————————→ (connoté)

2. Proust met au jour une autre relation sémiotique, plus auda-
cieuse, plus indirecte, plus contestable — et plus nettement connotative :

Sa : c'est la présence obsédante dans le texte de mots
« exsangues » (la métaphore souligne le parallélisme), tels que
« charmant », « beau », « aimable », dont le sémantisme est si
flou et si faible qu'ils « ne veulent rien dire » dénotativement.

Sé : de même que les mots qui l'évoquent, Manon est « exsangue »,
privée de substance.

Il peut sembler paradoxal qu'un mot comme « charmant » en
vienne à signifier la mort. Mais le paradoxe n'existe que si l'on
s'obstine à raisonner en termes de dénotation, et à n'admettre que
les significations conventionnellement fixées par le code lexical. Nous
pensons au contraire que certains contextes peuvent favoriser l'éclosion de relations analogiques inédites telles que :

Sa = absence de contenu sémantique des mots qui décrivent Manon

———

Sé = absence de contenu vital de Manon

(136) Cf. « Le corps de Manon », in Littérature, nº 4, décembre 1971, pp. 5-20.

3. La mort de Manon est enfin connotée par l' « aspect paragrammatique » du texte, qui consiste à concentrer dans la scène finale les mots les plus récurrents qui se disséminent tout au long de l'énoncé, et à lui concéder ainsi un poids sémantique multiplié.

Les perspectives qu'ouvrent à l'investigation sémantique des considérations de ce type sont d'une telle richesse qu'on peut leur pardonner d'être parfois quelque peu hasardeuses [137].

H. — L'absence de signifiant de dénotation comme signifiant de connotation.

Lorsque dans un énoncé l'exigence de cohérence dénotative amène à constater une lacune de signifiant, quelle que soit sa dimension, la question qu'appelle cette constatation est la suivante : est-il possible, en s'appuyant sur le contexte, de « catalyser » (Hjelmslev) ce qui manque ? Mais dans une perspective connotative, la question pertinente est autre : pourquoi cette lacune ? de quoi est-elle l'indice ?

La réponse est bien souvent : d'un tabou, d'une auto-censure. C'est le cas par exemple du tabou lexicographique, qui élimine, pour des raisons de puritanisme moral ou de mauvaise conscience politique [138], certains termes du stock lexical de la langue. Il faudrait traquer aussi, dans les textes narratifs, les « trous » du récit, symptômes d'une occultation délibérée ou non, et en chercher les causes [139] ; et dans les textes idéologiques, ces « blancs » que Marx a localisés dans le discours des économistes du XVIIIᵉ siècle : « ... la façon dont Althusser montre comment Marx, lisant l'économie politique classique,

---

(137) Analysant chez Bobby Lapointe le fonctionnement du ludisme langagier, des étudiants linguistes ont été amenés à dégager — pourquoi pas ? — le signe connotatif suivant :

Sa = copulation féconde des mots
_____
Sé = copulation féconde des gens

(138) Dans *Langue française* nº 15, S. Delasalle et L. Valensi en donnent un exemple convaincant : dans certains dictionnaires d'ancien régime, le mot « nègre » ne possède pas d'entrée autonome, alors qu'il figure dans le corps de certaines définitions, ce qui contrevient à une exigence fondamentale du discours lexicographique : « Alors que le Nègre existe comme chose et comme mot d'usage, il est occulté comme mot en mention. Il s'agit là, non pas d'une absence fortuite et innocente, mais d'un acte de censure, qui trahit l'embarras résultant de l'existence des Nègres comme peuples et comme esclaves » (p. 84).

(139) C'est ainsi que le film de Jean-Louis Comoli, *La Cecilia*, s'inspire, de l'aveu de son auteur, non du livre de Giovanni Rossi, mais de ses manques : « Silences, omissions, allusions lointaines ? C'est de tout ce que ne dit pas Rossi, ou de ce qu'il dit à peine, en passant, que la fiction se constitue, qu'elle tire son matériel. L'histoire commence à circuler dans l'entre-deux du dit et du non-dit de Rossi »... « Ces faits escamotés dans le livre deviennent dans le film les éléments moteurs de la fiction. Pas seulement parce que leur escamotage même les désigne comme des opérateurs, comme des articulations d'autant plus nécessaires qu'elles ont été censurées. Parce que Rossi ne pratique pas cette censure au hasard : elle a sa cohérence. Elle s'exerce sur les contradictions fondamentales de la commune anarchiste, qui la programment, qui la limitent, et qui, de n'être pas résolues, la font éclater » (*Cahiers du cinéma*, nº 262-263, janvier 1976, p. 72).

découvre le « blanc » des textes de Smith et Ricardo, qui a pour fin de masquer leur sens : justifier moralement et scientifiquement les rapports de production capitalistes..., cette lecture *symptomale* — c'est ainsi qu'Althusser la nomme justement — pourquoi, par un excès de respect, ne pas l'appliquer à Althusser lui-même ? » [140].

Sans doute. Mais le problème en cette matière, c'est que l'on ne dispose pas d'un modèle de la norme informative, par rapport à laquelle s'évalue l'excès (le trop-dit), ou la carence (le non-dit) [141]. Il s'agit bien en tout cas, comme le suggère l'adjectif « symptomal » [142], d'un mécanisme connotatif, qui convertit en signifiant de connotation l'absence « anormale » d'un signifiant de dénotation :

Sa = absence, contrairement à l'attente, d'un signifiant de dénotation

---

Sé = tabou, auto-censure, occultation...

Conclusions

1. La première constatation qui s'impose au terme de cet inventaire pourtant incomplet des connotateurs — nous en rencontrerons d'autres au passage, par exemple : le signifié de dénotation (dans le cas de la métaphore), l'intertexte (qui connote le texte), sans parler des diverses formes que peut prendre ce que nous avons appelé avec une certaine désinvolture les « connotateurs complexes » —, c'est celle de leur infinie diversité ; diversité telle que l'on en vient à soupçonner la moindre unité linguistique de dissimuler des significations, et à se demander s'il est possible dans le décryptage d'un texte de l' « épuiser », et de mettre un terme à cette quête des sens connotés.

Un exemple permettra d'illustrer ces incertitudes : dans la première page de *Un portrait de l'artiste en jeune homme* [143], Joyce met en place les personnages principaux : le bébé-héros, encadré du père et de la mère. Puis le cercle des actants s'élargit avec cette phrase : « L'oncle Charles et Dante battaient des mains. Ils étaient plus vieux que ses père et mère mais l'oncle Charles plus vieux que Dante ». Le nom de « Dante » est énigmatique — c'est une unité qui relève de ce que Barthes appelle le « code herméneutique » —, non pas tant parce que le personnage reste indéterminé du point de vue du sexe

---

(140) François Châtelet dans *La Quinzaine Littéraire,* 15-31 mars 1974, p. 19.
(141) Lors d'une conférence sur la notion de sujet, je me suis vu reprocher d'avoir « occulté » le sujet psychanalytique. Mais un psychanalyste qui parlerait en public du sujet sans faire allusion au sujet grammatical, se le verrait-il reprocher ?
(142) Nous utilisons ici les termes de « signifiant » et « signifié » de façon extrêmement extensive. Mais il est vrai que dans le cas de la connotation, le « signifiant » fonctionne plutôt comme un indice (ou symptôme).
(143) Texte que nous avons travaillé avec des collègues anglicistes : Michel Cusin, Adolphe Haberer et Jacques Aubert, qui a mis au point sa traduction.

et de sa relation au héros, mais parce que cette indétermination contraste avec la détermination de Charles : on s'attend à obtenir sur Dante les mêmes éléments d'information, et leur absence crée un facteur d'attente, un sentiment de frustration tel que sans attendre les facteurs de résolution qui viennent un peu plus tard, on est tenté d'identifier Dante comme la tante de l'enfant, selon un processus connotatif dont le support est double :

— c'est le rapprochement phonétique avec « auntry », terme enfantin désignant la tante (connotation paronymique) ;

— c'est surtout le parallélisme structural entre les deux groupes d'actants, que l'on interprète ainsi :

$$\frac{\text{père}}{\text{mère}} = \frac{\text{oncle}}{\text{« Dante »} \rightarrow \text{tante}}$$

Cet exemple illustre deux problèmes :

— Celui de l'identification précise du signifiant de connotation. Cette expression, nous l'avons déjà signalé, est ambiguë, car elle désigne à la fois :

● le support formel proprement dit, où se localise le fait de connotation : c'est ici le mot « Dante » ;

● et le processus générateur de la connotation, qui est un mécanisme relationnel : relation paronomastique ; relation structurale, dans la mesure où Dante occupe par rapport à l'oncle les mêmes positions au sein des structures syntaxiques et de l'économie narrative, que la mère par rapport au père.

De même, Oswald Ducrot a raison de remarquer que si j'intercale, dans une conversation en français, une expression étrangère, c'est bien sur ce mot que se greffe le fait de connotation, mais ce qui véritablement signifie, c'est le fait même que j'aie choisi d'utiliser cette expression plutôt qu'un mot autochtone [144].

— Problème de la pertinence de ces faits connotatifs.

Est-il légitime de poser de telles analogies [145] ? D'interpréter en termes sémantiques ces relations phonétiques et structurales ? Le fait même que la suite du récit infirme cette hypothèse sur la nature de Dante n'est pas rédhibitoire : rien n'empêche de considérer ce personnage comme la tante symbolique (substitutive) de l'actant-héros.

La linguistique de la connotation se trouve ainsi confrontée au même problème qu'à ses débuts la linguistique de la dénotation : celui

---

(144) Cf. *La preuve et le dire*, p. 217.
(145) La question embarrasse aussi Philippe Hamon : « Cette notion d'équivalence pose de nombreux problèmes. Sur quels critères peut-on réduire deux grandeurs à une seule : identité de forme, de position, de contenu, de fonction, de distribution ? C'est sans doute un trait de l'énoncé littéraire que de permettre et d'organiser l'amalgame systématique de ces identités » (*Littérature*, n° 4, p. 37).

de la pertinence, sans laquelle aucune identification n'est possible, des unités signifiantes [146].

2. *Signifiants de connotation et langage de dénotation.*

Lorsque l'on s'intéresse au problème de la connotation, on rencontre inévitablement sur sa route le très célèbre schéma du « décrochement » connotatif tel que l'a formulé Hjelmslev, et tel que l'ont unanimement repris à sa suite Eco, Ducrot, Prieto, Greimas, Barthes [147], et bien d'autres encore : c'est véritablement la référence obligée, qui inaugure pieusement toute réflexion sur le problème.

Le modèle hjelmslévien, on le sait, oppose :

— le langage de dénotation, qui se caractérise par l'association des deux plans de l'expression et du contenu : $\dfrac{E}{C}$;

— le métalangage, dont le contenu est déjà un langage : $\dfrac{E}{EC}$, ou :

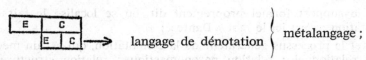

langage de dénotation $\Big\}$ métalangage ;

— le langage de connotation, analogue inversé du métalangage : ce serait l'ensemble du langage de dénotation qui supporterait les significations connotatives, cf. Barthes : « Les signifiants de connotation, que l'on appellera des connotateurs, sont constitués par des signes (signifiants et signifiés réunis) du système dénoté » [148].

La connotation se représente donc ainsi :

$\dfrac{C}{EC}$, ou

langage de dénotation $\Big\}$ langage de connotation

La symétrie est séduisante, mais à notre avis illusoire. Cette représentation, trop rapidement acceptée par la plupart des linguistes,

---

(146) Ce problème d'identification des indices connotatifs se pose avec acuité à la psychanalyse, cf. Bresson, *in Problèmes de psycho-linguistique* : « La signification est alors inférée et reconstruite comme la structure responsable d'une série d'indices (dont le choix lui-même fait problème) ».

(147) Ces deux derniers auteurs se permettent parfois des formulations bien approximatives. Ainsi, Barthes, qui dans ses *Mythologies* appelle « métalangage » les langues de connotation, sous prétexte que c'est une « seconde langue dans laquelle on parle de la première » : confusion qui naît à la faveur de l'expression dangereuse de « langage second ». Quant à Greimas, certaines de ses utilisations spontanées du terme de « connotation » sont pour le moins surprenantes : « L'une des connotations de notre époque, selon laquelle la langue est un outil de communication... Une telle sociologie du sens commun — qui n'est d'ailleurs que la connotation de l'anthropologie sociale... » (*Du sens*, p. 100).

(148) *Communications*, n° 4, p. 131.

ne rend compte adéquatement, ni de la nature du métalangage (un discours qui parle du langage n'est pas pour autant un « langage dont le contenu est déjà un langage »), ni de la totalité des mécanismes connotatifs, dont le support est à la fois plus autonome et plus diversifié que ne le laisse supposer le modèle hjelmslévien [149].

Il faudrait tout d'abord préciser ce que l'on entend par « langage de dénotation/connotation ». Cette expression ne peut recevoir de sens que de deux façons :

— Ou l'on décide d'appeler, par approximation, « langages de connotation » les types de discours (littéraire, poétique) où prédominent les faits connotatifs.

— Plus justement, un langage de connotation serait l'ensemble structuré des signes connotatifs. Il faut reconnaître alors que l'existence de ces langues n'est qu'hypothétique, qu'elle ne pourra être assurée qu'au terme d'un inventaire exhaustif des faits de connotation ; et que de toute façon un langage de connotation ne saurait être représenté à l'état pur dans un énoncé.

C'est pourquoi nous préférons raisonner pour le moment en termes d' « unités de connotation ».

Cela dit, est-il vrai que ces unités aient pour signifiant des unités dénotatives globales ? Il nous semble avoir suffisamment montré qu'il n'en était rien ; que le signifiant de connotation pouvait être tout autre chose qu'un signe dénotatif : un trait phonique, un fait rythmique, une construction vide de sens dénotatif, un signifiant lexical, etc. Il reste cependant à expliquer comment cette idée a pu naître et prospérer :

— Cela tient d'abord au fait que lorsque Hjelmslev parle de connotation, il pense surtout à ces « grandes connotations » (l'expression est de Christian Metz) qui investissent et exploitent la totalité du matériel dénotatif, plus qu'à des faits précis et localisés. Il montre par exemple comment l'ensemble des usages linguistiques, envisagés globalement, peut connoter tel type de discours, tel niveau de langue, et même, telle langue nationale.

— D'autre part, certaines analyses décrivant le mécanisme connotatif de cas particuliers qui se présentent comme une cascade de

---

(149) La description que propose Todorov (in *Dictionnaire encyclopédique...*, p. 134) n'est pas non plus satisfaisante : pour lui, la connotation, ou symbolisation, serait l'association plus ou moins stable entre deux unités homogènes (de même niveau, de même plan) ; les exemples allégués ne sont guère convaincants : on veut bien admettre que lorsque « flamme » symbolise (connote) « amour », il y ait association de deux unités homogènes. Mais dans l'exemple de « t'es mon pote », le connotateur, de nature phonétique et lexicale, ne saurait être considéré comme homogène au connoté « familiarité ». Et aucun exemple n'est donné d'association entre deux signifiants. La connotation, c'est en réalité l'association plus ou moins stable d'un signifiant et d'un signifié de connotation. Secondairement, on peut se poser le problème des relations entre les signifiants de connotation et les unités de dénotation.

décrochements successifs ont permis des rapprochements superficiels avec le schéma de Hjelmslev, et la perpétuation de l'illusion de sa validité. Par exemple :

Eco (*La structure absente*, p. 56) décrit ainsi la façon dont fonctionne sur un barrage le signal d'alarme : le récepteur reçoit le signal /ABC/ et comprend alors que l'eau a atteint le niveau critique 0. On peut donc établir l'existence d'un signe de dénotation :

$$\frac{/\text{ABC}/}{\text{« niveau 0 »}}$$

« Mais en plus, l'homme peut prendre peur. Or, on ne peut pas classer cette peur parmi les réactions émotives indépendantes des phénomènes de communication. En effet le symbole /ABC/, événement physique pur, n'est pas seulement le signifiant du signifié dénotatif « niveau 0 », pour cet homme, il connote aussi « danger ». C'est-à-dire que « « niveau 0 », qui était le signifié dénoté de /ABC/ devient à son tour le Sa /niveau 0/ = « danger ». Le Sé « danger » est ainsi l'élément d'un nouveau système de valeurs »... Il peut s'y ajouter en outre « un autre code connotatif qui lui permet d'établir un rapport d'équivalence entre /danger/ et « donner l'alerte » » : le fonctionnement de la connotation se présente ainsi comme un « système de supra-élévations » :

$$\frac{/\text{ABC}/}{\text{« niveau 0 »} \;\rightarrow\; \dfrac{/\text{niveau 0}/}{\text{« danger »} \;\rightarrow\; \dfrac{/\text{danger}/}{\text{« donner l'alerte »}}}}$$

Il est tentant de rapprocher ce « système de supra-élévations » (p. 81, Eco décrit un mécanisme analogue sous l'appellation de « chaînes connotatives »), du décrochement hjelmslévien. La différence apparaît alors : dans l'exemple d'Eco, ce n'est pas le signe dénotatif dans son ensemble, mais uniquement le signifié de dénotation, qui fonctionne comme signifiant de connotation. Au lieu d'avoir :

$$\frac{\text{Sa}}{\text{Sé}} \;\rightarrow\; \frac{\text{Sa}}{\text{Sé}}$$

on a :

$$\frac{\text{Sa}}{\text{Sé} \;\rightarrow\; \dfrac{\text{Sa}}{\text{Sé} \;\rightarrow\; \dfrac{\text{Sa}}{\text{Sé}}}}$$

Très proches de ces chaînes connotatives, sont les « chaînes de conversion » que dégage Todorov lorsqu'il analyse la phrase rituelle : « Les personnes nées à la lune rouge deviendront rois » et montre que cette formule se fonde sur une cascade d'associations symboliques :

personne
———————
lune   →   lune
            ———————
            rouge →   rouge
                       ———————
                       sang →   sang
                                 ———————
                                 puissance →   puissance [150]
                                                ———————
                                                royauté

Ces analyses montrent simplement que le signifiant de connotation peut correspondre au signifié de dénotation — ou au dénoté lui-même, que nous avons signalé comme connotateur possible : le plus souvent, et l'exemple précédent le montre, il est en effet impossible de dissocier les deux, le signifié n'étant que l'image linguistique du dénoté —, et que l'on peut avoir des connotations en chaînes, ou plutôt en cascades, le signifié de connotation se trouvant lui-même converti en signifiant de connotation : c'est là un type de connotateur qu'il conviendrait d'ajouter à notre inventaire. Mais elles infirment, au lieu de la confirmer, l'idée que le signifiant de connotation serait nécessairement une unité dénotative complète.

Si cette idée a pu survivre, c'est faute d'une investigation insuffisante, et pour avoir érigé en cas général un cas particulier ; et c'est aussi à la faveur d'analyses erronées ou contradictoires, dont Michel Arrivé va nous fournir quelques exemples. Dans *Les langages de Jarry*, Arrivé part en effet de la définition hjelmslévienne de la connotation, et sur cette base, il est amené à éliminer de la liste des faits connotatifs l'anagramme saussurien : « Il est bien évident que la structure ainsi décrite ne se confond pas avec celle d'un langage de connotation : c'est, dans les anagrammes de Saussure, le même signifiant, mais analysé de deux façons différentes, qui fonctionne pour les deux signifiés. Dans le langage de connotation, au contraire, les deux signifiants sont par définition différents, puisque le second est précisément constitué par l'entier — Sé signifiant *et* signifié — du plan de dénotation » (pp. 20-21). Soit, encore qu'on puisse préférer, plutôt que de nier la nature connotative du paragramme, mettre en cause la définition hjelmslévienne de la connotation. Mais Arrivé déclare plus loin que dans le cas du trope, « le morphème comporte alors deux contenus hiérarchisés ; l'un — le « sens propre » — n'est autre que

———————
(150) Cf. « Introduction à la symbolique », *in Poétique*, n° 11, p. 307.

son contenu de dénotation » (cette identification est, on le verra, très
contestable) ; « l'autre — le « sens figuré » — est son contenu de
connotation. Il est à remarquer que cette interprétation de la métaphore et de la métonymie comme relevant de la connotation est la
seule qui permette de rendre compte de la possibilité pour le même
morphème d'avoir deux contenus distincts » (p. 23). Mais en réalité,
c'est le signifié littéral, et non le signe global, qui se trouve converti
en signifiant de connotation. Cela apparaît plus nettement encore dans
l'analyse que propose Arrivé, pour illustrer le mécanisme connotatif
du rêve : « Le contenu manifeste fonctionne comme signifiant du
contenu latent : ce qui, compte tenu de la différence de structure
entre le rêve et les langues naturelles, correspond aussi précisément
que possible à la définition du langage de connotation » : il n'en est
rien, puisque c'est le *contenu dénotatif*, et non le langage de dénotation, qui fonctionne comme signifiant de connotation. Dans le cas
de l'archaïsme au contraire, c'est le *signifiant* lexical et lui seul qui
porte, quoi qu'en dise Arrivé (p. 285), tout le poids de la connotation :
lorsque deux mots dénotativement synonymes s'opposent selon l'axe
« archaïque/non archaïque », le signifié de dénotation n'est en rien
responsable de l'opposition connotative. Seul cet amalgame des plans
de l'expression et du contenu permet à Arrivé d'entériner la conception hjelmslévienne. L'ouvrage comporte encore sur ce problème des
réflexions (le texte littéraire est un langage de connotation [151] ; il n'y
a pas d'isomorphisme entre les unités des deux plans dénotatif et
connotatif [152], etc.) qui sont loin d'être inintéressantes, mais qui
seraient plus convaincantes si Arrivé avait osé prendre ses distances
par rapport à la formulation hjelmslévienne.

Enfin, cette formulation a survécu sans doute parce que dans son
ambiguïté elle permet une interprétation qui, elle, est juste : il est
vrai que le mécanisme de la connotation se greffe sur un langage de
dénotation qui nécessairement lui préexiste. Que ce soit au niveau de

---

(151) Il n'est pas le seul : les mythologies, les récits de presse, les messages
publicitaires sont aussi, d'après Arrivé, des langages de connotation. Il semble
donc bien que l'expression désigne ici les types de discours où les faits connotatifs (que l'on rencontre en réalité partout) sont particulièrement nombreux,
et sémiologiquement importants.
(152) De par la définition même de ces deux plans, cela va de soi. Or, Arrivé
utilise, pour démontrer cette assertion, un curieux raisonnement (p. 22) :
— dans le langage de dénotation, il n'y a pas d'isomorphie entre l'expression
et le contenu (ce qui mériterait d'être nuancé) ;
— il n'y en a donc pas non plus dans le langage de connotation : « S'il n'y
a pas isomorphie entre l'expression et le contenu de la langue naturelle, il est
légitime — et même nécessaire — de poser qu'il n'y a pas non plus isomorphisme
entre l'expression et le contenu du langage de connotation... » (on ne voit pas en
quoi consiste cette légitimité ni cette nécessité) ;
— « ni, par voie d'implication, entre ce contenu et l'expression de la langue
naturelle — seul plan qui manifeste le texte » (cette implication non plus ne nous
semble pas évidente. Et pourquoi passer par l'intermédiaire de la relation
expression/contenu pour définir la relation dénotation/connotation ?). Tout cela
pour aboutir à ce truisme : « Ainsi, les unités morphématiques et syntagmatiques
— les mots et les phrases qui constituent le discours du texte — peuvent ne pas
se confondre avec les unités pertinentes du langage de connotation ».

l'existence même des signes de connotation [153], ou de l'actualisation de leurs virtualités sémantiques, ils présupposent unilatéralement le langage de dénotation.

En d'autres termes : croire que « tout connotateur est une unité complète, à double face, du langage de connotation » est une erreur. L'idée hjelmslévienne, pour être correcte, doit être reformulée de la façon suivante : « les codes connotatifs présupposent les codes dénotatifs ».

Ces formules sont de Christian Metz. Dans un article intitulé « La connotation, de nouveau » [154], Metz révise en effet ses conceptions antérieures relatives au signifiant de connotation. La palinodie porte sur deux points :

— L'existence d'un ensemble Sa + Sé de dénotation n'est pas une condition nécessaire à l'apparition de la connotation.

— Ce n'en est pas non plus une condition suffisante : la connotation a besoin pour se manifester d'un support autonome. En effet, traditionnellement, remarque Metz, « on semble dire que le signifiant et le signifié de la dénotation, si on les additionne, suffisent à former un signifiant de connotation, de sorte que le propre de la connotation serait de fonctionner sans signifiant spécial ». Dans cette perspective, le fonctionnement de la connotation filmique serait le suivant : l'ensemble [objet filmé (Sé de dénotation — notons au passage qu'en sémiologie de l'image, la distinction Sé/référent est moins claire encore qu'en linguistique) + façon de filmer (Sa de dénotation)] constituerait un Sa de connotation, ayant pour Sé : tel style cinématographique, telle atmosphère, etc. Or, cette présentation des choses est manifestement inadéquate : la « façon de filmer » ne peut contribuer à établir un Sé de connotation que si l'on a déjà intégré en elle des « schèmes de connotation » (par exemple : la valeur symbolique de tel éclairage), faute de quoi on n'obtiendra que de la dénotation pure. Dans la « façon de filmer », il faut dissocier ce qui est pertinent dénotativement et connotativement ; c'est-à-dire qu'il faut « admettre que la connotation, de même qu'elle a ses signifiés propre (qui n'ont jamais été mis en question par la tradition linguistique) dispose aussi de ses signifiants propres, au sujet desquels la tradition flotte passablement » — et c'est d'ailleurs la raison pour laquelle nous avons si longuement insisté sur le problème des connotateurs.

(153) Cf. Barthes, *Communications*, n° 4, p. 50 : « Les connotateurs discontinus sont liés, actualisés, « parlés » à travers le syntagme de la dénotation... ils sont « pris » dans un syntagme qui n'est pas le leur et qui est celui de la dénotation ».
(154) Cf. *Essais sur la signification au cinéma*, t. II, pp. 163-172.

De tout ce raisonnement, Metz conclut :

— que les signifiants de connotation ont une existence autonome, même s'ils sont étroitement imbriqués dans les signifiants de dénotation : « Il y a confusion matérielle, mais indépendance formelle ». Une analyse sémiotique complète d'un film aura donc pour tâche d'identifier les signes dénotatifs (avec leurs Sa et leurs Sé), et les signes connotatifs (avec, également, leurs deux faces) ;

— que la connotation présuppose la dénotation, dans la mesure où « elle est inséparable des différents objets (dénotés) qui forment la diégèse et [où] elle s'attache à eux » : les unités connotatives s'inscrivent dans la trame du langage dénotatif ;

— qu'en conséquence, le signifiant de connotation peut être défini comme une « configuration socio-culturelle spécifique, irréductible à toute dénotation, mais dont la réalisation a pour caractère propre, et même définitoire, de s'opérer toujours par le parasitage du processus Sa - Sé d'un autre code ».

Ces considérations fort justes peuvent être intégralement transposées dans le domaine linguistique. De la même manière :

1. Les unités de connotation (discontinues) présupposent l'existence d'un langage de dénotation (continu) dans lequel elles viennent s'insérer.

2. Elles possèdent un signifiant autonome.

3. Signifiants de dénotation et signifiants de connotation entretiennent des relations d'imbrication mutuelle, que récapitule le schéma suivant :

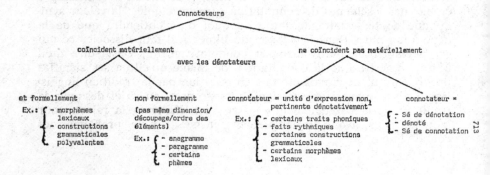

Remarques :

— La plupart des faits linguistiques se rangent selon les cas dans l'une ou l'autre de ces catégories.

Ex. : un trait phonique comme le roulement des /R/ n'a aucune pertinence dénotative ; en revanche, la nasalité du /m/ joue un rôle distinctif (c'est un phème), en même temps qu'elle peut être le support de certaines valeurs expressives.

— Dans le cas de coïncidence parfaite des deux signifiants, il reste la possibilité de poser à un niveau profond l'existence de deux signifiants distincts, qui s'amalgameraient en surface.

Par exemple : « bagnole » se décomposerait en structure profonde en :

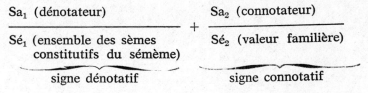

$$\frac{\text{Sa}_1 \ (\text{dénotateur})}{\text{Sé}_1 \ (\text{ensemble des sèmes constitutifs du sémème})} + \frac{\text{Sa}_2 \ (\text{connotateur})}{\text{Sé}_2 \ (\text{valeur familière})}$$

signe dénotatif   signe connotatif

LE SIGNIFIE DE CONNOTATION

Après les supports connotants, il nous faut envisager les contenus connotés.

C'est de ce point de vue que sont généralement abordés les phénomènes connotatifs, et cela est tout à fait légitime : seules des considérations sémantiques peuvent garantir la spécificité de la connotation, et la pertinence du concept.

La diversité des informations connotatives a été souvent soulignée par les linguistes, mais les inventaires par eux proposés sont en général incomplets. En voici quelques exemples :

— Bally envisage deux types seulement de connotations :
● les valeurs affectives ;
● les « effets par évocation de milieu ».

— Celles qu'identifie Hjelmslev, et dont Greimas établit le catalogue dans *Du Sens* (p. 96), se rattachent pour la plupart à ce que l'on appelle généralement les « registres de la langue ».

— La liste que propose Eco (*La structure absente*, p. 92) est remarquablement riche, mais elle n'est pas totalement satisfaisante. Pour lui, la connotation embrasse l'ensemble des valeurs dont peut se charger le signifiant, à savoir [1] :

a) « La connotation comme signifié définitionnel » : il s'agit là, tout bonnement, de l'ensemble des sèmes constitutifs du sémème, c'est-à-dire des traits qui permettent à l'unité de renvoyer à une classe de référents particuliers. Ce qu'Eco appelle ici « connotation », c'est en réalité l'unité de dénotation par excellence et le « signifié définitionnel » doit être radié de la liste des signifiés de connotation.

b) Composantes sémantiques autres que les sèmes proprement dits. Ex. : « /soleil/ connote le « masculin » en opposition avec un autre lexème comme /lune/ qui connote le « féminin » ».

---

(1) Page 102, Eco, reprochant à Katz et Fodor d'exclure les traits connotatifs de leur description sémantique des items lexicaux, énumère quelques connotations qui s'attachent au mot « bachelor », illustrant ainsi partiellement la classification abstraite qu'il propose plus haut.

L'ambiguïté du terme « masculin », qui selon les cas désigne une propriété syntaxique ou une valeur sémantique (il vaut mieux alors parler du trait [mâle]), contribue à obscurcir la remarque d'Eco, qui peut être interprétée ainsi :

● Dans le cas du genre naturel, les unités lexicales sont porteuses d'une marque bivalente fonctionnellement : le mot « garçon » appartient à la classe grammaticale des termes masculins, en même temps qu'il comporte un sème dénotatif [mâle].

● Dans le cas du genre grammatical, la marque de masculin ou de féminin n'a aucune pertinence sémantique — d'un point de vue dénotatif du moins. Mais il a été souvent remarqué[2] que les sujets parlants avaient tendance à remotiver sémantiquement le genre arbitraire, en attribuant aux choses asexuées certaines propriétés spécifiques du sexe auquel correspond généralement le genre grammatical du terme qui les représente.

Il s'agit bien là de valeurs connotatives : le mot « lune » ne comporte pas le sème [femelle], mais il est le support de cristallisations symboliques plus ou moins floues et inconscientes, qui tendent à prêter à la lune certains traits de féminité — et inversement, un caractère « lunaire », et « lunatique », à la femme[3].

Le signifiant de connotation, c'est dans ce cas un trait grammatical non pertinent dénotativement.

c) Connotations idéologiques.

d) Connotations émotionnelles.

Ces deux catégories seront regroupées, ainsi que les connotations axiologiques, dans notre rubrique « connotations énonciatives ».

---

(2) Entre autres, par Genette (*Langages*, n° 12, p. 40 : « La fortune de la langue française est d'avoir pleinement masculinisé le jour et féminisé la nuit, d'avoir fait d'eux pleinement un couple... Pour l'usager de la langue française, le jour est mâle et la nuit femelle, au point qu'il nous est presque impossible de concevoir une répartition différente ou inverse ; la nuit est femme, elle est l'amante et la sœur, l'amante et la sœur du rêveur, du poète, elle est en même temps l'amante et la sœur du jour... » ; par Bachelard, qui a montré « l'importance du genre des mots pour la rêverie sexualisante des choses » (d'après Genette, *ibid.*) ; par Jakobson, qui note qu'en Russe, les différents jours de la semaine sont pensés sous la forme d'êtres mâles ou femelles selon le genre du terme qui les désigne, et que les représentations allégoriques des entités abstraites dépendent directement du genre grammatical : par exemple, la mort est un vieil homme pour les Allemands, mais une vieille femme pour nous. On peut penser aussi aux représentations du Rhône et de la Saône ; aux exploitations publicitaires de ces valeurs symboliques (sexualisation de la voiture, de la cigarette, de la bière) ; enfin, à cette anecdote humoristique qui montre la résistance des sujets parlants à l'arbitrarité du genre :
— « Regarde, maman, une hélicoptère !
— Non, « un » hélicoptère.
— Hé bien, tu as de bons yeux pour voir ça de si loin ! »
(3) Cf. P. Guiraud, *Poétique*, n° 11, p. 408 : « Ainsi, si la Lune est une « femme », la Femme est « lunaire », elle est donc « lunatique », la Lune et ses phases étant elle-même la forme paradigmatique du « changement ». Ce système est par ailleurs confirmé et renforcé par un rapprochement analogique entre la lunaison et le cycle menstruel, avec toutes les corrélations fantaisistes que cela implique ».

e) Connotations par hyponymie, hypéronymie, antonymie.

Ex. : « /tulipe/ connote la classe « fleur » à laquelle elle appartient... De la même manière, un terme (par exemple /femme/) peut connoter son propre antonyme (/mari/) ».

Il s'agit là de connotations par association, paradigmatique ou syntagmatique, d'unités. Tout élément x évoque, appelle, connote, d'autres unités avec lesquelles il se trouve dans une relation sémantique privilégiée, et plus généralement l'ensemble des éléments de son « champ associatif », au sens saussurien du terme.

f) Connotations par traduction en un autre système sémiotique.

Autre type de mécanisme associatif : x évoque sa traduction en d'autres langues, ou sa représentation dans d'autres codes sémiologiques (ex. : « le mot /chien/ connote d'autres icones de chiens que nous avons vues antérieurement »).

g) Connotations par artifice rhétorique : Eco y parle surtout de la métaphore.

h) Connotation rhétorico-stylistique : « Une certaine forme de message peut connoter soit le courant stylistique dont il se réclame, soit l'idéologie qui s'exprime par le truchement de cette forme rhétorique ». Cette rubrique semble redondante avec les catégories *c*) et *g*).

i) Connotations axiologiques : elles relèvent également de ce que nous appelons la connotation énonciative.

Propositions pour une classification des connotés :

Nous les regrouperons provisoirement [4] en cinq rubriques :

1. Connotations dont le signifié est de même nature, mais non de même statut, que le signifié de dénotation.

2. Connotations « stylistiques » : elles informent sur l'appartenance du message à telle langue ou sous-langue particulière.

3. Connotations « énonciatives » : elles fournissent des informations sur le locuteur (et éventuellement, sur tel autre élément de la situation de communication), et comprennent :

a) les connotations « socio-géographiques », indices de l'origine géographique et du milieu socio-culturel du locuteur (lorsque leur support est phonétique ou prosodique, on les appelle parfois « phonostylèmes ») ;

b) les connotations « émotionnelles », ou « affectives » ;

c) les connotations « axiologiques », révélatrices de ses systèmes d'évaluation ;

d) les connotations « idéologiques ».

4. Connotations « associatives » : cette rubrique regroupe l'en-

_____

(4) Au terme de l'inventaire, nous serons amenée à remanier légèrement cette classification.

semble des valeurs sémantiques additionnelles qui naissent à la faveur des mécanismes associatifs divers, « in praesentia » ou « in absentia ».

5. Les significations implicites comme valeurs connotées.
Remarques.

— Il ne faut pas attacher trop d'importance aux étiquettes qui ont été choisies pour désigner ces différentes catégories : elles sont partiellement arbitraires [5], et de ce fait contestables.

— Le classement que nous proposons maintenant n'est pas isomorphe au précédent : il n'y a pas de correspondance biunivoque entre les deux ensembles :

tel type de signifiant   /   telle catégorie de signifié
de connotation   de connotation

Au contraire, des faits hétérogènes du point de vue du support signifiant se trouveront regroupés dans la même classe de connotés (par exemple : des faits phonétiques, prosodiques, lexicaux ou syntaxiques, peuvent avoir la même valeur « poétique », « familière » ou « émotionnelle ») ; inversement, un même type de connotant (par exemple : le signifiant lexical) peut véhiculer des valeurs aussi bien stylistiques qu'énonciatives ou associatives.

Les signes connotatifs, plus encore que les signes dénotatifs, sont sujets à la synonymie et à la polysémie. Pour ne donner qu'un seul exemple, les trois noms de marques « Panzani », « Fjord » (« quand je mange du Fjord, je me croirai en Norvège ») et « Scansen » (« la bière qui a bien mérité son nom scandinave »), qui dénotent des produits bien français, connotent également l'exotisme. Mais cette valeur connotative (avec ses trois variantes [italianité], [norvégité], [scandinavité]) correspond à deux supports différents :

1. « Panzani » - « Scansen » : le signifiant de connotation est de nature purement phonétique (les mots alignent leurs phonèmes selon des règles étrangères à la phonématique syntagmatique du français) ;

2. « Fjord » : le signifiant est homophone et homographe d'un mot norvégien adopté par le français. Il y a donc, en outre, connotation par polysémie.

La démarche que nous allons suivre maintenant est inverse de la précédente. Nous énumérions les différents types de connotants, et indiquions au passage les valeurs qui s'y attachaient (et les cas de polysémie) ; il s'agit maintenant d'énumérer les différents types de connotés, en indiquant éventuellement leur(s) support(s) (problème de synonymie).

---

(5) Tout en étant motivées cependant. Les étiquettes métalinguistiques ne sont jamais choisies de façon « absolument arbitraire », malgré ce que prétend Ducrot de sa propre terminologie : « On distinguera également ce si « oppositif » d'un si « contrastif » (notre terminologie est absolument arbitraire) » (*Dire et ne pas dire*, p. 176). La précaution oratoire est un peu excessive.

Les deux listes, on l'a dit, ne se correspondent pas : raison de plus pour se méfier des épithètes qui déterminent le substantif « connotation », car elles renvoient tantôt au signifiant (ex. : « connotation phonétique »), tantôt au signifié (ex. : « connotation axiologique ») de connotation, ce qui peut entraîner des ambiguïtés. Ainsi, on peut parler de « connotation référentielle » à propos de celle qui porte sur, ou qui est supportée par, un élément du référent discursif.

— D'autre part, un contenu connoté donné (il ne s'agit plus ici des classes dans leur ensemble mais des faits particuliers) peut être envisagé de différents points de vue. C'est ainsi que l'intonation dite « en accroche-cœur » connote le parler stéphano-lyonnais. Mais ce connoté lui-même peut être envisagé :

● comme le contenu d'un phonostylème à valeur énonciative (indice de l'origine géographique du locuteur), ou bien

● comme le contenu d'une connotation stylistique, qui signale que le message relève d'un sous-code particulier de la langue française. Bien plus, la totalité des faits énonciatifs de nature « émotionnelle » peuvent parallèlement être considérés comme des faits stylistiques, si l'on admet que le « style affectif » constitue un type particulier de discours.

Que les différentes catégories soient en intersection du point de vue des éléments (contenus connotés) qui les constituent n'enlève rien à leur pertinence et à leur autonomie fonctionnelle.

— Nous n'hésitons pas à qualifier de « sémantiques » la totalité des contenus connotés. Or, cet adjectif peut être dans certains cas contesté. La charge informationnelle des connotations est en effet très variable. Comparons par exemple deux énoncés dans lesquels figure au même titre une « allusion », au sens rhétorique de ce terme :

1. « La raison du plus fou » (titre d'un film de François Reichenbach et Raymond Devos) : le rapprochement avec le vers de La Fontaine devenu proverbial, « La raison du plus fort... » conduit à catalyser le prédicat « ... est toujours la meilleure », et à interpréter le film comme une sorte d'apologie de la folie. L'allusion accroît ainsi considérablement la charge sémantique du syntagme isolé. Au contraire, dans l'exemple emprunté à un magazine féminin :

2. « Rhapsodie en blouses », il y a simplement un rappel, gratuit sémantiquement, de la « Rhapsody in blues » de Gershwin. L'allusion n'apporte guère à l'énoncé qu'une connotation culturelle et ludique.

En étudiant les jeux phonétiques, nous avons vu que de la même manière certains d'entre eux enrichissaient le contenu sémantique proprement dit du poème, et que d'autres n'étaient que l'indice d'un certain type de discours (poético-ludique), et d'une certaine disposition de l'énonciateur. De même, la plupart des figures rhétoriques (le chiasme, la réversion, etc.) n'ont d'autre fonction que de signaler leur propre recherche, et un souci d'élaboration consciente du matériel langagier. De telles connotations n'ajoutent pas de « sens » véritable au message, mais des valeurs non négligeables qui relèvent de la sémantique.

Après ces préliminaires, il s'agit de passer en revue les différentes sortes de connotés.

A. — Connotations dont le signifie est de même nature, mais non de même statut, que le signifie de dénotation

Point n'est besoin de s'attarder sur ce type de connotés, puisqu'ils sont analogues en nature aux dénotés. Nous en avons rencontré de nombreux exemples au cours de notre exploration des signifiants de connotation. Nous avons vu que certains faits phoniques, prosodiques ou syntaxiques, que les anagrammes et paragrammes, pouvaient fournir sur le référent du discours des informations dont la seule spécificité par rapport aux informations dénotatives résidait dans le fait qu'elles étaient latentes et non patentes, implicites et non explicites, suggérées et non assertées, et que leur actualisation présupposait celle des contenus de dénotation, qu'elles renforçaient en les concrétisant — dans le cas du moins de ce que nous avons appelé les onomatopées phonétiques, rythmiques ou syntaxiques.

Plus intéressantes, dans cette perspective qui vise à déterminer la spécificité des connotés, sont les autres catégories.

B. — Les connotations stylistiques

Nous appelons ainsi l'ensemble des faits de connotation dont la fonction consiste à signaler que le message procède d'un certain code ou sous-code linguistique particulier, permettant ainsi de le ranger dans tel ou tel sous-ensemble de productions textuelles.

Ces faits que la *Rhétorique générale* propose (p. 60 en note) d'appeler « stylèmes », fournissent des informations diverses.

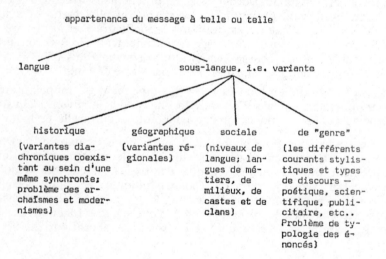

Le signifiant de connotation stylistique peut être une unité linguistique de toute nature et de tout rang : trait phonique, prosodique, syntaxique, etc. A la limite, c'est la totalité du matériau de dénotation qui, d'après Hjelmslev, connote le « français ». Pour prendre le seul exemple du signifiant lexical, il peut connoter l'italianité (« Panzani »), l'ancienneté (« celer »), la « lyonnaisité » (« équevilles »), la familiarité (« bagnole »), la technicité (« morailles »), la « poésité » (« onde »), la puérilité (« disputer »), l'estudiantinité (« chiader »), la « conte-de-féité »[6] (« marâtre[7] »), etc.

Notons à ce propos que la connotation poétique d'un mot, si elle est parfois propre à un idiolecte ou à un texte particulier (Henri Meschonnic définit ainsi le « mot poétique »[8] : « degré valeur d'un mot qui n'apparaît que dans l'œuvre. Tout mot peut être poétique. Exemples : « araignée », « puisque », « quelqu'un » chez Hugo ; « botte » chez Flaubert ; « abeille », « blanc », « mais » chez Apollinaire »), peut également relever du diasystème : il y a des mots à vocation poétique, même si le discours se réserve toujours la possibilité de neutraliser ou de renverser, par le jeu des contextes, la connotation.

Il en est de même des autres connotations stylistiques : leur appartenance au diasystème montre que l'opposition dénotation/connotation ne peut se traiter en termes d'opposition langue/parole.

Ces connotations stylistiques sont peut-être celles dont l'existence est le mieux établie par les linguistes ; par exemple, par :

— Hjelmslev (*Prolégomènes...*), qui envisage comme seules « zones de connotations » celles qui renvoient à une langue nationale donnée, ou à l'une de ses variantes géographiques, sociales ou rhétorico-stylistiques (discours versifié/prose ; style créateur/imitatif/archaïsant, etc.) ;

— Bally (*Traité de stylistique française*), qui sous le nom d' « effets par évocation de milieu » traite des connotations comme indices d'appartenance du discours à une sous-langue spécifique (administrative/de métier/jargons/argot) ;

— Ulmann (*Précis de sémantique française*), qui distingue au sein d'un système linguistique les variantes « diatopiques » (ou géographiques), « diastratiques » (ou socio-culturelles), et « diaphasiques » (terme repris par Coseriu, et qui désigne les « types de modalité expressive » : l'expression est vague, mais il semble s'agir ici plutôt des connotations émotionnelles) ;

— Mounin (*Les problèmes théoriques de la traduction*), qui énumère les sous-codes connotatifs suivants : langue vulgaire, fami-

---

(6) Barthes parle bien de la « bouvard-et-pécuchétité ».
(7) Le terme peut évidemment se rencontrer ailleurs que dans un conte de fée. Sa valeur stylistique, dont il ne peut jamais se débarrasser tout à fait, recevra alors le statut de connotation associative.
(8) Dans « Pour la poétique », *Langue française*, n° 3, p. 32.

lière, provinciale, rustique, archaïque, technique, savante, argotique, enfantine.

Mais en dépit de l'abondante littérature linguistique qui leur est consacrée, ces connotations posent encore des problèmes délicats :

1. — QUELLE EST LA NATURE EXACTE DU SIGNIFIANT DE CONNOTATION ?

A propos des italianismes standhaliens, Ducrot écrit ceci : « Ce qui est significatif, ce n'est pas le mot italien lui-même, mais le fait de l'employer, quand on connaît les idées de fantaisie et de passion, qui, dans l'univers stendhalien, sont attachées à l'évocation de l'Italie » [9].

Sans doute, mais d'une part, c'est bien le signifiant lexical [10] qui connote ce choix : il faut admettre que deux niveaux de connotation se greffent sur le même fait, dont l'un correspondrait à la connotation stylistique, et l'autre à la connotation énonciative. D'autre part, l'utilisation d'un terme stylistiquement marqué ne reflète pas toujours un choix délibéré : les « effets par évocation de milieu », dont parle Bally, naissent spontanément. On pourrait peut-être sur cette base — mais elle est bien fragile — opposer à la connotation stylistique proprement dite, qui procède d'un choix, les connotations « socio-culturelles » spontanées [11].

2. — PROBLÈME DU TERME NEUTRE.

Tout le monde s'accorde à reconnaître à ces connotations le statut de marques sémantiques supplémentaires, qui s'ajoutent au sémème, ou ensemble des traits dénotatifs. A ce sémème, non marqué connotativement, correspond généralement [12] un support signifiant distinct, et l'on parle alors de « terme neutre », ou « terme d'identification » :

— d'après Bally, le mot « cheval » fonctionne comme terme d'identification, et s'oppose aux autres formes de la même série dénotative : « coursier/monture/dextrier » qui possèdent en surplus un trait connotatif.

---

(9) *La preuve et le dire*, p. 218.
Parlant d'un autre type de connotation, Todorov fait une remarque analogue : ce qui connote l' « intimité », dit-il à propos des *Liaisons dangereuses*, et de la pratique épistolaire en général, c'est « l'existence d'une lettre », bien plus que son contenu (*Littérature et signification*, p. 31).

(10).Et non le mot global (expression + contenu), comme persiste à le dire, à propos de l'archaïsme, Michel Arrivé (cf. *Langages de Jarry*, p. 285).

(11) Cette distinction semble suggérée par Jean Pohl, lorsqu'il oppose (*Symboles et langages*, t. II, p. 25) le « trivial » (stylistique) au « vulgaire » (sociologique).

(12) Pas toujours. Ainsi la série « morigéner/tancer/réprimander/admonester/gourmander/gronder/disputer/engueuler... » ne comporte pas de terme neutre, ce qui crée parfois un sentiment de gêne, et contraint à utiliser « engueuler » dans un discours qui par ailleurs ne se signale pas comme spécialement « vulgaire » (ainsi, M. Clavel et Etiemble l'utilisent successivement dans *Le Nouvel Observateur* n° 374, 1974, pp. 48 et 50).

— Todorov, *Langages* n° 1, p. 121 : « Il existe cependant un cas où il nous semble opportun de parler des termes marqués et non-marqués : c'est l'effet par évocation » ; et, *Dictionnaire encyclopédique...*, p. 326 : « Les interlocuteurs perçoivent un mot comme « rare » ou comme « usé », et postulent habituellement la présence de « plus » de sens dans le premier cas. Il serait plus précis de parler ici d'*information* [13], au sens de la théorie de l'information, où cette notion est fonction (inverse) de la fréquence. Mais dans tous les cas, une signification supplémentaire du type « rare », « précieux », « ancien », etc., est perçue par les interlocuteurs ».

— *Rhétorique générale*, p. 59 : « Les formes (« mourir/décéder/ crever ») à contenu sémique identique se différencient cependant au niveau de la connotation que l'analyse sémique telle qu'elle est habituellement pratiquée ne prend pas en considération. Il semble donc qu'à tous les sèmes caractérisant une unité lexicale vient s'adjoindre une autre série de marques destinées à distinguer les différents niveaux d'emploi ou le ton qui opposent certains mots ».

— Même Delas et Filiolet, lorsqu'ils s'élèvent à juste titre contre une conception purement négative de l'écart : « Précisons encore une fois que le terme archaïque ou le terme « poétique » ne doivent pas être interprétés comme des écarts par rapport à une sorte de langue-cible qui servirait de fondement à la description mais comme les signes, visibles, d'une volonté de donner une autre dimension au message » [14], admettent implicitement qu'il existe bien des termes « archaïques » ou « poétiques », donc un langage neutre par rapport auquel ils se démarquent.

Nous pensons en effet qu'il est impossible de se passer d'un tel concept, et nous sommes d'accord avec toutes les formulations précédentes. Il convient simplement d'ajouter que le statut de terme marqué/terme neutre n'est pas irrémédiablement fixé par le diasystème : dans son actualisation en discours, un mot peut se poétiser, se vulgariser, ou perdre au contraire sa marque connotative, et les effets du contexte peuvent neutraliser un terme marqué ou marquer un terme neutre. Chaque texte crée sa propre norme, qui peut être inverse de celle du diasystème, comme dans ce roman de Jean Douassot, *La Gana*, où ce sont les termes communément considérés comme familiers ou vulgaires qui instituent l'isotopie stylistique [15] : « Je n'ai les chocottes de personne. Je les emmerde tous. Je m'en fous. Mais j'ai peur. Qu'est-ce que tu veux, ça n'a rien à voir avec la frousse ou les chocottes. C'est de la mort que j'ai peur » [16]. Dans ce contexte,

---

(13) Nous n'hésitons pas quant à nous à parler de sens à propos de ces informations dont le statut est effectivement spécifique — mais c'est un pur problème de convention terminologique.
(14) *Linguistique et poétique*, p. 100.
(15) De même, les archaïsmes finissent par devenir, dans le texte de Jarry, « afonctionnels » (d'après M. Arrivé, *Langages de Jarry*, p. 285).
(16) *La Gana*, Losfeld, Paris, 1970, p. 117.

c'est le terme « peur », dont Douassot s'excuse presque (il rompt en effet avec l'isotopie), qui se connote fortement.

3. — LE TRAITEMENT LINGUISTIQUE DE CES MARQUES CONNOTATIVES.

« L'analyse sémique telle qu'elle est habituellement pratiquée ne prend pas en considération » ces connotations stylistiques. L'analyse lexicale de Katz et Fodor non plus, et cela leur est reproché par Eco et Weinreich.

Le reproche est justifié. Ces connotations ont en effet des implications linguistiques multiples. Par exemple, elles jouent un rôle certain dans le fonctionnement des mécanismes combinatoires. Certes, comme le remarque Mac Cawley [17], les contraintes d'homogénéité connotative sont moins fortes en anglais et en français que dans des langues telles que le japonais ou le coréen : des ruptures d'isotopie stylistiques, on vient de le voir, sont toujours possibles. Mais le fait même que ces ruptures soient ressenties comme telles prouve la réalité du principe de cohérence connotative [18], qui incite les locuteurs, sauf s'ils désirent délibérément produire des effets burlesques [19], à pratiquer spontanément « l'accord stylistique »[20].

De façon générale, les sujets parlants ont une conscience particulièrement aiguë de ces faits de connotation. Si par exemple on demande à des enfants de scinder en deux l'ensemble lexical :

{ patate, chaussure, godasse, pomme de terre, }
on obtient fréquemment la partition suivante :

{chaussure, pomme de terre } / { godasse, patate },

ce qui prouve que le sentiment de l'affinité connotative est au moins aussi fort que celui de la parenté dénotative.

Un modèle qui se veut adéquat (c'est-à-dire qui ambitionne de rendre compte le plus possible de l'intuition linguistique des sujets parlants) doit donc intégrer et signaler les différentes variantes de registre. C'est d'ailleurs ce que font les lexicographes, mais en s'en tenant à ce qu'ils estiment être la norme diasystématique. Un modèle de compétence élargie devra aussi, dans la mesure du possible, tenir

---

(17) Dans *Universals in Linguistic Theory*, p. 135.
(18) Dans une autre perspective, Shane est amené à établir des règles morphophonologiques différentes selon que les morphèmes (en particulier préfixaux) sont marqués « populaire » ou « savant » (cf. *French phonology and morphology*).
(19) Tels que les cultive, par exemple, Raymond Queneau.
(20) Ainsi, la phrase « tu es arrivé » se prononce :
— soit [tyɛzaRive]
— soit [tɛaRive], mais jamais
— [tɛzaRive], qui serait stylistiquement hétérogène (contradiction entre les connotations de la liaison et de l'élision). D'autre part, nous avons remarqué que si l'on demande aux étudiants de supprimer, dans un texte de Céline, les faits d' « emphase » (redondance entre groupes nominal et pronominal), ils traduisent en même temps, spontanément, les « ça » en « cela ».

compte des variations idiolectales [21], et intégrer des règles générales prévoyant l'action modifiante du contexte et de la situation sur le potentiel connotatif du mot dans le code [22].

Dans un article où elles s'interrogent sur la façon dont on peut traiter dans le cadre d'un modèle génératif/transformationnel le problème des variantes historiques, dialectales, et de niveau de langue, A. Deleveau, H. Huot et F. Kerleroux posent la question méthodologique fondamentale : « S'agit-il d'établir deux grammaires complètes, chacune rendant compte d'un état, par exemple le niveau de langue considéré comme correct et le niveau de langue dit familier ? Ou s'agit-il d'une grammaire unique, c'est-à-dire d'une compétence identique quel que soit le niveau de langue (avec les modifications qui peuvent être présentées sous la forme de règles facultatives) ? » [23]. Appliqué au cas particulier de l'analyse componentielle, le problème se formule ainsi : Va-t-on commencer par dissocier les différents ensembles connotatifs, et livrer séparément chacun d'entre eux au travail de structuration sémique, ou est-ce seulement à la dernière étape de l'analyse que l'on opposera des mots tels que chaussure/godasse ? L'axe distinctif des connotations doit-il être placé tout en haut, ou tout en bas de l'arbre ? Les champs connotatifs sont-ils plus, ou moins homogènes que les champs sémantiques ? Quelle que soit la solution adoptée, il faudra en tout cas insister sur le fait que les axes dénotatifs et connotatifs ont une valeur et un statut radicalement différents, et dissocier clairement les deux principes de structuration du lexique. Pour ne donner qu'un exemple, la relation sémantique entre « chaussure » et « godasse » n'est pas du tout la même que celle que l'on peut identifier entre « chaise » et « chauffeuse », bien que dans les deux cas l'une des deux unités comporte les mêmes traits que l'autre, plus un. Dans le dernier seulement, il y a relation de

---

(21) Elles sont fréquentes. Par exemple le verbe « dauber sur », familier pour nous, est « vieux ou littéraire » d'après le *Petit Robert*, ce qui justifie son emploi dans *Le Monde* (31 août 1972, p. 15) : « La majorité de l'opinion... daube moins que par le passé sur l'aspect brouillon ou folklorique de l'affirmation bretonne ». Le contenu de la connotation stylistique est souvent flou, et son appréciation subjective. Dans un manuel de rédaction destiné aux officiers de la police judiciaire, qui prône le style « austère et décent », et proscrit les mots « grossiers, argotiques, familiers et bas », on trouve rangés dans cette dernière catégorie, en vrac : « fillette », « bébé », « maman », « tomber amoureux », « deux militaires fricoteurs ».

(22) Ces règles relèvent pour nous du modèle de compétence, et non du « modèle de situation dans les performances », comme l'estime Dubois (*Grammaire structurale..., la phrase*, p. 67) : « Le morphème peut être défini à l'intérieur d'un système et, en ce sens, il peut avoir une définition en traits « familier, populaire, argotique » ; si ces dénominations semblent relever de considérations socio-linguistiques, elles sont cependant ambiguës, car elles dénotent deux phénomènes distincts : si un même terme est « familier » dans un contexte donné et « neutre » dans un autre..., on a alors une implication du modèle de situation dans les performances, mais si un morphème (« bouquin ») se définit constamment, par rapport à un autre (« livre ») dont les combinatoires sont plus larges, par le trait pertinent « familier », ce rapport relève de la langue, du code, de la compétence ».

(23) *Langue française*, n° 15, p. 39.

domination, c'est-à-dire inclusion des compréhensions et des exten-sions (la compréhension de « chaise » est incluse dans celle de « chauf-feuse », dont l'extension est incluse dans celle de « chaise ») ; mais « chaussure » et « godasse » ont la même extension, si elles n'ont pas la même compréhension. Il serait donc malencontreux d'assigner aux deux relations le même type de représentation graphique :

chaise   chaussure [24]

| |

[basse]   [familier]

chauffeuse   godasse

De même, les règles de combinatoire connotative, qui rendent compte de l'exigence d'homogénéité stylistique, ne doivent pas être assimilées aux règles de restriction sélective qui régissent la cohérence dénotative.

4. — CONNOTATION STYLISTIQUE, CONNOTATION ÉNONCIATIVE ET DÉNOTATION : PROBLÈMES DE FRONTIÈRES.

    — En principe, la distinction est claire entre les traits de conno-tation stylistique et les traits dénotatifs. Soit l'exemple du mot « baraque », mot polysémique, dont les deux sémèmes peuvent être décrits ainsi :

baraque$_1$ = [ensemble des sèmes qui définissent « maison »]
               + [mauvaise qualité].

Le trait [mauvaise qualité] a un statut ambigu : il est évaluatif, et à ce titre il relève partiellement de la connotation (axiologique) ; mais en même temps il joue un rôle dénotatif, puisqu'il signale une propriété du référent ;

baraque$_2$ = [ensemble des sèmes qui définissent « maison »]
               + [langue familière].

Ce trait est au contraire purement connotatif.

Inversement, le terme de « taudis » ne se prête qu'à une utili-sation de type 1, et « godasse » qu'à une utilisation de type 2.

Il semble donc possible de dissocier la valeur stylistique d'un terme de sa valeur péjorative ou méliorative [25].

---

(24) Pour en revenir au problème de la marque, on peut hésiter entre les deux présentations :

chaussure   /\

|

[familier]   ou   [familier] [standard]

godasse   godasse   chaussure

(25) Cf. Todorov, *Langages*, n° 1, p. 9 : « Quel intérêt avons-nous d'appeler par le terme commun de « connotation » des effets de sens aussi différents que celui de « crincrin » par rapport à « violon », et de « flingue » par rapport à « fusil », alors qu'il s'agit là de deux effets différents ? ».
    Que le concept recouvre des valeurs diverses n'implique pas qu'il soit dénué de tout intérêt et de toute valeur opératoire. Mais Todorov a raison de souligner la différence qui existe entre les connotations axiologiques et stylistiques, trop souvent confondues.

— En pratique, même en dehors des cas de polysémie où l'effet de contagion se trouve renforcé par l'identité du signifiant, il est impossible de les disjoindre totalement : la valeur (connotative) attachée au signifiant linguistique et la valeur (dénotative) attachée au référent ont tendance à s'influencer mutuellement. C'est-à-dire qu'un terme connoté « vulgaire » a tendance, par une sorte d'effet de contagion, à vulgariser le dénoté auquel il renvoie ; et, inversement, les termes stylistiquement « normaux » qui désignent des réalités sexuelles ou scatologiques ont tendance à être perçus comme « bas » dans la mesure où la dévalorisation qui s'attache au départ au seul dénoté finit par rejaillir sur le mot lui-même. Lorsque Bally écrit : « Supposons un homme du monde dont le langage est habituellement correct et châtié ; vous lui demandez son jugement sur un financier véreux ; s'il répond : « C'est une fripouille », vous aurez l'impression d'un corps étranger qui s'est logé dans un système expressif tout différent : vous sentez que le sujet aurait habituellement employé un autre mot (coquin, misérable, etc.) ; s'il en a choisi un plus vulgaire, c'est pour mieux marquer son mépris » [26], il veut dire que « fripouille » est en principe le synonyme dénotatif de « coquin », mais que la connotation vulgaire du terme (accentuée par la rupture d'isotopie) rejaillit sur le référent pour en accentuer le caractère méprisable. Ce n'est pas un hasard si l'argot utilise volontiers les termes péjoratifs de la langue normale (« bagnole », « canasson », « camelote » connaissent la même polysémie que « baraque ») : il exprime une vision foncièrement dévalorisante du monde. Inversement, le langage châtié abonde en termes valorisants : il tente ainsi de donner du réel une représentation enjolivée, sublimée. Lorsque Chénier appelle « banquet » un vulgaire pique-nique, ou « palais » une maison quelconque, il obéit avant tout à un impératif rhétorique : il s'agit de trouver à tous les termes « communs » des équivalents « nobles ». Mais cet ennoblissement du signifiant se répercute inévitablement sur la représentation du référent, même si l'on reconnaît le stratagème stylistique. C'est pourquoi les listes d'équivalence entre mots communs et expressions nobles que proposent les dictionnaires rhétoriques du XVIIIe siècle ne sont pas aussi innocemment factices qu'on pourrait le croire.

Ainsi, la connotation du terme affecte le dénoté, selon le processus de contagion suivant :

[langue familière] →	[dépréciation → de l'objet]	[mauvaise qualité intrinsèque de l'objet]
(connotation stylistique pure)	(connotation axiologique : relation entre le sujet d'énonciation et le dénoté)	(dénotation pure)

---

(26) *Essais sur le langage*, p. 199.

C'est en somme le signifié de connotation stylistique qui fonctionne comme signifiant de connotation axiologique : le choix d'un terme de niveau « élevé » ou « bas » est un indice indirect du caractère prestigieux ou méprisable que le locuteur prête au dénoté. Une connotation axiologique se greffe sur la connotation stylistique. Le jugement de valeur est alors implicitement suggéré, à la différence de ce qui se passe dans le cas des termes ouvertement axiologiques.

— Autres exemples des répercussions qu'exercent l'un sur l'autre le signifiant lexical et le dénoté :

Un terme archaïque n'est pas un terme qui dénote un objet antique, et inversement ; pourtant, le mot « phonographe », qui est en principe le synonyme dénotatif d' « électrophone », tend à évoquer de par sa connotation archaïque l'image associée d'un objet ancien. Lorsqu'ils sont utilisés à des fins satiriques (dans *Le canard enchaîné* [27], ou *Charlie-Hebdo*), les archaïsmes ne sont pas de purs jeux de langage : ils affectent l'objet qu'ils décrivent, et dénoncent l'archaïsme de nos institutions protocolaires. On pourrait faire des remarques analogues sur les difficultés qu'il y a à dissocier la connotation étrangère d'un terme, et la dénotation d'un objet étranger ; à admettre que l'euphémisme (ex. : morgue/institut médico-légal ; chômeurs/demandeurs d'emploi) ne soit qu'un problème de signifiant ; à dissocier le mot poétique de l'objet poétique : le pétrel n'est un « oiseau commun » que pour les ornithologues [28].

Le problème, c'est que deux termes différemment connotés sont rarement parfaitement synonymes (dénotativement) [29]. Exemple (emprunté à Ducrot) : « Si, pour déconseiller à quelqu'un de laisser sa voiture à un endroit interdit, et sévèrement surveillé, je lui dis que le stationnement ici est « verboten », c'est l'emploi de l'allemand qui sera sensé exprimer, vu une certaine image conventionnelle de l'Allemagne, la vigilance de la police. Une description de ma phrase devra signaler, outre le signifié « interdit », exprimé par « verboten », un signifié « rigoureusement » rendu par ce signifiant « emploi de la langue allemande » » [30]. C'est vrai : « verboten » fonctionne comme un superlatif d' « interdit », et cette information dénotative vient se greffer sur l'opposition connotative.

_____

(27) Cf. la rubrique intitulée « La cour ».
(28) Semblablement, l'emploi d'un diminutif rapetisse le désigné : « Je m'appelle Mohammed, mais tout le monde m'appelle Momo pour faire plus petit » (Emile Ajar, *La vie devant soi*, Mercure de France, Paris, 1975, p. 11) : plus « petit », et non plus « court » : en rognant le signifiant, on atteint par ricochet le dénoté.
(29) Cf. cette remarque de Pierre Goldman à propos du verbe « gamberger » : « Le premier jour de travail m'épuise, je suis harassé, je n'arrive pas à ne pas penser, je travaille de mes mains, j'épluche des patates, je lave d'énormes gamelles..., mais je reste un intellectuel qui passe son temps à penser (ou plutôt à gamberger : gamberger n'est pas seulement la forme argotique du verbe penser, en disant gamberger je ne dis pas ce que je dis en disant penser) » (*Souvenirs obscurs d'un Juif polonais né en France*, Seuil, Paris, 1975, p. 46).
(30) O. Ducrot, *La preuve et le dire*, p. 217.

Récapitulation.

Il est indispensable, à un certain niveau d'analyse, de distinguer clairement, parmi les informations que véhicule un terme, ce qui relève de la connotation stylistique attachée au signifiant lexical et à lui seul (vulgaire, noble, poétique, archaïque, exotique), et ce qui relève du dénoté extralinguistique, qui peut être lui-même valorisé ou dévalorisé [31]. Une des formes du burlesque consiste précisément à jouer sur les décalages qui peuvent s'introduire entre les deux niveaux de connotation — traitement en termes triviaux d'une réalité prestigieuse, ou en termes pompeux d'une réalité triviale [32].

Mais cette distinction est souvent obscurcie par certains effets de contagion qui vulgarisent, enjolivent, ennoblissent les objets dénotés par des mots vulgaires, jolis ou nobles.

Un cas particulier de cette confusion est celle que l'on observe entre connotation stylistique et trait axiologique (dont le statut est, du point de vue de l'opposition dénotation/connotation, hybride).

Connotation stylistique et connotation énonciative se trouvent ainsi étroitement liées, par l'intermédiaire de la connotation axiologique. Elles le sont aussi par un tout autre biais, celui de la connotation « socio-géographique » : un fait linguistique qui signale l'appartenance du texte à telle langue de milieu, à tel parler dialectal, signale en même temps l'appartenance du locuteur à tel milieu ou telle communauté régionale. Ainsi, connotation stylistique et connotation socio-géographique apparaissent souvent comme les deux faces d'un phénomène unique [33].

5. — LES LIMITES DE LA CONNOTATION STYLISTIQUE.

On ne voit pas bien où arrêter l'investigation des connotateurs stylistiques : n'importe quel fait peut servir de base à l'établissement

---

(31) Pour les auteurs de la *Logique* de Port-Royal, un mot devient « déshonnête » à partir du moment où il traite en termes « plaisants » (connotation du dénotant) un objet « infâme » (connotation du dénoté), qui se met alors à exercer de néfastes séductions.

(32) Il convient donc de distinguer deux sortes de burlesque :
1. celui qui exploite des contrastes stylistiques internes à l'énoncé ;
2. celui qui joue sur un décalage entre les connotations stylistiques et extralinguistiques.
Dans la phrase de Proust : « C'est ici que Marie Stuart faisait ses prières et c'est là, dans ce placard, où ce que je mets mes balais », on peut identifier, en plus du fait stylistique (« où ce que »), un troisième type de burlesque,
3. résultant du contraste entre la charge connotative des deux faits rapportés.
Ce que l'on peut représenter par le schéma suivant :

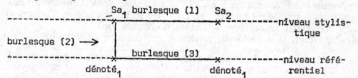

(33) Et c'est la face énonciative que pointe l'expression de Bally « effets par évocation de milieu ».

d'une classe particulière d'énoncés. Par exemple, tel sous-ensemble lexical (le vocabulaire politique) peut autoriser à ranger le texte parmi tel sous-ensemble d'énoncés (les discours politiques).

En l'absence d'une typologie rigoureuse des styles et des discours, les contours de la connotation stylistique ne peuvent être que flous et infiniment extensibles.

C. — Les connotations énonciatives

Par définition, nous appellerons « énonciatives » les unités linguistiques qui apportent des informations, non sur le référent du message, mais sur son énonciateur [33 bis] — ces deux types d'informations se trouvant la plupart du temps conjuguées et intriquées dans une même unité : dans « la pauvre maison d'une femme pauvre », l'adjectif antéposé connote un apitoiement du locuteur, mais il dénote en même temps une propriété de la maison ainsi qualifiée [34].

Par définition, les faits énonciatifs relèvent de la connotation.

Une description complète de l'instance énonciative devrait faire intervenir d'autres paramètres que l'émetteur : le récepteur, et la relation qui l'unit à l'émetteur, la situation de communication et les propriétés concrètes qui la caractérisent, etc. — tous les faits qui fonctionnent comme des indices dans l'énoncé de ces facteurs extra-linguistiques qui le conditionnent ayant vocation à venir enrichir la liste des faits connotatifs. Plus s'approfondira notre investigation en matière d'énonciation, plus s'étoffera l'inventaire des connotations énonciatives. Pour l'instant, nous sommes en mesure d'en reconnaître trois types :

1. — LES CONNOTATIONS STYLISTIQUES, RÉINTERPRÉTÉES COMME INDICES DE L'APPARTENANCE DU LOCUTEUR A TELLE COMMUNAUTÉ SOCIALE OU GÉOGRAPHIQUE, A TELLE ÉCOLE LITTÉRAIRE, ETC. [35].

Les connotations stylistiques sont bivalentes : tel phonostylème, en même temps qu'il intègre le message dans un ensemble d'énoncés socialement et/ou géographiquement situés, informe de l'appartenance de l'énonciateur à telle communauté sociale et/ou géographique.

(33 bis) Cette définition est excessivement restrictive, nous en somme bien conscient. Dans *De la sémantique lexicale à la sémantique de l'énonciation*, t. II, où nous analysons en détail le fonctionnement de ces unités « subjectives », qui opèrent l'inscription dans l'énoncé du sujet d'énonciation, nous reconnaissons que ces unités ne constituent qu'une sous-classe dans l'ensemble des unités « énonciatives », lesquelles peuvent refléter, outre l'énonciateur, d'autres éléments du cadre énonciatif (récepteur, situation d'allocution).

(34) Cependant que l'adjectif postposé se contente de dénoter — un certain statut social du personnage. Mais dans cette phrase, extraite d'une pièce pour enfants de Maurice Yendt, « Le rossignol et l'oiseau mécanique », l'antanaclase et le chiasme, qui connotent la « poésité », ainsi que la valeur affective du premier adjectif, qui empreigne tout le récit, agissent pour neutraliser la valeur socio-économique du second.

(35) On peut les appeler, avec M. Le Guern, « connotations sociologiques ».

L'interprétation sémantique de ce type de signifiant de connotation (que ce soit un phonostylème, un signifiant lexical ou une
construction syntaxique) n'est pas toujours clairement déterminable.
Si l'on admet, avec le *Petit Robert*, qu' « airelle » est « le nom méridional de la myrtille », l'utilisation de ce signifiant dans un acte de
parole peut connoter les signifiés énonciatifs suivants :

— je suis originaire du Midi ;

— je revendique l'appartenance à la communauté des méridio-
naux ;

— sans être du Midi, je m'y trouve actuellement, et j'épouse les
usages linguistiques qui y sont en vigueur ;

— je parle à un méridional, et j'adapte mon propre idiolecte à
celui de mon destinataire.

Ce flou sémantique caractérise souvent le fait de connotation.

2. — LES CONNOTATIONS AFFECTIVES.

Les connotations de cette nature sont, avec les connotations stylistiques, celles qui sont le plus souvent reconnues — ce qui ne veut
pas dire, les mieux connues — par les linguistes traitant de la connotation. En voici quelques exemples :

— E. Nida, lorsqu'il oppose le « cognitive (= « referential »)
meaning » à l' « emotive meaning » (cf. *Exploring semantic structures*,
pp. 15-21).

— Ch. Bally et ses « caractères affectifs naturels ».

— Bloomfield, lorsqu'il envisage comme signifiants de connotation les exclamations, les interjections, les formes hypocoristiques.

— Ogden et Richards, qui opposent aux « significations référentielles » (dénotatives), les « significations émotives » (connotatives).

— Barthes, lorsqu'il parle du « sens psychologique » que véhicule
par exemple l'utilisation indue du tutoiement [36].

— M. Le Guern (*Sémantique de la métaphore...*, p. 21) : « Si l'on
essaie d'établir un classement sommaire des faits de connotation, on
peut opposer aux connotations sociologiques, dont le type le plus
caractéristique est l'effet produit par les écarts de niveaux de langue,
les connotations psychologiques, qui prennent le plus souvent la forme
de l'image associée ».

— Duchacek (*Cahiers de lexicologie*, n° 6), qui distingue dans le
contenu sémantique d'un mot les « composantes notionnelles » et les
« composantes expressives ».

---

(36) Ce tutoiement constitue un « signe fort, signe plein, qui renvoie au plus
psychologique des signifiés : la *volonté* de contestation ou de copinage : le
muscle » (Barthes, *Tel Quel*, n° 47, p. 11).

— Cohen (*Structure du langage poétique*), qui oppose les unités dénotatives à fonction intellectuelle, cognitive, représentative, et les unités connotatives à fonction émotive, affective.

— Molino (*La linguistique*, n° 7, 1, p. 20) : « On appellera connotation tantôt une modification volontaire expressive du message, tantôt une modification expressive involontaire ».

— Le *Dictionnaire du Français contemporain* (Larousse 1966) enfin, définit la connotation comme l' « ensemble des valeurs affectives prises par un mot en dehors de sa signification (ou dénotation) ».

La connotation affective peut être envisagée, soit dans la perspective de l'encodage (elle est alors indice d'un engagement émotionnel de l'énonciateur dans l'énoncé), soit dans la perspective du décodage (et les connotateurs affectifs fonctionnent comme des déclencheurs d'une réponse émotionnelle de la part du récepteur). Ces deux aspects sont mis en évidence par Stevenson (dans *Ethics and Language*), qui définit le signifié de connotation comme « a meaning in which the response (from the hearer's point of view) or the stimulus (from the speaker's point of view) is a range of emotion »[37].

Remarques.

— Autant est impressionnante la liste des linguistes qui signalent l'existence de la connotation affective, autant est courte celle qu'ils nous proposent — lorsqu'ils nous en proposent — des unités linguistiques relevant de cette valeur. En fait, aucune étude sérieuse n'a encore été proposée de ce type de connotation, dont les supports signifiants sont extrêmement variés. Ils peuvent être en effet :

● de nature intonative[38] ;

● de nature lexicale : exclamations et interjections ; mots ou morphèmes spéciaux (adjectifs affectifs, suffixe diminutif[39], etc.) ;

● de nature syntaxique : antéposition, dans certains cas, de l'adjectif ; imparfait et énallage de personne à valeur hypocoristique

---

(37) Cohen, en revanche, dans ce passage de *Structure du langage poétique*, n'envisage que le décodage : « Il restera bien entendu que la dénotation et la connotation ont même référent et s'opposent seulement sur le plan psychologique, la dénotation désignant la réponse cognitive, la connotation la réponse affective, déclenchée par deux expressions différentes du même objet » (p. 204).

(38) Cf. Delphine Perret, *Cahiers de lexicologie*, n° 12 : « Avec l'expression de l'affectivité on retrouve l'intonation comme marque signifiante ». Cet article montre entre autres qu'une intonation appropriée peut donner à n'importe quel terme une valeur injurieuse, et qu'une injure lexicale énoncée avec une intonation particulière peut se voir inversée en hypocoristique.

(39) Dont la valeur est, il est vrai, ambiguë : le morphème -ette est dénotatif dans « tablette », connotatif dans « sœurette ». C'est sans doute à la première valeur que pense Molino lorsqu'il écrit (*La linguistique*, n° 7, 1, p. 21) : « L'emploi d'un diminutif et son audition n'impliquent en rien une forme plus « subjective » de signification que l'emploi du mot « table » : le sème « diminutif » est du même genre que le sème « fauteuil » (sic) ou « table ».

(ex. : « Comme il était sage, mon bébé ! ») ; répétitions ; utilisation de la phrase segmentée avec redondance des groupes nominaux [40], etc.

Nous avons l'intention par la suite de compléter cet inventaire trop partiel des connotants affectifs ; l'intention aussi de soumettre ces connotations à une interrogation plus poussée, et de tenter de préciser leur statut.

— Car Lyons a raison : le terme « affectif » est « un fourre-tout englobant bon nombre de facteurs foncièrement distincts... Il faudrait analyser chacun de ces facteurs dans les termes spécifiques qui lui sont appropriés ». Dans le chapitre de *Linguistique générale* qu'il intitule « le sens cognitif et le sens affectif », Lyons prétend mener une critique en règle de la notion de connotation. Mais cette critique perd beaucoup de son efficacité dans la mesure où Lyons restreint le concept à l'un de ses aspects seulement : la connotation affective ; dans la mesure aussi où voulant montrer la non-pertinence, dans certains cas, des considérations connotatives (p. 343 : « Ne supposons pas que les associations affectives d'un mot soient toujours pertinentes pour son emploi »), il montre tout au plus que les mécanismes connotatifs sont moins importants pour assurer le fonctionnement de la communication que les mécanismes dénotatifs, et qu'ils leur sont subordonnés. C'est vrai, un même objet peut être dénommé par deux termes dénotativement synonymes, même s'ils n'ont pas même charge affective. C'est même ainsi que nous avons défini la connotation : elle est relativement indépendante de la nature de l'objet dénoté. Mais cela ne veut pas dire que l'on puisse utiliser ces deux termes « indifféremment, sans rien changer à l'effet produit ». Il faut s'élever contre la démarche qui consiste à poser *a priori* une équivalence entre information et information dénotative, puis à montrer — le contraire serait étonnant — que les connotations ne sont pas informatives [41].

---

(40) En étudiant des énoncés narratifs oraux produits par des enfants de 10 à 12 ans, nous avons constaté, dans les moments du récit où l'émotion affleure, une augmentation de la fréquence de ces phrases segmentées redondantes, parallèle à l'apparition d'expressions, comme « ma maman », qui relèvent d'une régression à un stade antérieur, et plus affectisé, du langage de l'enfant.

(41) Contestable aussi est cette affirmation (pp. 343-4) : « La distinction entre la synonymie cognitive et la synonymie non-cognitive se fait de différentes façons selon les auteurs. Mais c'est toujours la synonymie cognitive qu'ils définissent la première ; en outre, aucun ne parle de mots qui soient synonymes affectifs sans l'être sur le plan cognitif ». On peut en réalité très bien concevoir une synonymie purement connotative. Seraient de ce point de vue synonymes des termes ayant même valeur stylistique, affective, ou axiologique. Nous avons rencontré un exemple d'application de cette notion chez L. Boltanski (*Minuit*, n° 2), qui montre que le discours d'Olivier Todd se caractérise par une neutralisation des oppositions dénotatives au profit d'une recherche de l'équivalence connotative : « Le pouvoir expressif, unique étalon, mesure et égalise les choses petites ou grandes : la guerre, un livre, un vêtement, un accouplement, une mère, une voiture, un ami, un café, ont même valeur s'ils disent également la valeur de celui qui les dit » (il s'agit ici de la connotation à la fois affective et axiologique).

Le même concept d'équivalence connotative pourrait s'appliquer aussi aux analyses d'Ulrich Ricken (dans *Langue française*, n° 9).

— Plus embarrassant est le problème de l'imbrication entre informations dénotative et connotative au sein d'une même unité sémiologique, imbrication dont voici quelques aspects :

● La notion de « cote d'information » qu'utilise Eco [42] relève à la fois de la dénotation et de la connotation : plus son information dénotative est « haute » (c'est-à-dire forte en raison de l'environnement dans lequel il apparaît), plus un signe a tendance à être connoté affectivement : un panneau de sens interdit soudainement identifié sur une autoroute produira du fait même de son imprévisibilité et de la gravité de ses implications, un impact émotionnel beaucoup plus fort que ce même panneau aperçu sur un parking.

● Parmi les termes susceptibles de se charger d'affectivité, il convient de distinguer :

ceux qui connotent, sans le dénoter, un état émotionnel du locuteur ; exemples : « mon petit chou », « espèce de fasciste » ;

ceux qui « dénotent, par définition même, des états affectifs : aimer, haïr, amitié, gentillesse, triste, gai, heureux, joyeux... » [43]. Pour ces termes, le trait [affectif] (ou : [engagement émotionnel]) a un statut de trait dénotatif pur s'il représente une propriété d'un actant de l'énoncé ; c'est un trait dénotatif et connotatif à la fois s'il se rapporte au sujet de l'énonciation.

— Ces connotations relèvent-elles du diasystème, ou de l'idiolecte ?

D'après Eco :

● certaines d'entre elles ne se rencontrent qu'au niveau strictement individuel ;

● d'autres sont stabilisées à l'intérieur d'une œuvre entière : C'est ainsi que dans la pièce de G.B. Shaw « Androclès et le Lion », « la connotation« affection » à l'égard du stimulus-dénotation /lion/ est institutionalisée à l'intérieur de l'œuvre » ;

● d'autres enfin, semblent relever du diasystème et fonctionner à l'échelle de toute une communauté linguistique : « Il est possible que de vastes groupes humains associent une série de connotations émotionnelles — justifiées par toute une série d'interprétants — à la dénotation /camp de concentration/ ou /chambre à gaz/. Le « measurement of meaning » d'Osgood (1957) est donc une manière empirique de déterminer le degré d'institutionalisation des connotations émotionnelles associées à un terme-stimulus » (p. 93).

---

(42) « L'image d'une tête de mort... me donne une information très « haute » si je la vois sur une bouteille que je suis en train de sortir du buffet, mais une information assez « basse » si je la vois à côté de la ligne à haute tension d'une centrale électrique » (*La structure absente*, p. 117).
(43) G. Mounin, *Les problèmes théoriques de la traduction*, p. 155.

Il est bien évident qu'en langue, certains termes (comme « fascisme », « dictature », « gauchiste ») sont, plus que d'autres, susceptibles de se charger de valeurs émotionnelles. L'idéal serait — et l'entreprise d'Osgood va effectivement dans ce sens — de trouver une procédure permettant d'affecter chaque unité lexicale d'un indice correspondant au taux moyen d'affectivité qu'elle comporte en puissance, et de chercher dans chaque acte de parole comment agit le contexte pour augmenter (ex. : le mot « cheminée » dans le poème de Du Bellay « Heureux qui comme Ulysse ») ou diminuer (ex. : le mot « liberté » dans un traité de jurisprudence [44]) ce taux moyen.

— Les évidentes difficultés que l'on éprouve dans l'identification et la description des connotations affectives ne doivent pas conduire à mettre en doute leur existence, existence qui apparaît pratiquement dans l'importance que leur accordent les techniciens de la parole, orateurs ou pédagogues, qui selon les cas valorisent ou censurent ces connotations : prônée dans le rapport Rouchette [45], proscrite dans ce manuel de stylistique procédurale dont nous avons déjà parlé [46], la mise en œuvre de ces procédés affectifs est étroitement solidaire du type de discours dont relève le message verbal, de la nature de son destinataire, et de son intention illocutionnaire [47].

— Connotation affective et connotation axiologique :

Bally assimile le problème de la valeur laudative/dépréciative des termes à celui des « caractères affectifs naturels ». Dans sa lignée, Todorov traite en termes de connotation affective l'opposition « crincrin »/« violon ».

Il est certain qu'il existe entre les deux types de connotations d'étroites affinités, dans la mesure où les termes axiologiquement neutres ou marqués ont tendance à être affectivement neutres ou

---

(44) Le problème est différent en anglais, où la langue propose deux mots (« liberty »/« freedom ») qui, d'après S. Ullmann sont synonymes dénotativement, et ne s'opposent que selon l'axe connotatif : terme affectivement neutre/terme dont l'utilisation implique un engagement émotionnel de la part du locuteur.

(45) « Par ailleurs, une trop constante attention à la description rigoureuse risquerait de priver certains mots de leur pouvoir imageant... ».

(46) « Le style procédural exclut toute trace de sentiment ou d'émotion. Des expressions telles que la « pauvre victime », un « spectacle poignant », le « cruel assassin », le « petit cadavre », une « maigreur effrayante » sont donc à bannir absolument, comme n'ayant rien de commun avec ce style, lequel se caractérise, au contraire, par une impassibilité totale devant n'importe quelle situation, par le caractère strictement intellectuel des constatations et des recherches, par une froideur constante du ton... La moindre infraction à la règle d'impassibilité, la moindre saute de ton introduit dans la procédure une incongruité manifeste qui dénonce aussitôt l'amateur » (Louis Lambert, p. 55).

(47) Ainsi, dans un colloque sur les techniques oratoires, organisé par le Centre international de communications orales pour chefs d'entreprises, Michel Debré est amené à distinguer différents types de discours selon le public auquel ils s'adressent : militants, électeurs, collègues, administrés, collaborateurs. Aux premiers, il faut se montrer « affectif, passionné, désintéressé, engagé », aux seconds, il faut « faire comprendre et le cas échéant imposer ce que l'on veut » (d'après Le Monde du 6 décembre 1973).

marqués. Mais ce n'est là qu'une tendance : on peut fort bien avoir une attitude émotionnelle vis-à-vis d'un objet sur lequel on ne porte aucun jugement de valeur, et inversement, envisager sans émotion un objet que l'on juge (cf. l'expression : « C'est beau, mais ça me laisse froid ») [48]. Il convient donc, tout en signalant leurs affinités, de maintenir une distinction entre connotation affective et connotation axiologique [49].

3. — LES CONNOTATIONS AXIOLOGIQUES.

Nous appelons « axiologiques » les unités linguistiques qui reflètent un jugement d'appréciation, ou de dépréciation, porté sur l'objet dénoté par le sujet d'énonciation. Leur problème sera repris ultérieurement, et nous verrons en particulier que :

— Lorsqu'il est de nature linguistique (car on l'a dit, les « choses » sont elles-mêmes le support de cristallisations axiologiques), le signifiant de connotation peut être de nature lexicale ou intonative.

— Le trait axiologique a un statut hybride : il relève à la fois de la dénotation (information sur la bonne/mauvaise qualité de l'objet désigné) et de la connotation (information sur la disposition favorable/défavorable du locuteur à son égard) — mais à des degrés divers, et nous serons amenée à opposer par exemple les couples axiologiques :

nègre / noir		crincrin / violon
(opposition essentiellement connotative)	vs	(opposition connotative *et* dénotative)

— Il existe des affinités entre la connotation axiologique et
● la connotation stylistique (l'utilisation d'un terme de bas/haut niveau de langue tendant à déconsidérer/revaloriser l'objet dénoté) ;
● la connotation affective, ainsi qu'on vient de le voir.

— La connotation axiologique peut relever du diasystème, d'un sociolecte, d'un idiolecte, ou d'un acte de parole particulier.

— Par le jeu des effets contextuels ou de la polysémie (ex. : l'enseignement « primaire », devenu récemment « élémentaire »,

---

(48) De même, Ziff, qui appelle « feeling » la connotation affective d'un terme, remarque que l'adjectif « good » « has a relatively dispassionate feeling » (*Semantic Analysis*, p. 221) : s'il se sent émotionnellement impliqué dans le fait qu'il énonce, un sujet ne dira jamais « It is good that she is dead », ou « « Guernica » is a good painting ». Cet adjectif est donc axiologique, sans être affectif.

(49) Comme exemple de l'autonomie existant entre les deux types de comportement connotatif, citons Lavorel (*Pour un calcul du sens*, p. 173), qui montre qu'une application de la méthode d'Osgood aux productions langagières d'élèves infirmières aboutit aux conclusions suivantes : au cours de leur scolarité, le discours des futures infirmières apparaît comme de plus en plus riche en jugements de valeur, et de plus en plus pauvre en réactions émotionnelles.

expression qui risque à son tour de se voir connotée péjorativement), la connotation axiologique s'insinue dans tous les détours du discours, et il est bien difficile d'en déjouer les effets. Ainsi, les mêmes sujets auront tendance à répondre par l'affirmative, du fait de la connotation positive qui s'attache aux deux termes « liberté » et « solidarité », aux deux questions pourtant contradictoires : « Etes-vous pour la liberté du travail ? » et « Pensez-vous qu'en cas de grève les ouvriers doivent être tous solidaires les uns des autres ? » — constatation qui invite à relativiser les résultats des sondages d'opinion.

— La connotation axiologique a partie liée avec ce que nous avons appelé la « conotation idéologique », et dont nous reparlerons (peu, car nous ne voyons pas encore bien clair à ce sujet) plus tard.

Conclusions.

— On ne saurait remettre en cause l'existence des connotations énonciatives, existence qui se manifeste encore dans la loi de discours imposant, sous peine d'effet burlesque, le maintien d'une certaine homogénéité connotative. Nous l'avons vu à propos de la connotation stylistique. En ce qui concerne la connotation axiologique, la règle peut se formuler ainsi : toute unité lexicale, en relation avec le dénoté correspondant, et pour des raisons parfois obscures [50], peut être affectée d'un indice correspondant à la valeur de prestige ou de trivialité qu'il comporte aux yeux de la communauté linguistique ; seuls les termes relevant à peu près du même indice de valorisation/ dévalorisation peuvent être associés syntagmatiquement dans le discours, et particulièrement dans :

● la coordination [51], qui relie des termes « sur le même plan » de ce point de vue [52] ;

● la comparaison et la métaphore, qui ne doivent rapprocher que des réalités de connotation voisine [53].

Toute infraction à cette loi d'homogénéité, toute rupture nette d'isotopie axiologique, produit un effet burlesque, le burlesque étant provisoirement défini soit comme un contraste interne à l'énoncé entre les différentes connotations stylistiques et axiologiques qu'il

---

(50) Comment rendre compte de la trivialité qui s'attache par exemple aux concepts de « cornichon », ou de « trognon » ?
(51) Contre-exemple de Queneau : « Des radis l'attendaient, et le chat qui miaula espérant des sardines, et Amélie qui craignait une combustion trop accentuée du fricot. La maître de maison gnignote les végétaux, caresse l'animal et répond à l'être humain qui lui demande comment sont les nouvelles aujourd'hui : — Pas fameuses ». La reprise avec synecdoque du genre renforce ici l'effet burlesque de la coordination.
(52) Cf. J. Batany et J. Rony, *Langue française*, n° 9, p. 110.
(53) Cf. Riffaterre, *Langue française*, n° 3, p. 51 : « Le rapprochement de réalités de niveau social ou esthétiques trop différent est décrété abusif ou de mauvais goût... » En voici un exemple d'Alphonse Allais : « La guérite, cet écrin de la sentinelle » (extrait du *Général Poilou de Saint Marc*).

comporte, soit comme un décalage entre les valeurs connotatives attachés aux dénotés et celles que véhiculent les items dénotateurs (description en termes triviaux d'une réalité considérée comme noble, ou l'inverse).

— Ce qui fait problème, c'est le statut précis de ces connotations, et les limites de leur extension. Faut-il traiter en termes connotatifs la totalité des faits énonciatifs, comme le proposent Sumpf et Dubois [54] ? Faut-il considérer que le domaine tout entier de la pragmatique relève de la sémantique connotative, comme le suggère Mounin [55] ? S'il est vrai que les discours de Blum et de Thorez, qu'analyse L. Courdesses [56], sont identiques quant à leur « contenu sémantique », et ne diffèrent que par les modalités de leur énonciation, ces modalités énonciatives non pertinentes dénotativement relèvent-elles toutes de la connotation ? Autant de questions qui ne cessent de hanter la problématique de l'énonciation.

D. — Les connotations comme valeurs associées

« Alors que la signification dénotative constitue le minimum nécessaire pour assurer la communication d'une notion, la signification connotative, proche de ce que certains linguistes appellent les « associations extra-notionnelles », peut être définie comme une sorte de « halo associatif » d'où le mot tire une partie de son action sur les auditeurs. »

La conception de la connotation qui apparaît dans cette phrase de J.M. Peterfalvi [57], et chez bien d'autres linguistes, peut s'expliquer ainsi : dans un contexte donné, un mot donné reçoit une valeur dénotative unique en général (correctif qui sera explicité ultérieurement) ; cette valeur s'intègre à l'isotopie référentielle et assure la cohérence sémantique du discours. Mais bien souvent, ce niveau sémantique, qui est premier et primordial, n'est pas le seul à s'actualiser. Par le jeu de divers mécanismes associatifs, d'autres strates sémantiques se greffent sur la première, constituant autant de valeurs connotatives surajoutées à la signification dénotative. Ces connotations associatives ont les propriétés suivantes :

---

(54) « Des indices comme les adverbes, les temps, les pronoms, etc., indiquent une relation constante entre la source (le sujet d'énonciation) et le discours. La connotation implique quant à elle l'incidence dans le discours du sujet parlant comme producteur spécifique d'un énoncé » (J. Sumpf et J. Dubois, *Langages*, n° 3, p. 5).

(55) *Les problèmes théoriques...*, p. 159.

On pourrait ainsi traiter en ces termes le problème de la valeur illocutionnaire des énoncés. Des phrases telles que « Voudrais-tu tourner le disque ? », « La première face du disque est terminée », seraient dénotativement interrogative et assertive respectivement. Connotativement, ce seraient des énoncés jussifs.

(56) Dans *Langue française*, n° 9, 1971.

(57) *Introduction à la psycholinguistique*, p. 91.

— Leur support signifiant peut être de nature et de dimension variables.

— Leur signifié est additionnel, secondaire, hiérarchisé par rapport au sens dénotatif ; alors que celui-ci s'impose au premier plan de la communication, le(s) sens connotatif(s) se dessine(nt) en filigrane à l'arrière-plan, et même s'il(s) échappe(nt) au décodeur, le message peut être considéré comme « compris » (compréhension minimale).

— Elles surgissent à la faveur d'associations diverses, dont il s'agit ici de cerner le mécanisme.

Exemple : nombreux sont les films récents dont le titre se présente sous la forme : « Le x, le y et le z », x, y et z étant des substantifs dérivés d'adjectifs et dénotant des caractérisations psychologiques (citons, entre autres : « Le vaillant, le traître et l'impitoyable » [58]). Ces expressions ont un sens particulier et dénotent un film particulier. En même temps, elles comportent un même fait de connotation qui les rend, de ce point de vue, synonymes et que l'on peut décrire ainsi :

Signifiant : la structure syntaxique + le sème [psychologique] que comporte le contenu dénotatif des trois adjectifs substantivés (on voit par cet exemple que le signifiant de connotation peut récupérer à son profit n'importe quelle unité du matériel de la dénotation).

Signifié de connotation : « western-spaghetti » dans la tradition de ceux de Sergio Leone (cette valeur est simplement suggérée : il n'y aurait pas de véritable duperie à affubler d'un titre analogue un film d'une tout autre espèce).

Processus générateur de la connotation : le renvoi à l'expression « Le bon, la brute et le truand », titre d'un film de Sergio Leone considéré comme le modèle du genre.

1. — PREMIER PRINCIPE DE CLASSEMENT DE CES CONNOTATIONS : SELON LA NATURE DE LA RELATION ASSOCIATIVE.

Depuis Saussure, on sait qu' « un terme donné est comme le centre d'une constellation, le point où convergent d'autres termes coordonnés » [59]. Ainsi, « enseignement » est au centre d'une série associative, qui comprend :

— les termes qui lui sont sémantiquement apparentés, et dont l'ensemble constitue son champ sémantique ;

— les termes qui lui sont morphologiquement apparentés, soit

---

(58) Ou encore ce western-spaghetti holywoodien de Peter Hankel, « Le sanguinaire, le roublard et le vicieux ».
(59) Saussure, *Cours de Linguistique générale*, Payot, éd. de 1968, p. 174.

par le radical, soit par le suffixe substantif, et dont l'ensemble constitue son champ morpho-sémantique ;

— enfin, les termes qui lui ressemblent du point de vue du signifiant, et dont l'ensemble constitue ce que l'on peut appeler le champ paronymique de l'unité considérée.

A la suite de Saussure, nombreux sont les linguistes qui ont proposé leur catalogue des différents types d'association pouvant relier une unité x à un ensemble d'autres unités apparentées du point de vue du signifiant et/ou du signifié. Citons entre autres :

— Le groupe μ, dans la *Rhétorique générale*, p. 118 : la connotation d'un terme s'y trouve définie comme l'ensemble des « associations du mot avec d'autres mots (en fait, il s'agit... aussi bien des signifiants que des signifiés) et les associations du référent de ce mot avec d'autres entités du monde réel (extralinguistiques par conséquent) ».

— Eco, *La structure absente*, pp. 92-93 (connotation par hyponymie, hypéronymie, antonymie).

— Todorov, *Dictionnaire encyclopédique...*, pp. 327-329.

— Yoshihiko Ikegami, *Linguistics*, n° 33, p. 64 : « La connotation d'un mot peut avoir deux sources : l'association du mot avec d'autres mots de la langue, et l'association que le référent du mot suscite. C'est le cas, par exemple, lorsque le mot « fer » nous fait penser à la « force », et le mot « lys » à la « pureté ». Ces conotations surgissent parce que nous savons que la matière « fer » est « solide », et que la blancheur du lys suggère la pureté immaculée. Elles dérivent de la nature des référents et non des mots eux-mêmes » [60].

A notre tour, nous proposons la classification suivante :

a) L'association repose sur une analogie de signifiant :

1. Identité : association par homonymie et polysémie.

En langue, la plupart des signifiants correspondent à plusieurs sémèmes ; si ces sémèmes sont totalement disjoints, on parle d'homonymie ; s'il existe entre eux des relations perçues intuitivement et qui se peuvent décrire à la lumière des règles générales de métasémémie, on parle de polysémie.

Dans le fonctionnement du discours normal (c'est-à-dire, en dehors des cas d'ambiguïté et de calembour), un seul sémème s'actualise au niveau sémantique de la dénotation.

Mais les autres valeurs sémantiques ne sont pas toujours totalement éliminées pour autant : elles peuvent se maintenir en filigrane et recevoir le statut de valeurs connotées — leur maintien étant favorisé par différents facteurs, tels que :

---

(60) Le texte originel est en anglais.

— Il y a polysémie et non homonymie [61].

— Le sens dénoté correspond au sens figuré de l'unité lexicale.

En effet, le sens propre, de par sa plus grande fréquence, de par son caractère « premier » (en synchronie), est doté d'une plus grande force d'affirmation que les sens « seconds » ; il a donc le privilège de se maintenir plus volontiers, même lorsque ce n'est pas lui que sélectionne le contexte dénotatif [62]. Ainsi, lorsque je parle de la « lubricité » des concepts, je prétends dénoter par là leur instabilité, leur aptitude à déraper, à glisser les uns sur les autres. Mais je ne peux (ni ne souhaite) empêcher l'émergence, au niveau connotatif, de la valeur érotique du terme, qui est en synchronie [63] prévalente.

Comme, on le verra, dans la métaphore, c'est donc le plus souvent le sens propre qui fonctionne au niveau connotatif, et le sens second qui assure la cohérence dénotative.

— Le contexte se prête à l'apparition de cette valeur sémantique, dans la mesure où il comporte une ou plusieurs unités dont certains sens, dénotés ou connotés, relèvent de la même isotopie. La connotation se trouve alors « filée » de la façon suivante :

$$Sa \text{ ——— } Sa' \text{ ——— } Sa''$$
$$Sé_1 \text{ ——— } Sé'_1 \text{ ——— } Sé''_1 \rightarrow \text{ établissement de } I_1, \text{ isotopie dénotative.}$$
$$Sé_2 \text{ ——— } Sé'_2 \text{ ——— } Sé''_2 \rightarrow \text{ constitution d'une isotopie } I_2 \text{ relevant de la connotation } [64].$$

Par exemple, dans ce texte de Joyce (le début du *Portrait de l'artiste en jeune homme*) dont nous avons parlé à plusieurs reprises, l'isotopie de la création artistique se trouve connotée en plusieurs points de l'énoncé par des termes (« brush », « press », « sheet »,

(61) Cependant, même en cas d'homonymie, il peut y avoir contagion sémantique entre les sémèmes. Ainsi, la disparition du subjonctif imparfait, « tué par le ridicule et l'almanach Vermot », selon la formule de Queneau, a peut-être été favorisée par l'homonymie qui existe entre la désinence caractéristique de cette forme, et le suffixe péjoratif « -asse », dont la connotation axiologique a pu déteindre sur la désinence verbale.

(62) Le sens propre, en langue, d'un item lexical, peut en effet s'identifier selon ce critère (entre autres) : il a tendance à se maintenir dans la conscience linguistique lorsque le mot est utilisé figurément (ex. : « une rivière de diamants », « une cuisine lourde »), alors que les sens figurés s'effacent totalement (sauf si le contexte s'y oppose fortement) lorsque le mot est pris au sens propre.

(63) D'un point de vue diachronique, c'est le sens cinétique qui est premier : il s'agit ici d'un « néologisme récurrent » (revitalisation d'un sens disparu).

(64) On peut avoir aussi l'organisation suivante :

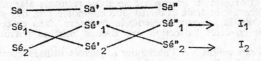

« tissue », et « Dante ») dont aucun ne dénote, et ne pourrait connoter isolément, cette activité « poétique » [65].

— Enfin, des procédés métalinguistiques peuvent être utilisés pour conforter le récepteur dans son décodage, sinon hésitant et perplexe, de la connotation par polysémie [66]. Même une expression telle que « sans jeu de mots » souligne dans sa dénégation l'existence du double sens. Mais voici des exemples plus francs :

« Je dirais volontiers, en acceptant les connotations photographiques et — encore une fois — culinaires du terme, qu'il va les saisir » (Robert Louis, parlant dans *Le Magazine littéraire* consacré à Roland Barthes — mimétisme oblige [67] — (n° 97, fév. 1975), du sémiologue et des « idées-en-forme »).

« La parole emprunte ses tours (au sens stylistique et ludique du terme) à tout un ensemble de codes culturels et oratoires » (Barthes, *La Quinzaine littéraire*, n° 182, 1-15 mars 1974, p. 3).

« On savait que Jarry collabora à plusieurs opéras ou opérettes bouffes — à tous les sens du mot, si nous osons dire : car ces textes ont un aspect alimentaire évident » (M. Arrivé, *La Quinzaine littéraire*, n° 196, 16-31 oct. 1974, p. 14).

2. Ressemblance : association par paronymie.

La paronymie (ou « parhomonymie ») pose les problèmes suivants :

— Frontière, à l'oral, avec l'homonymie.

On peut se demander dans certains cas, en particulier lorsque deux expressions ne placent pas au même endroit la jonction de mots (« petits trous »/« petites roues »), ou qu'elles comportent deux voyelles qui ne s'opposent que par leur degré d'aperture ou d'antériorisation (« mâle »/« mal ») si elles sont homophones ou « parhomophones ». En général, les spécialistes du contrepet et du calembour admettent dans ce cas une homophonie avec « licence phonétique » [68].

— Plus grave est le problème des limites supérieures de la paronymie, dont nous avons déjà parlé. Dans le champ associatif d' « enseignement », Saussure intègre les mots « justement » et « clé-

---

(65) L'isotopie de l'écriture, que Rastier découvre, dans *Salut* de Mallarmé, dissimulée sous celles du banquet et de la navigation, a un statut parfaitement similaire (cf. « Systématique des isotopies », *in* Greimas, *Essais de sémiotique poétique*).

(66) Ils peuvent au contraire tenter de la neutraliser. Ainsi dans cette phrase (*Le Nouvel Observateur*, 13 avril 1974, p. 44) : « une enquête officielle sur les « progrès » de la drogue en France a donné des résultats alarmants », les guillemets visent à écarter le trait évaluatif que comporte l'un des sémènes du mot « progrès » et dont le locuteur souligne le caractère, dans ce contexte, déplacé.

(67) On sait en effet l'affection que Roland Barthes porte à la polysémie actualisée.

(68) Dans l'expression « A l'abricotier », parfois utilisée comme nom d'hôtel côtier, la licence phonétique est double.

ment », qui pourtant n'ont en commun avec « enseignement » que deux ou trois phonèmes, et quatre ou cinq graphèmes, ce qui semble tout à fait insuffisant pour créer le sentiment d'une relation paronymique. Il n'est pas étonnant dans ces conditions que Saussure considère comme « indéfini » le champ associatif d'un terme.

— Le signifiant « Panzani » rappelle paronymiquement, non un mot particulier, mais tout un ensemble de mots italiens. D'autre part, la comparaison du fonctionnement connotatif des deux noms de marques « Panzani » et « Fjord » montre qu'un même signifié de connotation (dans les deux cas, il s'agit de valoriser le produit alimentaire en indiquant qu'il possède le pouvoir quasi magique de transporter à peu de frais son consommateur dans le pays de ses rêves [69]) peut reposer sur des techniques variées (Panzani : connotation par paronymie ; Fjord : connotation par polysémie, le sens dénotatif du terme originel étant relié par métonymie au sens connotatif du terme publicitaire).

— Notons enfin que l'analogie (identité ou similitude) des signifiants peut être envisagée sur le plan phonique et/ou graphique.

b) *L'association repose sur une parenté de signifiant et de signifié :*

1. Dans un système linguistique où la motivation paronymique serait généralisée, il y aurait corrélation entre la distance phonétique et la distance sémantique séparant deux unités lexicales. Rien de ce genre n'existe dans les langues connues. Tout au plus peut-on signaler en français quelques cas isolés de paronymes para-synonymes, qui donc ont doublement tendance à s'appeler mutuellement : père/mère, cerise/merise, imbriqué/intriqué, etc.

2. Le seul cas fréquent de termes entretenant des relations à la fois sur le plan du contenu et sur le plan de l'expression est donc celui des mots appartenant à la même famille morphologique (ou champ morpho-sémantique).

c) *L'association repose sur une affinité sémantique :*

1. Identité = synonymie.

2. Analogie =

● para-synonymie (qui pose le même problème que la paronymie : combien de sèmes faut-il que deux termes possèdent en commun pour qu'ils puissent être considérés comme des para-synonymes, et que puisse fonctionner le mécanisme associatif ?) ;
● antonymie et contraste ;
● domination (hyponymie et hypéronymie).

_____

(69) Cf. la publicité filmique de « Fjord » qui illustre visuellement le thème : « C'est drôle, quand je mange du Fjord, je me croirais en Norvège ».

Les termes qui entretiennent une relation sémantique étroite ont tendance à s'évoquer mutuellement, et c'est pourquoi, dans la liste qu'il propose des différentes connotations, Eco admet « les cas où /tulipe/ connote la classe « fleur » à laquelle elle appartient (hyponymie)... Ainsi /fleur/ peut connoter ses propres sous-espèces, dont /tulipe/, par hypéronymie. De la même manière un terme (par ex. : /femme/ peut connoter son propre antonyme (/mari/) » [70].

d) *L'association relève d'affinités combinatoires.*

Lorsque deux termes constituent ensemble une lexie, ou lorsque leur association syntagmatique est particulièrement fréquente [71], ils ont aussi tendance à s'appeler l'un l'autre ; ainsi un sujet français associera volontiers le substantif « pot » à l'adjectif « sourd ». Ces virtualités combinatoires jouent un rôle primordial dans les comportements associatifs des sujets parlants, et peuvent colorer, même dans un contexte qui ne s'y prête pas, le sémantisme d'une unité lexicale, par exemple [72] :

« dominical » connote (même dans une expression comme « l'édition dominicale du *Progrès* ») les rites ecclésiastiques du dimanche ;

« ancillaire » connote les amours ainsi qualifiées ;

l'expression « hard core » ne peut plus être utilisée sans évoquer infailliblement l'idée du cinéma pornographique [73].

Les connotations qui reposent sur ce phénomène de « rection sémantique » [74], peuvent être appelées « connotations par collocation ».
Elles sont très proches des connotations intertextuelles, auxquelles elles s'opposent seulement sur l'axe : relèvent du diasystème (les collocations sont inscrites dans le code lexical) / prennent naissance dans un idiolecte textuel.

---

(70) *La structure absente*, p. 93.
(71) C'est le cas, entre autres, des « épithètes de nature » tels que « (vœu) pieux », « (révision) déchirante », « (technique, ridicule) achevé(e) », « (art) consommé », « (ironie) mordante », « (agitation) fébrile », « (révolution) copernicienne », etc.
(72) Soit le dialogue de Ionesco (dans *Tueur sans gages*) :
« Après le travail, il faut organiser la détente.
— Une détente très sévère.
— Il faut forcer la détente ».
Par un double jeu connotatif (« forcer » → « travail (forcé) » : connotation par collocation + « détente » → « travail » : connotation par antonymie), le mot « détente » en vient à signifier son contraire.
(73) Cet effet n'est sûrement pas voulu par Ricœur lorsqu'il écrit dans *La métaphore vive*, p. 144 : « Il faut donc admettre que... les mots ont une signification permanente par laquelle ils désignent certains référents et non d'autres. Le sémanticien est celui qui tient que les mots ont un *hard core* que les contextes ne modifient pas ».
(74) L'expression est de Bernard Pottier, et désigne le fait que chaque lexème possède « un certain nombre de virtualités combinatoires qui peuvent être caractérisées par un indice très approximatif de probabilité », par exemple : « partager » : + « entre » : 60 % ; + « en » : 30 % ; « avec » : 5 % (cf. « Vers une sémantique moderne », p. 130).

e) *L'association repose sur certains emplois antérieurs de l'unité linguistique, dans certains contextes privilégiés, qui se trouvent intégrés à la culture du sujet :*

Par le jeu de l'allusion, de l'intertextualité, de la référence et de la réminescence culturelles, les mots sont le support de cristallisations connotatives potentielles, qui ne demandent qu'à s'actualiser dans certaines circonstances contextuelles ou situationnelles. Ainsi, le mot « soleil » peut évoquer le roi soleil, les soleils noirs de Nerval, les soleils mouillés de Baudelaire, les morts soleils de Pierre Jean Jouve [75]. L'enrichissement connotatif peut aussi résulter d'un traitement antérieur, non pas linguistique, mais plus largement sémiologique, du concept en question, et l'on retrouve alors ce qu'Eco appelle les « connotations par traduction en un autre système sémiotique » : « Il nous suffit de constater que le mot /chien/ connote d'autres icones de chiens que nous avons vues antérieurement. D'habitude, les analyses sémantiques ne tiennent aucun compte du fait que la réduction de la communication à la langue verbale n'est qu'une simplification de linguiste et que notre appareil mental (et culturel) emploie d'une manière souvent confuse les codes les plus divers. Qui a dit que les mots n'évoquent que d'autres mots ? » [76].

Ces connotations peuvent être dites « intertextuelles » — et « intersémiotiques » dans le cas signalé par Eco.

f) *L'association repose sur une relation référentielle :*

— Nous l'avons dit, les objets extralinguistiques sont eux-mêmes le lieu de valeurs connotatives (ex. : chien → fidélité ; noir → deuil ; acier → force ; lis → pureté, etc.) que la langue récupère à son profit lorsqu'elle convertit en dénotés de signes ces objets qui lui préexistent. Ces connotations que l'on appelle parfois « symboliques », et qui se définissent par la nature particulière de leur support signifiant (il s'agit du dénoté extralinguistique) ont la propriété d'être en général partagées par l'ensemble de la communauté [77].

— En revanche, d'autres connotations référentielles (et, par contre-coup, linguistiques), étant liées à l'expérience intime d'un sujet, sont de nature idiolectale. Ainsi pour Martinet, le terme de « sansonnet » n'est pas synonyme, connotativement du moins, « d'étourneau » : un sansonnet, « c'est aussi les immenses herbages de Normandie, les vols des sansonnets en automne, qui font un bruit que j'entends à chaque fois que je parle de sansonnets ». Ce texte,

---

(75) Autre exemple : le « lièvre » évoque infailliblement, pour un sujet français, la « tortue ». Cela tient sans doute à l'antonymie connotative que l'on perçoit entre les deux termes (lièvre → rapidité/tortue → lenteur) ; mais aussi, à la fable de La Fontaine.
(76) *La structure absente*, p. 93.
(77) Et parfois, par elle seule : ces associations sont souvent conventionnelles. Ainsi, c'est le blanc qui dans certaines civilisations symbolise le deuil.

repris par Mounin [78], est on ne peut plus explicite : il indique à la fois
la genèse de la connotation (liée aux conditions extralinguistiques
d'acquisition du concept), sa nature d'abord référentielle (« le sansonnet, c'est aussi... » — expression que l'on pourrait traduire par
« connote » — « ... les immenses herbages de Normandie » : l'association repose d'abord sur une contiguïté référentielle entre les deux
objets), et secondairement linguistique (l'énonciation du terme fonctionnant comme déclencheur du mécanisme associatif).

Les connotations de ce type sont parfois désignées par le terme
d' « image associée »[79-80], terme qui semble le plus approprié pour
désigner cette « image intérieure formée du souvenir des impressions
sensibles et des actions externes ou internes auxquelles je me suis
livré »[81], cet ensemble de valeurs que chacun associe, sur la base de
son expérience personnelle du référent, au concept.

C'est cette image associée que prétend cerner le différenciateur
sémantique d'Osgood. La méthode est maintenant suffisamment
célèbre pour qu'il ne soit pas nécessaire d'entrer dans les détails [82].
Disons qu'en gros, elle consiste à demander à des sujets de faire

---

(78) Mounin, chez qui l'on trouve de nombreux développements sur ce thème.
Ainsi, dans *La communication poétique*, les connotations sont définies comme
« les éléments qui, à la frange du signifié, rattachent le signifiant aux situations
vécues les plus concrètement individuelles, du locuteur ».

(79) Lorsque Lévi-Strauss remarque que pour lui, « fromage » et « cheese »
ne sont pas synonymes, il faut préciser que la différence sémantique est de nature
connotative, et relève de l'image associée (dans laquelle interviennent des facteurs
référentiels, et peut-être aussi phonétiques) : « Quand je prononce « fromage »,
je m'imagine une « pâte grasse », assez lourde, onctueuse, peu friable, de saveur
épaisse ; avec « cheese », le fromage s'allège, il devient frais, un peu aigre, et
s'escamote sous la dent ».

(80) Les connotations dont nous parlons ici sont proches des connotations
affectives : souvent en effet l'image associée accroît la charge émotionnelle de
l'unité. Peut-être pourrait-on regrouper dans la catégorie générale des « connotations psychologiques » celles qui agissent sur l'affectivité, et celles qui relèvent
de l'imaginaire ; cf. M. Le Guern : « ...Les connotations psychologiques, qui
prennent le plus souvent la forme de l'image associée... » (*Sémantique de la
métaphore...*, p. 21). Nous verrons plus loin le parti que Le Guern tire du concept
d' « image associée » dans la description de la métaphore.

(81) La formule est de Frege : « La représentation associée à un signe doit
être distinguée de la signification et du sens de ce signe. Si un signe dénote un
objet perceptible au moyen des sens, ma représentation est une image intérieure
formée du souvenir des impressions sensibles et des actions externes ou internes
auxquelles je me suis livré. Dans cette image, les sentiments pénètrent les représentations ; la distinction de ces diverses parties est inégale et inconstante. Chez
le même individu, la même représentation n'est pas toujours liée au même sens.
Car la représentation est subjective ; celle de l'un n'est pas celle de l'autre... »
(cité par Herbert Brekle, *Sémantique*, p. 50). Le même concept se rencontre déjà
dans *La logique...* de Port-Royal, pp. 65-66.

(82) Pour ces détails, voir :
— Ch.E. Osgood, G.S. Suci et P.H. Tannenbaum, *The measurement of mea-
ning*, Urbana, University of Illinois Press, 1957, 8e éd. 1971 ;
— S. Fisher, « The measurement of meaning », in *Linguistics*, n° 22, 1966 ;
— R. Lindekens, « Essai de description d'un espace sémantique », in *Cahiers
de lexicologie*, n° 12, 1968₁, pp. 15-36.

correspondre à une unité (linguistique ou non linguistique [83]) proposée comme stimulus, une série d'échelles bipolaires correspondant
à des couples d'adjectifs antonymiques, et découpées en sept catégories graduelles :

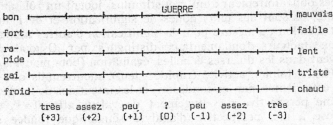

Les réponses une fois collectées sont soumises à l'analyse factorielle, qui permet de dessiner le profil de la signification connotative
d'un terme, et d'évaluer la distance sémantique qui sépare les différents concepts proposés.

Cette méthode appelle plusieurs remarques :

— Problème du choix des axes antonymiques : bien qu'Osgood
répète à plusieurs reprises qu' « il n'existe pas d'échelles standard »,
la tentation est grande de proposer toujours, sans se soucier de leur
pertinence, les mêmes axes différenciateurs, et d'appliquer aveuglé-
ment le modèle canonique, ce qui contraint les sujets testés à des
décisions souvent arbitraires et aléatoires.

— L' « espace » et la « distance sémantiques » dont il s'agit ici
sont de nature connotative. Plus précisément, la méthode permet de
mettre en évidence :

● les connotations affectives et axiologiques qui s'attachent à la
signification individuelle ou trans-individuelle des termes testés ;

● les propriétés qui, sans recevoir le statut de sèmes, sont fréquemment associées au signifié, telle « confort » pour un mot comme
« fauteuil ».

● les associations d'origine référentielles que le mot draine dans
son sillage, et qui entrent dans la constitution de son image associée.

— La méthode présuppose qu'à partir de

1. le sujet associe à l'item x l'item y,
on peut inférer

2. le sujet attribue (connotativement) à x la propriété dénotée
par le terme y.

___

(83) Par exemple, une image photographique, qui peut être connotée différemment selon les sujets testés. Ainsi la même affiche représentant une femme
se promenant dans une forêt hivernale évoque respectivement, d'après une étude
publiée dans *Réalités* (sept. 1975), pour des sujets citadins et ruraux :
— la liberté, le bonheur, la gaieté ;
— la solitude, l'ennui, la tristesse.

On peut donc se demander si les associations que met en évidence le différenciateur sémantique sont de nature linguistique ou métalinguistique, et s'inquiéter de cette ambiguïté que signale Molino : « Les couples d'adjectifs antonymiques qui constituent les échelles associées obligatoirement à un mot-stimulus, jouent un rôle ambigu : d'un côté, ils sont des mots doués de signification et de l'autre, ils servent d'étalon de mesure pour la signification d'autres mots. Ainsi, les trois facteurs fondamentaux distingués par Osgood qui se retrouvent dans les diverses échelles, évaluation (bon- mauvais), puissance (fort - faible), activité (rapide - lent), montrent-ils que l'association est orientée, par les conditions et les intentions de l'expérience, dans une perspective de « jugement de valeur affectif »[84], qui se superpose à une perspective d'analyse sémantique fondée sur la synonymie : l'association de « courtois » à « très bon » et un jugement de valeur, l'association de « courtois » à « très détendu » et une analyse sémantique fondée sur une synonymie plus ou moins lointaine et métaphorique »[85].

Il est vrai que les relations qui sous-tendent ces associations lexicales x - y sont extrêmement hétérogènes. Tantôt elles reflètent l'existence d'une relation interne d'appartenance (d'une valeur sémantique explicitée par y, au contenu sémantique de x), tantôt une relation lexématique externe. La difficulté tient à la forme du test : les associations x - y sont nécessairement formulées « in praesentia », ce qui nivelle artificiellement des relations dont le statut est en réalité divers.

Ce qui nous amène à introduire au sein des mécanismes associatifs une distinction dont le champ d'application excède largement le domaine de la métaphore dans lequel elle se confine généralement : nous dirons qu'entre deux unités linguistiques x et y, la relation est

● « in praesentia » si elles figurent toutes deux dans la séquence réalisée ;

● « in absentia » si x, seule explicitement présente, suscite pour diverses raisons l'émergence implicite de y absente.

2. — SECOND PRINCIPE DE CLASSEMENT :
ASSOCIATION IN PRAESENTIA/IN ABSENTIA.

Depuis Saussure, on a tendance à poser les équivalences :

● relations paradigmatiques = in absentia ;
● relations syntagmatiques = in praesentia.

Les choses en réalité se présentent ainsi :

— Dans le code lexical, chaque unité constitue le centre d'un réseau de relations paradigmatiques (associations par ressemblance

---

(84) Cette formule confond les axes affectif et axiologique.
(85) J. Molino, « La connotation », in La linguistique, n° 7, 1, 1971, p. 22.

sémantique et/ou phonétique) et syntagmatiques (associations par affinités combinatoires). Ces relations sont toutes virtuelles, c'est-à-dire in absentia.

— Lorsque l'unité est actualisée dans un énoncé, elle se trouve à l'intersection des deux axes paradigmatique et syntagmatique, et entretient des relations :

● in absentia avec d'autres unités qui pourraient figurer à sa place ;

● in praesentia avec les éléments de son environnement linguistique.

Ces relations peuvent alors, dans certaines circonstances, l'enrichir de valeurs connotatives, dont voici quelques exemples :

Relation virtuelle au sein du code	Effets connotatifs résultant dans l'énoncé de cette relation	
	in absentia	in praesentia
Paronymie	Connotation par évocation du paronyme absent.	Connotation par paronomase (la paronomase étant l'exploitation syntagmatique de la paronymie).
Synonymie	Connotation par évocation du synonyme absent.	Connotation par métabole (métabole ou synonymie = exploitation syntagmatique de la synonymie).
Domination	Synecdoque du genre/de l'espèce in absentia.	Synecdoque du genre/de l'espèce, in praesentia.
Polysémie	— Syllepse in absentia. — Métaphore in absentia [86].	— Syllepse in praesentia. — Métaphore in praesentia.

Selon que la relation est in praesentia ou in absentia, le mécanisme connotatif est de nature très différente. La relation in absentia crée toujours un enrichissement sémantique : au sens dénotatif de l'unité actualisée x se surajoute sous forme de connotation simplement suggérée celui de l'unité absente à laquelle x fait penser. La relation in praesentia se contente de renforcer le lien existant entre les deux unités [87] (ainsi la paronomase double la relation sémantique dénotative d'une connexion connotée par la parenté phonétique), en instaurant en outre une connotation stylistique (l'exploitation syntagmatique d'une relation paradigmatique particulière produisant en général l'effet rhétorique d'une figure).

----

(86) La métaphore d'invention pouvant être considérée comme l'instauration d'une polysémie inédite.

(87) A des degrés divers. Ainsi, le lien est beaucoup plus fort dans la métaphore in absentia (qui pose l'équivalence dénotative de x et y), que dans la paronomase par exemple.

a) Associations in praesentia :

Le problème qui nous intéresse ici est le suivant : quels sont les effets sur le sémantisme d'une unité x de son environnement linguistique ?

— Sur le plan dénotatif, le contexte joue un rôle sélectif. Parmi les sémèmes attachés virtuellement au signifiant lexical, il élimine ceux qui ne sont pas adéquats à l'isotopie, selon un processus combinatoire dont ont rendu compte, à leur manière, Pottier, Greimas, Katz et Fodor, Katz et Postal, et Weinreich, entre autres.

— Sur le plan connotatif, les collocations contextuelles ont un effet souvent décrit en termes d'addition, de surcharge sémantique. Ainsi, d'après H. Mitterand [88], l'insertion d'un mot dans un énoncé le charge de « sur-significations » inédites, non prévisibles par le code lexical, qui se greffent sur son contenu originel à la faveur des réseaux sémantiques que le texte tisse progressivement. Même idée chez J. Proust : « Le contexte global de l'œuvre... charge chaque mot de connotations bien précises » [89].

Si l'on regarde de plus près les mécanismes connotatifs décrits dans cet article, on est amené à distinguer :

● Les connotations qui sont en réalité in absentia, et que peut prévoir le code lexical, mais dont l'actualisation exige un contexte adéquat. Par exemple, dans la scène finale de *Manon Lescaut*, le mot « sable » renvoie à « poussière », absent de l'énoncé (connotation par para-synonymie), lequel connote l'idée de mort (connotation symbolique). Seuls les réseaux sémantiques profonds qui sillonnent le roman permettent le fonctionnement de ce double mécanisme associatif, qui n'est pas cependant totalement imprévisible hors contexte.

● Les connotations par collocation proprement dites, dont la genèse peut être décrite comme suit : une unité x, apparaissant dans un contexte C_2, récupère les valeurs dont l'a chargée un contexte antérieur C_1. Par exemple, « les yeux fins » connotent (= rappellent) « l'air si fin, si doux », lequel connote à son tour « l'air charmant » : « Ainsi se constituent des séries de termes qui, dans chaque champ qui les attire à son tour, conservent pour ainsi dire l'empreinte mnémonique de tous les champs parcourus avant lui. Chaque terme étant au point de croisement de deux ou trois séries, nous voyons se tisser à mesure que le récit s'ordonne une sorte de gaze impalpable... ». Cette accumulation linéaire de sèmes contextuels qui font boule de neige dans un énoncé donné relève de sa structure sémantique propre et ne peut relever que d'une description immanente au texte.

_____

(88) Voir « Corrélations lexicales et organisation du récit... », article dans lequel Mitterand distingue les effets à distance de la « cooccurrence » de termes éloignés syntagmatiquement, de ceux des « collocations » qui relient des termes contigus.
(89) *Littérature*, n° 4, p. 7.

— On aimerait pouvoir dire, avec Heger, que « rien ne peut exister dans la parole sans exister en même temps dans la langue », et proposer un modèle tel que les valeurs sémantiques identifiables dans un énoncé particulier soient exhaustivement prévues dans le code où elles préexisteraient en puissance. Il semble qu'en réalité l'actualisation sémantique d'un mot s'effectue ainsi :

● Plan dénotatif : sélection d'un (en général) sémème dont tous les sèmes s'actualisent [90].

● Plan connotatif :

— sélection au sein du vaste stock des connotations associatives dont une unité est susceptible de se charger (par polysémie, synonymie, antonymie, paronymie, association symbolique, etc.) de celles seulement que favorise le contexte dénotatif ou connotatif. Ex. : l'adjectif de couleur, dans l'expression « il portait un manteau noir », peut se charger d'une connotation lugubre (qu'il conviendra de signaler dans le code lexical), à condition que l'isotopie dénotative comporte le sème de « mort », ou que cette valeur se trouve connotée par d'autres mots du contexte ;

— addition éventuelle de valeurs inédites, dont le code ne peut prévoir la nature, mais dont il peut, à défaut, spécifier la genèse.

Il est sans doute illusoire de prétendre ramener au seul mécanisme de sélection la totalité des phénomènes qui interviennent dans l'actualisation sémantique d'une unité lexicale. Mais plus on aura une conception extensive du code, plus sera riche la description des valeurs connotatives virtuelles attachées à un signifiant, et plus seront nombreux les cas d'addition réductibles à des cas de sélection. Une description sémantique du lexique doit donc :

— spécifier le plus grand nombre possible de valeurs (dénotatives et connotatives) dont sont susceptibles de se charger les signifiants lexicaux ;

— comporter des règles du type « si... alors », indiquant les conditions contextuelles qui permettent l'actualisation de telle ou telle de ces valeurs virtuelles.

b) Associations in absentia :

Seules nous intéressent ici les associations qui sont toujours in absentia. C'est par exemple le cas :

1. des connotations par contiguïté référentielle, qu'elles soient

---

(90) Avec, éventuellement, modification de leur hiérarchie interne : « Tout se passe comme si le contexte activait certains sèmes du signifié et en offusquait d'autres » (H. Besse, *Langue française*, n° 8, p. 65).

partagées par l'ensemble de la communauté (connotations symboliques), ou propres à un sujet particulier (images associées) [91] ;

2. des connotations par allusion à un énoncé antérieur, faisant
partie de la compétence culturelle de la communauté à laquelle
s'adresse le message allusif :

Soit le slogan publicitaire : « Tendre est la nuit à bord du
France ». Cette phrase possède un certain contenu dénotatif. En outre,
elle rappelle une autre phrase supposée connue du destinataire (à
savoir le titre d'un roman de Scott Fitzgerald), et ce rappel l'enrichit
d'une connotation stylistique (l'allusion fonctionnant comme un indice
de la culture du sujet parlant), peut-être aussi d'une valeur plus
spécifique (évocation d'une atmosphère luxueuse, raffinée, nostalgique,
un peu décadente). Le signifié de connotation véhiculé par l'allusion
est en effet plus ou moins chargé selon les cas. Lorsqu'une marque
de bas vante son produit au moyen du slogan « Bonjour souplesse »,
l'allusion est gratuite, c'est un pur clin d'œil, c'est l'indice d'une
culture et l'instrument d'une connivence ; les seuls traits qui constituent le signifié de connotation sont les suivants : (cultivé), et
(ludique). En revanche, le titre du film de R. Devos et F. Reichenbach :
« La raison du plus fou », rappelant par substitution paronymique et
restitution du prédicat, le vers de La Fontaine : « La raison du plus
fort est toujours la meilleure », suggère qu'il s'agit dans ce film d'une
sorte d'éloge de la folie, et c'est le mécanisme de l'allusion qui porte
à lui seul le poids de cette valeur sémantique pourtant importante.

Le procédé de l'allusion [92] est souvent exploité par la rhétorique
publicitaire. Nous en avons relevé les exemples suivants :

● Allusion à une phrase historique :

Ralliez-vous à la capsule blanche des piles Wonder.
L'Eclat, c'est moi. Bijoux Murat.
Connaisseurs de tout le pays, unissons nous.

● Allusion à une formule religieuse :

Heureux ceux qui n'ont pas de capitaux, car ils gagneront plus.

---

(91) Connotations que l'on peut reconnaître, bien que le terme n'y soit pas
utilisé, dans ce texte de Todorov (*Dictionnaire encyclopédique...*, p. 325) : « A
l'intérieur d'une société donnée, qui peut être ou non coextensive avec une
communauté linguistique, et pendant une période donnée, d'autres significations
s'ajoutent au sens proprement linguistique : par exemple, le chien est associé
pour nous à la fidélité, bien que cette qualité ne soit pas partie du sens linguistique (lexicographique) du mot. Les linguistes répugnent à s'occuper de ce type
de significations, sous prétexte qu'il est impossible d'en traiter avec rigueur ;
mais celles-ci ne cessent pas d'exister pour autant. Le degré le plus faible du
codage est l'association *personnelle* : par exemple, le chien évoque pour moi mon
frère, qui en avait jadis un. Ce type de signification et les modalités de sa
production sont étudiés dans une perspective psycholinguistique ».
(92) Qui est envisagé par Pottier dans la rubrique « Connotation analogique »
(*Linguistique générale*, p. 76).

Et A.M.P. créa la connectique.
Saint-Marc, lavez pour nous.
Pour être à l'heure exactement, une montre Lip achèteras, chez
l'horloger bijoutier uniquement.

● Allusion à un proverbe, ou une formule stéréotypée :

Les petites Visseaux font les grandes lumières.
Les petits kilos de trop font les grandes misères.
Avec la gamme Lipton les plaisirs se suivent et ne se ressemblent pas.
Les chiens aboient, les Lee Cooper passent.
Dites-moi quel est votre type de peau, je vous dirai quelle plante est
douce à votre type de beauté.

● Allusion à une citation littéraire (en général devenue prover-
biale) :

On a toujours besoin de petits pois chez soi.
L'eau Perrier a ses raisons que votre organisme doit connaître.
Ma chemise contre un Perrier !

● Allusion à un titre d'ouvrage littéraire :

Tendre est la nuit à bord du France.
Les hommes préfèrent les Braun [92 bis] (on passe ici de la phrase
originelle à l'énoncé transformé par une substitution antonymique :
blondes → brunes, puis paronymiques : brunes → Braun).
Histoire d'eau.

● Allusion à un titre de film :

Ruée vers l'ordre (cf. « La ruée vers l'or », film de Chaplin).
L'homme tranquille de B.E.A. vous attend à Orly (cf. « L'homme
tranquille », de Ford).

● Allusion à un titre d'œuvre musicale :

Invitation à la Daf (cf. « L'invitation à la valse », de Weber).
Rhapsodie en Blouses (cf. « Rhapsody in Blues », de Gershwin).
à une phrase d'opéra :
Je ris de me voir Cybo en ce miroir (si belle → si beau → Cybo).

● Allusion à une phrase de chanson :

Il est revenu le temps des tartines (du muguet).
En hiver le Club nous échange notre coin de parapluie contre un
coin de parasol (cf. Brassens).

● Allusion à un titre de journal :

Peut-on être méchant sans être bête ? Peut-on être internationaliste
sans être idiot ?... Lisez « Lutte ouvrière » (formule qui évoque « Hara-
Kiri » d'abord, puis « L'idiot international »).

(92 bis) En vérité, cet exemple figurerait à plus juste titre dans la rubrique
suivante : le film est plus connu que le livre.

● Allusion à un slogan publicitaire :

Un meuble acheté au Faubourg
Est garanti pour toujours.
Un meuble offert par Messidor
Durera plus longtemps encore.

Ces deux formules publicitaires plagient le très célèbre « Un meuble signé Lévitan - Est garanti pour longtemps », que l'on considère généralement comme le premier slogan véritable de l'histoire de la publicité, et surenchérissent par rapport à lui (longtemps → toujours ; plus longtemps encore). L'allusion, totalement implicite dans le premier slogan, qui est parfaitement grammatical en lui-même, s'explicite dans le second à cause du présupposé contenu dans la structure comparative, qui ne se justifie qu'en référence à la phrase-source. Même chose, de façon plus évidente encore, dans la formule « Quand je les ouvre, je vais au Louvre » (il s'agit du grand magasin parisien) qui pastiche avec bonheur le slogan « Les yeux fermés, j'achète tout au Printemps », et reste totalement incompréhensible sans cette référence qui donne à l'anaphorique un antécédent. On voit donc que l'allusion :

— peut ne se fonder sur aucun indice particulier dans la phrase allusive. Seule la ressemblance entre les deux énoncés (et parfois, le caractère quelque peu tarabiscoté du deuxième) suscite la réminiscence ;

— peut comporter un indice sous forme de présupposé (cf. le slogan de Messidor), ou de sous-entendu (comme dans celui-ci : « Chez nous, ce n'est pas le banquier qui a le sourire, c'est le client », où « chez nous », ainsi que la locution encadrante du thème : « c'est... qui », sous-entendent : il n'en est pas de même dans toutes les banques — perfide allusion au sourire quelque peu vampirique du banquier de la B.N.P.) ;

— enfin, peut être indispensable pour normaliser la phrase allusive, et rendre possible son décodage dénotatif.

La figure rhétorique qu'est l'allusion est donc encore bien vivante. Elle permet d'instaurer entre l'énonciateur et le récepteur une certaine connivence ludique et culturelle. Au linguiste elle pose le problème de l'imbrication des compétences linguistique et culturelle. A l'encodeur elle pose celui de la réussite du décodage : pour que l'allusion « passe », il faut en effet qu'elle puise dans un fonds culturel commun, nécessairement pauvre lorsque le message s'adresse au grand public, et réduit aux dimensions des pages roses du dictionnaire[93]. Même dans les énoncés plus sophistiqués que les slogans publicitaires,

_____

(93) Par exemple le corpus des « phrases (pseudo-) historiques » utilisables ne doit guère excéder la dizaine d'unités. On rencontre ainsi dans « Astérix et Cléopâtre » :
— « Du haut de ces pyramides, vingt siècles nous contemplent ».
— « Nous sommes ici par la volonté de Cléopâtre, et nous ne repartirons que le travail terminé ».

on constate que l'allusion reste timide, et qu'elle n exploite que le fonds limité des citations passe-partout, comme dans cet article extrait du *Monde* : « Il a un moment sauvé la face grâce à une petite élite coûteusement entretenue pour s'apercevoir soudain que tout était dépeuplé dès lors qu'un seul être manquait. Pour s'apercevoir qu'autour de lui la progression avait été telle qu'il lui devenait inutile de courir faute d'être reparti à point » [94-95].

Signalons pour terminer :

— Que la connotation que Josette Rey-Debove appelle « autonymique » [96] (ex. : « Par le temps qu'il fait, nous n'aurons guère cette nuit de « faucille d'or dans le champ des étoiles » ») n'est autre que cette connotation par allusion, qui relève à la fois

● de la connotation par association, et

● de la connotation énonciative, dans la mesure où ces citations plus ou moins fidèles d'un locuteur réel ou virtuel, que signalent en général des guillemets fonctionnant comme connotateur, instaurent une distance entre le sujet d'énonciation et son énoncé, dont il refuse la totale paternité.

— Que l'allusion se retrouve dans d'autres systèmes sémiologiques, tels que la peinture, la musique (ex. : les quelques notes de la « Marseillaise » qui apparaissent ironiquement dans l' « Ouverture 1812 » de Tchaïkovski) ou le discours filmique (ex. : dans « Bananas » de Woody Allen, un landeau dégringolant un escalier au cours d'une révolution de palais menée par des colonels d'opérette, rappelle sur le mode de la dérision burlesque le très célèbre plan du « Cuirassé Potemkine »).

---

(94) Article de François Simon sur le sport français, dans *Le Monde* du 1er janvier 1973.

(95) Voici quelques exemples encore :

— « Ah ! Certes, on n'est pas avare de promesses. Chacun les prodigue, les préfets, les ministres, l'empereur. Et puis, la route poudroie, rien n'arrive » (Zola, *La Terre*).

— « ...tous ces rondouillards à pantoufle qui s'excitent devant la lucarne de la T V » (J.L. Bory, *Ma moitié d'orange*, Julliard, p. 26) (allusion aux « étranges lucarnes »).

— « Ce qui est monème en deçà de l'Atlantique est morphème au-delà » (Lavorel, *Pour un calcul du sens*, p. 13).

— « Saluons surtout cette ouverture du Moyen Age à la réflexion de l'homme moderne : « A bas le Moyen Age ! Le Moyen Age est dépassé ! » : sottises que vous lisez inscrites à la peinture ou à l'encre rouge sur les murs des universités ou en marge des dissertations. Lisez plutôt P. Zumthor et voyez ce dont ont été capables l'ingéniosité et l'habileté d'écrivains d'autrefois à l'esprit jeune, au langage neuf, neiges que n'a pu faire fondre le vent chaud d'aucun printemps » : cette tirade de Daniel Poirion (*Le Monde* du 17 nov. 1972) culmine sur une métaphore filée combinée avec une double allusion (aux neiges d'antan de Villon, et au printemps chaud de mai 68).

— « Le « quai » dans les brumes » : titre d'une série d'articles parus dans *Le Monde* (du 10 au 14 octobre 1975), dans lesquels Maurice Delarue analyse la situation des diplomates français. L'allusion au titre du film de Carné-Prévert est ici permise par l'emploi « prégnant » du substantif « quai ».

(96) Voir l'article de *Littérature* n° 4 intitulé « Notes sur une interprétation autonymique de la littérarité : le mode du « comme je dis » ».

3. L'intertextualité.

Le jeu des renvois allusifs d'un texte à un énoncé antérieur tend maintenant à être régulièrement désigné par le terme d' « intertextualité » : c'est le mécanisme selon lequel un texte T_2 se trouve enrichi de certaines valeurs sémantiques provenant de son intertexte T_1, que Michel Arrivé définit comme « l'ensemble des textes qui entrent en relation dans un texte donné. Cet intertexte peut naturellement prendre des dimensions variées. Le cas limite est sans doute constitué par le recueil de pastiches, dont l'intertexte est constitué par l'ensemble des textes pastichés » (p. 28).

C'est à Arrivé que l'on doit l'analyse la plus approfondie du fonctionnement intertextuel. Dans *Langages de Jarry*, il tente en effet de classer les différents types de relations intertextuelles, et propose la distinction suivante :

— T_2 a T_1 pour contenu : « Un texte peut avoir pour contenu un autre texte. On parlera alors de texte métasémiotique. Ainsi, « César-Antéchrist » est, à certains égards, métasémiotique à l'égard d'Ubu Roi : il dit quelque chose à l'égard d'Ubu Roi, et par là, transforme Ubu Roi » (p. 27).

— T_2 a T_1 pour expression : cette possibilité, qui n'est « guère exploitée » par Jarry, n'en est pas moins théoriquement concevable.

— T_2 transforme T_1. Ainsi, « l'insertion de la quasi-totalité du texte d'Ubu Roi dans César-Antéchrist ressemble à une transformation d'enchâssement » .

Les formules utilisées sont parfois un peu approximatives : ce n'est pas la même chose de « dire quelque chose sur T_1 » et d' « avoir T_1 pour contenu », même si ce glissement fonde la plupart des définitions du métalangage [97]. Il serait plus juste de dire que les relations intertextuelles se laissent classer selon deux axes :

— les éléments de T_1 que récupère T_2 se localisent plutôt au niveau de l'expression, ou plutôt au niveau du contenu (mais c'est une question de hiérarchie : un bon pastiche ne se contente pas de reproduire les procédés signifiants du texte pastiché) ;

— ils peuvent être intégralement reproduits, ou « transformés », c'est-à-dire modifiés : les transformations dont parle ici Jarry n'ont pas grand chose à voir avec les opérations que la grammaire générative appelle ainsi, puisqu'à la différence des transformations chomskyennes, les transformations intertextuelles « comportent toujours une modification de contenu » (p. 61).

---

(97) Qui prend le langage pour « thème », au lieu de l'avoir pour « contenu ». C'est pourquoi il nous semble que le schéma hjelmslevien, qui accorde au métalangage un statut inverse de celui du langage de connotation, fausse (dans les deux cas) la réalité.

D'autre part, l'étude d'Arrivé ne se cantonne pas dans l'édification d'une théorie de l'intertextualité, mais elle l'illustre à l'aide du corpus « jarryen » : ainsi, « Ubu Roi se trouve intégralement enchâssé dans « César-Antéchrist » ; il figure aussi dans « Ubu enchaîné », mais avec un autre statut : seuls certains éléments de T_1 réapparaissent dans T_2, et après avoir subi une métamorphose (« roi » → « enchaîné ») que l'on peut décrire comme une sorte de transformation antonymique.

Enfin, Arrivé s'interroge sur la valeur sémantique du procédé : l'intertexte, dit-il, a pour fonction de connoter le texte. Par exemple, les relations intertextuelles qui se tissent entre T_1 (César-Antéchrist) et T_2 (Ubu Roi) [98] suscitent l'émergence dans T_2, au niveau des contenus latents, d'une isotopie sexuelle qui se localise en T_1 au niveau des contenus manifestes, et que rien ne permet d'identifier en T_2 si on l'envisage en dehors de sa relation à T_1.

Le verbe « connoter » est ambigu : il est vrai que T_1 connote T_2 (= le charge de valeurs sémantiques additionnelles), mais on peut également dire que T_2 connote (= (r)appelle) T_1. Quoi qu'il en soit, il y a bien mécar.isme connotatif :

— Sa de connotation : c'est la relation que l'on perçoit entre (certains éléments de) T_1 et (de) T_2 ;

— Sé de connotation : ce sont les valeurs sémantiques qui se trouvent transportées, en changeant de statut (manifestes → latentes), de T_1 à T_2.

Le fonctionnement de la connotation intertextuelle peut prendre des formes extrêmement diverses, et cette diversité n'échappe pas à Arrivé qui remarque : « Les modalités de réalisation [de la relation intertextuelle] sont évidemment très diverses. D'abord par la variété même des textes susceptibles d'être enchâssés : textes d'un seul auteur, textes de plusieurs auteurs, textes littéraires, textes non littéraires, textes scripturaux, textes oraux, manifestation sémiotique non linguistique, etc. D'autre part les formes mêmes de l'enchâsse-ment sont-elles aussi diverses : l'enchâssement peut être ou non signalé explicitement, il peut porter sur des éléments empruntés à la lettre (textuellement, à tous les sens du mot) à un autre texte — on parle alors, suivant le cas, de citation, d'emprunt, de plagiat, etc. Il peut également porter sur des éléments préalablement modifiés d'un autre texte : on parle alors d'influence » (pp. 61-62). Mais le corpus illustratif choisi par Arrivé l'amène à privilégier les renvois internes à la production d'un même auteur. Or, l'intertextualité peut être envisagée :

---

(98) La relation intertextuelle est, on le voit, indépendante de la relation chronologique qui existe entre T_1 et T_2. On peut admettre comme T_1 aussi bien Ubu Roi, pourtant postérieur, que César-Antéchrist.

● Comme un principe de cohérence interne à la production d'un scripteur unique, qu'il s'agisse de Jarry, de Camus [99], de Mallarmé [100], de Roger Planchon (qui déclare : « Le répertoire d'un théâtre est une sorte de grand discours. Chaque spectacle correspond à une phrase. L'une d'elles peut être mal comprise ou exprimée de façon maladroite. Qu'importe ! D'autres phrases suivent et le sens général du discours ne s'en trouve pas pour autant déformé. La bataille de notre répertoire se situe au niveau de ce sens général et six ans ne seront pas de trop pour l'appréhender » [101]), ou d'Aragon.

● Dans *Les Communistes,* apparaissent en effet des traces du *Fou d'Elsa* et de *La Mise à mort ;* mais aussi du *Cheval roux* d'Elsa Triolet [102]. L'intertextualité, c'est le dialogue d'un auteur avec un autre auteur [103], aussi bien qu'avec lui-même.

● Ce peut être encore un dialogue entre des formes littéraires, et des contenus culturels. Ex. : *Les liaisons dangereuses,* récit qui s' « analyse par sa référence à de nombreux ensembles parmi lesquels on peut citer les romans « épistolaires », et notamment *La Nouvelle Héloïse.* Il renvoie également au théâtre, et particulièrement au drame larmoyant dans la lettre 21. Plus largement encore, il est constitué par sa référence au vaste discours littéraire, historique et social (lyrique, médiéval, érotique) qu'évoque la métaphore de la guerre » (Nicole Gueunier) [104]. Riffaterre remarque de même qu' « un texte contient, encodés dans sa forme, des signaux qui renvoient à d'autres textes — des citations, par exemple, des allusions. Il contient aussi des éléments reconnaissables comme marques de genre, et qui par conséquent invitent à la comparaison avec d'autres termes représentants du genre. Il y a même des textes qui n'existent qu'à condition d'être comparés à d'autres : c'est le cas des genres comme le haïku japonais, c'est le cas de toutes les littératures « classiques » (au sens technique du terme) » [105].

● Le dialogue peut enfin s'instaurer entre des textes relevant de systèmes sémiotiques différents. Une étude comparative des traitements littéraire (dans l'épopée allemande du VIIIe siècle), musical (dans la *Tétralogie* de Wagner) et cinématographique (dans le film de Fritz Lang) de la légende des Nibelungen, permettrait par exemple

---

(99) Par exemple, l'épisode du Tchécoslovaque figurant dans *L'Etranger* se trouve repris dans *Le Malentendu.*
(100) Dans « Systématique des isotopies », Rastier montre comment un poème tel que « Salut » ne peut se lire qu'à la lumière de l'idiolecte mallarméen tel qu'il s'actualise dans le corpus global des textes écrits entre 1866 et 1899.
(101) Déclaration reproduite dans *Hebdo-Lyon* du 25 novembre 1972. L'émetteur unique dont il s'agit ici c'est d'abord le Planchon-écrivain, mais aussi le Planchon-metteur en scène (auquel cas d'autres types d'émetteurs se trouvent simultanément impliqués).
(102) Cf. l'article de Maryse Vassevière (dans *Littérature,* n° 4), qui n'hésite pas à bousculer la chronologie et à admettre des « traces » par anticipation.
(103) Le cas d'Aragon/Elsa Triolet, qui à partir de 1964 publient en duo leurs *Œuvres romanesques croisées,* constitue de ce dialogue un cas limite.
(104) *Langue française,* n° 3, p. 44.
(105) *Problèmes de l'analyse textuelle,* p. 151.

de mettre en lumière le fonctionnement inter-sémiotique de l'inter-textualité.

Dans la perspective radicalisée qui est celle de Barthes, tout texte n'est que la reproduction et la réfutation de textes antérieurs [106], c'est-à-dire la transformation de cet intertexte qui finit par s'identifier à la culture et à l'ensemble infini des lectures du scripteur [107] — idée qui intéresse autant le modèle de production (d'après Barthes, ce qu'il faut mettre à l'entrée de ce modèle, ce n'est ni le référent brut, ni un contenu de pensée surgi on ne sait d'où, mais cet intertexte « qui fait pression sur le travail d'écriture et frappe à la porte pour entrer » [108]), que le modèle de description [109], pour lequel il s'agit de traquer les connotations intertextuelles, et le modèle d'interprétation, puisque leur décryptage est fonction de la compétence culturelle du récepteur.

Le concept d'intertextualité, qui intègre l'ancienne problématique des sources (mais les relations intertextuelles se tissent avec les textes contemporains ou postérieurs aussi bien qu'avec les textes antérieurs), qui repose les problèmes des citations (intégrales ou transformées, avouées ou camouflées), des emprunts, plagiats, pastiches et parodies, et qui réinsère le texte individuel dans l'ensemble d'un discours culturel, est à coup sûr productif. Il le serait même un peu trop : le problème que pose maintenant le phénomène intertextuel dont l'existence et l'ampleur ne sauraient plus être mises en doute, c'est celui de ses limites : comment peut-on circonscrire l'intertexte, localiser précisément les lieux de T_2 où s'inscrivent connotativement certains éléments de T_1, et dessiner les contours de « ce jeu peut-être interminable des renvois textuels » ? [110].

------

(106) Bakhtine le dit déjà dans *Problèmes de la poétique de Dostoïevski* : parler c'est réutiliser « les mots de l'autre ».

(107) Cf. cette jolie formule de Jacques Almira (*Le voyage à Naucratis*) : « Mon inconscient est une bibliothèque ».

(108) R. Barthes, *Tel Quel*, n° 47, pp. 97-98 ; et p. 101 : « L'inter-texte, qui n'est nullement, il faut le répéter, le banc des « influences », des « sources », des « origines », auquel on ferait comparaître une œuvre, un auteur, et beaucoup plus largement et à tout autre niveau, ce champ où s'accomplit ce que Sollers a appelé superbement et d'une façon indélébile... *la traversée de l'écriture* : c'est le texte *en tant qu'il traverse et est traversé* ».

(109) Ainsi, la perspective de Julia Kristeva sur l'intertextualité semble être à la fois descriptive et génétique : « Aussi changerons-nous l'analyse transforma-tionnelle en une méthode transformationnelle, et considérerons-nous les diffé-rentes séquences (ou codes) d'une structure textuelle comme autant de « trans-forms » de séquences (ou codes) prises à d'autres textes. Ainsi la structure du roman français au xve siècle peut être considérée comme une transformation de plusieurs autres codes : la scolastique, la poésie courtoise, la littérature orale (publicitaire) de la ville, le carnaval. La méthode transformationnelle nous mène donc à situer la structure littéraire de l'ensemble social considéré comme un ensemble textuel. Nous appellerons « intertextualité » cette interaction textuelle qui se produit à l'intérieur d'un seul texte. Pour le sujet connaissant, l'inter-textualité est une notion qui sera l'indice de la façon dont un texte lit l'histoire et s'insère en elle ».

(110) La formule est de Louis Marin, *Langages*, n° 22, p. 49.

4. L'ironie.

L'ironie, que nous définirons à la suite du *Petit Robert* comme une « manière de se moquer (de quelqu'un ou de quelque chose) en disant le contraire de ce qu'on veut faire entendre »[111], pose le problème de la connotation associative dans la mesure où en un point d'une séquence discursive, un signifiant se trouve chargé de deux valeurs statutairement hétérogènes : une valeur littérale, et une valeur associée, dont la pression qu'exercent sur le signifiant les contextes linguistiques et extralinguistiques suscite l'émergence. Ayant analysé par ailleurs[112] le fonctionnement détaillé de ce procédé rhétorique, nous nous contenterons ici d'en envisager les aspects qui concernent la connotation :

— Ironiser, c'est dire le « contraire de ce qu'on veut faire entendre », et non « dire le contraire de ce qu'on pense ». Il convient en effet de distinguer deux types d'« insincérité » :

le mensonge : L dit A, pense non-A et veut faire entendre A ;

l'ironie : L dit A, pense non-A et veut faire entendre non-A. Dans les deux cas, L peut échouer : il peut, voulant mentir, faire entendre non-A, et voulant ironiser faire entendre A. N'empêche que les indices de l'inversion sémantique, même si ce sont en gros les mêmes (contradiction interne, intonation, mimo-gestualité, etc.), n'ont pas dans les deux cas le même statut : le locuteur qui ment s'efforce de gommer soigneusement toute trace de l'inversion ; le locuteur qui ironise fait en sorte qu'il y ait, même subtils, même camouflés, quelques indices de son insincérité. Le mensonge prétend faire figure de vrai, l'ironie doit être décodée comme telle.

— Une séquence ironique se présente comme un signifiant unique auquel s'attachent, à l'encodage et au décodage en cas de communication réussie, deux niveaux sémantiques :

---

(111) L'ironie se caractérise donc par deux propriétés relevant de deux principes classificatoires hétérogènes, puisque entrent dans sa composition un ingrédient de nature illocutionnaire et un ingrédient proprement linguistique :
  1. ironiser c'est se moquer. L'ironie attaque, agresse, dénonce, vise une « cible », et à ce titre fait partie de ce que Freud appelle l'esprit « tendancieux » ;
  2. cela à l'aide du procédé linguistique de l'antiphrase.
L'ironie est donc à la fois :
  1. un cas particulier de moquerie ;
  2. un cas particulier d'antiphrase.
Mais les deux composantes, illocutionnaire et rhétorique, peuvent être diversement hiérarchisées dans un fait ironique donné, et il arrive que l'on parle d'ironie même en l'absence de toute antiphrase.
D'autre part, seuls seront envisagés ici les cas :
  — d'ironie verbale (il ne sera pas question de l'ironie « situationnelle » ou « référentielle ») ;
  — comportant un seul niveau d'énonciation explicite.
(112) Cf. « Problème de l'ironie », *in Linguistique et sémiologie* (travaux du Centre de Recherches linguistique et sémiologique, de l'Université de Lyon II), 1976/2.

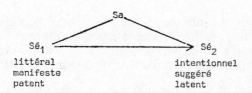

Ces deux signifiés n'ont pas le même statut :

le sens littéral est décodé en premier, grâce à la compétence lexicale du sujet, que certains indices vont renvoyer, dans un deuxième temps seulement, et à partir du $Sé_1$, au $Sé_2$;

le sens intentionnel relève de l'implicite discursif et se déduit du $Sé_1$, au terme d'un raisonnement complexe et hasardeux, qui s'appuie sur un certain nombre d'indices que l'on va appeler Sa'.

— Allant plus loin dans l'analyse, on peut considérer une séquence ironique comme la résultante de deux signes :

un signe normal :

$$S : \frac{Sa \ = \ \text{le matériel verbal porteur de la figure}}{Sé_1 = \text{le sens littéral qui s'y attache}}$$

un signe ironique :

$$S' : \frac{Sa' = x}{Sé' = \text{« inverser le } Sé_1 \text{ »}}$$

Dans cette perspective, le $Sé_2$ se présente comme une consigne, et le signe ironique comme un opérateur d'inversion sémantique [113]. Le $Sé_2$, c'est la résultante du $Sé_1$ et du Sé'.

— Dans notre article sur l'ironie, c'est au problème de cet x, qui signale le fonctionnement antiphrastique de la séquence, que nous nous attachons surtout, et nous montrons à l'aide de nombreux exemples que cet x peut être de nature extrêmement diverse. Fonctionnent en effet comme signaux éventuels de l'ironie :

● l'intonation ;

● certains procédés typographiques (guillemets, points d'exclamation, points de suspension) ;

● le contexte linguistique : lorsqu'un énoncé comporte deux séquences contradictoires, un des moyens de résorber l'anomalie, c'est de faire subir à l'une d'elles l'inversion ironique.

---

(113) En réalité, la relation entre $Sé_1$ et $Sé_2$ n'est pas toujours de stricte antonymie.

Mais il faut insister sur le fait que comme la métaphore, l'ironie ne doit pas être assimilée à la contradiction interne [114], qui fonctionne seulement comme un signal (Sa') du fait qu'en un point du texte (au niveau d'un Sa), il convient d'opérer une transformation sémantique.

Ex. : Critique dans *Paris-Match* de « La maman et la putain », film de Jean Eustache : « Une prétendue tranche de vie, authentique comme du Godard. Mais sur la fin, de déchirants accents ».

Sa, utilisé ironiquement : « authentique » ; il est en effet pris entre deux

Sa' = — « prétendue », qui disqualifie le contenu de ce qu'il détermine : à mes yeux, ce n'est pas une tranche de vie, ce n'est pas du réalisme ;
— « mais... de déchirants accents » : « déchirant » implique « crédible », donc « authentique » ; et le conjonctif « mais » présuppose que ce qui précède possède les caractéristiques inverses.

L'expression « authentique comme du Godard » apparaît alors comme une comparaison ironique d'invention [115] ;

● le contexte extralinguistique, dont l'intervention peut être de deux types :
— contradiction entre les propos tenus, et ce que l'on sait ou constate du référent décrit : c'est la contre-vérité.

Ex. : « Quel joli temps ! ».

Si le récepteur est présent dans la situation que décrit cette phrase, et s'il constate que de toute évidence la phrase est inadaptée à la réalité météorologique, alors il résout l'anomalie en interprétant le jugement comme ironique.

Supposons par exemple que la phrase décrive un jour de pluie. Dans la plupart des cas, elle sera énoncée et interprétée ironiquement. Mais si le récepteur aime la pluie, ou s'il suppose que l'émetteur aime la pluie, il pourra fort bien prendre l'assertion au pied de la lettre. Et l'on aura alors, consécutive à un « décodage aberrant » [116], une réplique du type :

(« Quel joli temps ! ») — « C'est vrai ! ».

(« Quel joli temps ! ») — « Tu trouves ? ».

---

(114) D'ailleurs, l'existence d'une contradiction interne n'est une condition ni nécessaire, ni suffisante (on peut se contredire par balourdise, par impuissance à l'argumentation logique, pour énoncer un paradoxe, etc.) du fait ironique.

(115) Une comparaison « A est P comme B » est ironique si B a pour propriété fondamentale d'être non-P, et oblige à faire subir à l'adjectif une inversion sémantique ; exemples de comparaisons ironiques stéréotypées : être léger comme un éléphant, aimable comme une porte de prison, bronzé comme un cachet d'aspirine.

(116) Selon l'expression d'Umberto Eco, *La structure absente*, p. 166.

On le voit, même dans un cas aussi simple, l'ambiguïté reste toujours possible, et l'ironie peut échapper au récepteur (ou au contraire, être introduite par lui seul), soit qu'il n'analyse pas le référent de la même manière que le locuteur, soit qu'il suppose que le locuteur n'analyse pas le référent de la même manière que lui. Le décodage de l'ironie met en œuvre, outre leur compétence linguistique, les compétences culturelle et idéologique des partenaires de l'allocution (c'est-à-dire l'ensemble de leurs connaissances et systèmes d'interprétation du référent), qui peuvent diverger. La notion de « contre-vérité » est tout aussi relative que celle de « vérité » qu'elle suppose [117] ;

— contradiction entre les propos tenus, et ce que l'on croit savoir du locuteur :

Les « informations préalables » que l'allocutaire possède sur le locuteur, et qui peuvent porter sur ses grilles d'évaluation, son système idéologique, ses caractéristiques psychologiques, ou ses capacités intellectuelles [118], sont constamment mobilisées dans le décodage de l'ironie, qui consiste à supputer, en faisant feu de tout bois, ce que le locuteur « veut faire entendre ». Selon qu'on estime exclu ou plausible qu'il soit assumé par le locuteur, un même contenu exactement, dans les mêmes contextes linguistique ou extralinguistique, pourra être interprété au deuxième ou au premier degré.

● Pour clore cette liste des incides de l'ironie, il convient de signaler l'hyperbole. On constate en effet que les adverbes du type : « bien sûr, vraiment, évidemment, en effet, certes, en vérité, assurément, sans doute, certainement, (comme de) bien entendu, comme chacun sait », etc., accompagnent très souvent une séquence ironique.

---

(117) C'est pourquoi Du Marsais se montre bien naïf lorsque, universalisant indûment les jugements de valeur, il affirme qu'une phrase telle que « Ah le bel esprit ! », s'agissant de Cicéron, ne saurait se prêter à une utilisation ironique.

(118) C'est ainsi qu'un truisme, un sophisme, un paralogisme sera lu au premier degré si celui qui l'énonce apparaît comme un esprit simple inapte à l'argumentation logique, ou au second degré dans le cas contraire. Et c'est de cette manière, nous semble-t-il, que l'on peut rendre compte de la valeur ironique du fameux texte de Montesquieu sur l'esclavage. Il se présente en effet comme un montage de propositions qui toutes, prises indépendamment, pourraient à la rigueur être énoncées au premier degré, et l'étaient d'ailleurs fréquemment à l'époque. Mais là où le bât blesse, c'est que ce collage de propositions (très) élémentaires, Montesquieu le présente comme une démonstration (« Si j'avais à soutenir le droit que nous avons eu de rendre les nègres esclaves, voici ce que je dirais... »). Or nous savons bien, d'après ce que nous connaissons par ailleurs de Montesquieu et de ses exigences intellectuelles, qu'il ne saurait se contenter de si peu et prendre une juxtaposition d'aphorismes pour une argumentation logique. Ce qui dénonce ce texte comme ironique, et le fait apparaître comme un sottisier sur l'esclavage, ce n'est donc pas ce que nous savons de l'idéologie de l'auteur (que l'on peut effectivement suspecter, et c'est faire fausse route que de vouloir situer sur ce plan le débat), mais ce que nous savons de ses exigences intellectuelles.

C'est une démarche analogue qui permet d'identifier un type très fréquent d'ironie : la naïveté feinte, la balourdise simulée, telles que la pratiquent Socrate, Chaucer, Pascal, Voltaire, et Cavanna.

C'est que ces modalisateurs sont tous des intensifs, et c'est à ce titre qu'ils signalent l'ironie : une assertion suspecte, mais à la rigueur plausible, énoncée en termes modérés, cesse d'être acceptable dès lors qu'elle est superlativisée. C'est pourquoi, malgré l'apparent paradoxe, l'hyperbole peut connoter l'ironie.

— Il est temps d'en revenir après cette digression au problème qui nous occupe ici : quelles conclusions peut-on tirer de ces considérations sur le fonctionnement de l'ironie, dans le cadre d'une réflexion générale sur la connotation ?

● D'abord, on peut remarquer une fois de plus que dans certains cas, l'expression « signifiant de connotation » est ambiguë. En effet, elle recouvre ici deux réalités distinctes [119] :

le support (Sa) $\Big\}$ du fait connotatif.
le signal (Sa')

● Quant au signifié de connotation, on peut se demander s'il correspond au $Sé_1$ ou au $Sé_2$.

On peut être tenté de poser, conformément à une identification qui généralement fonctionne bien :

contenu dénoté = sens littéral ($Sé_1$)
contenu connoté = sens suggéré ($Sé_2$).

Pourtant, si l'on y regarde de plus près, c'est le sens suggéré qui constitue le « vrai » sens ; c'est lui qu'il faut obligatoirement atteindre pour comprendre l'énoncé dont il assure la cohérence (puisque c'est en général le désir de restaurer la cohérence dans une séquence apparemment contradictoire qui favorise son émergence), c'est lui qui s'intègre à l'isotopie dénotative. La valeur « seconde » n'est aucunement secondaire, périphérique, marginale — toutes caractéristiques des contenus connotés. Il est donc plus juste d'admettre que :

contenu dénoté = sens intentionnel

contenu connoté = sens littéral (qui fait écran et qu'il convient de traverser pour atteindre le sens véritable) ; et que l'on observe dans l'ironie le même renversement des niveaux sémantiques qui caractérise aussi le trope : à l'inverse du cas général, c'est le sens littéral qui est connoté, et le sens second dénoté. Traduire une séquence ironique, ou une séquence métaphorique, en langage rationnel de premier degré, c'est éliminer le « bruit » rhétorique, c'est-à-dire le sens littéral. Mais il faut bien reconnaître que le cas de l'ironie est un peu embarrassant, car pour admettre l'analyse qui vient d'être

---

(119) Nous avons signalé au passage d'autres aspects de cette ambiguïté :
— connotation stylistique : le signifiant de connotation, c'est le terme stylistiquement marqué, et le fait de l'avoir choisi ;
— connotation associative : le signifiant de connotation, c'est le terme qui déclenche le mécanisme associatif, et ce mécanisme lui-même.

proposée, il faut suspendre l'une des propriétés que nous avons admises comme caractéristiques du sens connoté [120] : la fragilité aléatoire de son actualisation. Or si l'on peut effectivement déceler, dans les contextes linguistique, paralinguistique et extralinguistique d'une séquence, des traces de sa valeur ironique, ce ne sont en général que de simples indices, ambigus et polysémiques, dont le décodage reste plus ou moins aléatoire. Le statut de l'ironie est à cet égard paradoxal : elle est faite pour être perçue, mais sur un mode dubitatif ; elle se doit d'utiliser certains indices, mais incertains et présomptifs : l'ambiguïté est proprement constitutive de l'ironie [121]. C'est pourquoi l'institutionalisation d'un quelconque « point d'ironie » est inconcevable. C'est pourquoi une séquence ironique n'est jamais équivalente à sa traduction littérale. En cela, l'ironie s'apparente au trope, dont le bon fonctionnement implique semblablement la reconnaissance de deux niveaux sémantiques superposés dont aucun ne doit occulter l'autre.

L'ironie est à bien des égards plus proche de la métaphore que de l'allusion intertextuelle, car si elles ont toutes en commun d'enrichir une séquence de valeurs additionnelles qui viennent s'y accrocher à la faveur de mécanismes divers, ces valeurs sont exogènes dans le cas de la connotation intertextuelle, et endogènes dans le cas de l'ironie et de la métaphore. Mais comme l'allusion, l'ironie n'existe qu'in absentia : sous peine de perdre tout son sel, le signifiant correspondant au signifié intentionnel doit rester implicite. En cela l'ironie s'oppose à la métaphore, et au calembour, que nous allons envisager maintenant.

c) *Associations in absentia ou in praesentia selon les cas.*

Les relations de paronymie [122], synonymie, antonymie [123], hypéronymie, hyponymie, homonymie et polysémie peuvent êtres sources d'enrichissements connotatifs, que les deux signifiants correspondants soient co-présents dans l'énoncé (relation in praesentia), ou que l'un sollicite paradigmatiquement l'autre absent (association in absentia).

---

(120) Le problème est général : pour définir un concept quelconque :
— il est toujours possible de faire appel concurremment à plusieurs critères ;
— il arrive que ces critères entrent en conflit.
(121) L'histoire de l'ironie, c'est aussi celle des incertitudes de son décodage, dont voici quelques exemples :
— le texte de Montesquieu précédemment cité, parfois lu au premier degré, et utilisé par le *Dictionnaire portatif du commerce* pour légitimer l'esclavage ;
— le sketch de Guy Bedos et Sophie Daumier sur « Marrakech », charge féroce contre la bêtise raciste, interprété parfois comme un pamphlet anti-arabe ;
— les publicistes de *Charlie-Hebdo* recevant de la même manière des lettres de lecteurs les encourageant chaleureusement à continuer de « taper sur les bougnoules ».
(122) La paronomase peut être en effet in praesentia (« femme boniche, femme potiche ») ou in absentia (ex. : « L'obsédé textuel », titre d'un recueil de Roland Bacri ; « La Marie-Cantal », sobriquet par lequel, d'après Raymond Tournoux, il arrivait que De Gaulle désignât Georges Pompidou).
(123) Exemple de connotation par association antonymique in absentia : l'ironie.

Nous allons observer ces mécanismes connotatifs à travers deux cas particuliers qui exploitent l'un et l'autre la polysémie (institutionnelle ou inédite) — et éventuellement, dans le premier cas seulement, un fait d'homonymie : le calembour et la métaphore.

1. *Le calembour.*

Nous entendons par calembour :

● l'exploitation d'un double sens (pour un signifiant unique plusieurs signifiés s'actualisent concurremment, l'absence de monosémémisation résultant soit d'un contexte bivalent, soit du fait que le mot est inséré dans deux structures contextuelles qui ne sélectionnent pas le même sémème) ;

● à des fins consciemment ludiques, ce critère illocutionnaire permettant d'opposer le calembour et l'ambiguïté involontaire [124].

On a donc plusieurs signifiés pour un seul et même signifiant [125]. Mais la formule est ambiguë : un seul signifiant, cela peut vouloir dire : deux (ou plus) occurrences d'un même signifiant (un seul mot-type, plusieurs mots-occurrences) ; dans ce cas, il y a calembour *in praesentia*, ce que la rhétorique traditionnelle appelle l'antanaclase ;

---

(124) Cf. O. Duchacek, « Les jeux de mots du point de vue linguistique » : « ils se font sciemment et avec l'intention d'amuser, de divertir... ». D'autres auteurs admettent cependant les « calembours involontaires ». D'autres encore utilisent le terme dans les cas particuliers, et hétérogènes :
— des « queues de mots » (pur enchaînement de signifiants, sans pertinence sémantique. Ex. : « Comment vas-tuyau de poêle ? ») ;
— des « calembours onomastiques » (construction d'une expression qui remotive paronymiquement un nom propre. Ex. : « aller à Crevant » = mourir ; « aller à Argenton » = payer) ;
— des « calembours définitionnels » (construction d'une définition non pertinente sémantiquement en exploitant le matériel phonétique du défini. Ex. : « crépuscule = petite crèpe ») ;
— des « calembours graphiques » du type « sangsuel » ;
— de tous les jeux de mots enfin, qui instaurent entre deux unités x et y reliées syntagmatiquement d'autres relations que leur lien proprement dénotatif ; par exemple :
« Jamais un coup de *dé* n'abolira le *hasard* » *:* jeu étymologique (« hasard » venant d'un mot arabe signifiant « le dé ») ;
« Madame, si votre *duvet* vous *horripile...* » (publicité pour un institut de beauté : jeu entre les parasynonymes « duvet » et « poil » (contenu étymologiquement dans « horripiler »), qui revitalise connotativement le second terme dissimulé par euphémisme sous le premier).
(125) Le calembour s'oppose en cela au jeu de mots, qui inclut en outre les paronomases. Ainsi, dans *Poétique* n° 18, Todorov classe les différents types de jeux de mots en fonction des deux axes :
— une occurence (syllepse, mot-sandwich)/deux occurences (antanaclase, paronomase) des mots qui jouent ;
— identité (syllepse, antanaclase)/ressemblance (mot-sandwich, paronomase) des signifiants lexicaux.
Il est vrai que l'antanaclase et la paronomase sont extrêmement proches l'une de l'autre (d'autant plus que l'homophonie n'est pas toujours facile à distinguer de la paronymie phonique) ; cf. Fontanier (pp. 347-8) : « *L'Antanaclase* ne diffère de la *Paronomase* qu'en ce que la forme et les sons se trouvent exactement les mêmes dans les mots de significations différentes rapprochés l'un de l'autre ».

● une seule occurrence du signifiant : c'est le calembour in absentia, où l'on retrouve le schéma favori de la connotation : un seul niveau de signifiant, plusieurs niveaux de signifiés superposés, dont il s'agira de voir s'ils sont ou non hiérarchisés.

α) L'antanaclase :

Ex. : « Le cœur a ses raisons que la raison ne connaît pas ».

● L'antanaclase consiste à répéter plusieurs fois un même signifiant, en faisant varier sa valeur sémantique en relation avec le contexte étroit dans lequel il est inséré.

● On peut opposer différents types d'antanaclase sur les bases suivantes [126] :

(1) Selon qu'elle fonctionne à l'écrit et/ou à l'oral.

Jeu sur des homophones non homographes ; ex. : les slogans publicitaires :
« Le cherry de mon chéri est mon cherry ».
« Et ça se relit... et ça se relie ».

Jeu sur des homographes non homophones : ce procédé, vu la rareté du phénomène linguistique sur lequel il se fonde, a un très faible rendement. Citons :
« Les poules du couvent couvent ».
« Je vis des vis sur cette table »,
qui apparaissent plus comme des acrobaties verbales que comme de véritables calembours, dont l'efficacité exige qu'ils soient adaptés à la situation particulière décrite, et non parfaitement gratuits.

Jeu sur des homophones homographes :
« La France a trente-six millions de sujets, sans compter les sujets de mécontentement » (H. Rochefort, dans La Lanterne du 30 mai 1868).

(2) Selon qu'elle joue sur un simple mot, ou sur une séquence supérieure, comme dans les exemples suivants (qui concernent des homophones non homographes) :

---

(126) Voici encore quelques cas particuliers d'antanaclases :
— Antanaclases-clichés, ex. : l'exploitation de la polysémie de « certain » (« il s'est taillé un certain succès, et même un succès certain »).
— Antanaclases exploitant ce fait, signalé par J. Rey-Debove, que toute expression est homonyme de son propre emploi autonymique. Ex. : « En 1931, Lorca écrit Lorsque cinq ans seront passés. C'est l'histoire d'un jeune homme assassiné par trois hommes venus des ténèbres. En 1936, lorsque cinq ans seront passés, Lorca sera fusillé à Grenade » (extrait d'un texte ronéotypé commentant un spectacle théâtral). (En réalité, la première occurence de l'expression n'est pas tout à fait assimilable à un emploi autonymique, puisqu'elle dénote, à la manière d'un nom propre, la pièce de Lorca).
— Fausses tautologies du type « un père est un père », « une femme est une femme », « un sou est un sou », que Fontanier considère (p. 107 des Figures du discours) comme des « syllepses de synecdoque ». A propos de cette analyse, voir Genette, Communications, n° 16, p. 168.

« Vivez sans foie, vivez cent fois avec Vichy Saint-Yorre ».
« Quand Paris dort, c'est Campari » : cette structure exploite fidè-
lement le procédé dont parle Freud (*Le mot d'esprit...*, pp. 42-43), et
qui consiste à « employer un seul et même mot de deux façons différentes, une première fois dans son entier, une seconde fois décomposé
en syllabes à la façon d'une charade » ; ainsi de :

« Vous m'avez fait connaître un jeune homme roux et sot, mais non
pas un Rousseau » [127].

(3) Selon qu'elle exploite une homonymie, ou une polysémie (ce
qui semble beaucoup plus fréquent). Notons que les deux phénomènes
étant linguistiquement mal délimités, il n'est pas toujours aisé de
savoir dans quelle catégorie ranger tel exemple, comme cette double
antanaclase avec chiasme signalée par Duchacek :

« L'étudiant doit quitter son lit pour suivre son cours, tandis que la
rivière suit son cours (homonymie ou polysémie ?) sans quitter son
lit (polysémie).

(4) Selon qu'intervient ou pas un fait de lexicalisation :

« Régalade : le bonbon tendre pour les âges tendres ».
« Prenez votre cœur à cœur ».

L'un des deux sémèmes ne s'actualise que dans un contexte très
spécifique, dont il est totalement solidaire (combinatoire figée).

(5) Selon que l'un des deux signifiants se présente ou non sous
forme d'un pronom substitut :

« Brûlé de plus de feux que je n'en allumai ».
« A peine entrés dans le salon d'une cousine assez éloignée qui avait
comme raison de passer d'abord dans la série des visites que sa
demeure ne le fût pas de la nôtre » (Proust) [128].
« Je percerai ce cœur que je ne puis toucher ».

En général, l'antanaclase repose dans ce cas sur un fait de polysémie. Mais nous avons rencontré quelques exemples audacieux de
phrases où le pronom substitut représente un tout autre mot (homonyme) que celui qu'il est censé représenter :

« Enfin j'arrive au magasin, je reçois *un savon*. Et comme ma pièce
en avait plus besoin que moi, ils n'ont pas voulu me payer ma façon »
(Guignol).
« Et comme il n'avait pas de *veine*, *elles* ont éclaté » (Raymond
Devos, « J'en ris, j'en pleurs »).
« Donne-moi un *conseil* au sujet de *celui* de l'U.E.R. » (un collègue).
« Le problème avec le mot « *in* », c'est qu'il ne *l*'est plus » (le même),

(127) Même procédé dans cette définition d'un héros de Chaplin, qui comporte
en outre une substitution antonymique : « Monsieur Verdoux, toujours vert,
toujours dur ».
(128) *A l'ombre des jeunes filles en fleurs*, Le livre de poche, Paris, 1965, p. 63.

phrase qui comporte une antanaclase jouant sur les emplois autonymique et non autonomique (lesquels peuvent être considérés comme
homonymiques l'un de l'autre) d'un même signifiant.

● Passons à un problème qui nous concerne ici plus directement : dans quelle mesure peut-on dire qu'à l'antanaclase s'associe
un fait de connotation ? Dans « Le cœur a ses raisons que la raison
ignore », chacune des deux occurrences du signifiant véhicule un
signifié unique. On ne peut donc pas identifier deux niveaux sémantiques, dont l'un serait de nature dénotative, et l'autre de nature
connotative. La seule connotation qui apparaît est de nature stylistique : l'antanaclase fonctionne comme un connotant auquel est
attaché un connoté rhétorique, qui selon le contexte et la situation
d'énonciation peut prendre une valeur ludique (comique ou spiri-
tuelle), ou simplement poétique (au sens jakobsonien du terme).

β) Au contraire, lorsque le double sens s'attache à une occurrence
unique du signifiant (et l'on peut alors parler de « syllepse »), à cette
connotation stylistique toujours présente peut s'ajouter une connotation sémantique.

● Premier problème : comment naît le double sens ?

— Soit parce que l'ensemble du contexte est non-monosémémi-
sateur : les deux sémèmes sont isotopes à la totalité de l'environnement linguistique.

A l'intérieur de cette rubrique, on retrouve les axes d'opposition
précédents :

(1) Le calembour exploite une homophonie :
« Au soleil, on est exposé au plus grand désastre (des astres) » ;

une homographie :
« le rhum, ça donne du punch » ;

une identité graphique et phonique :
« Des foies gras que l'on déguste à petites bouchées, attentifs à ne
pas perdre une miette d'un plaisir si précieux »,

(première interprétation : « miette » = métaphore ; « plaisir »
= sens propre ; deuxième interprétation : « miette » = sens propre ;
« plaisir » = métonymie).

(2) Dans le cas où il y a homophonie et homographie : le calembour peut jouer sur une homonymie (disjonction des sémèmes) ou
sur une polysémie (corrélation entre les sémèmes). Cet axe est subordonné au précédent (pas de classification croisée) [129].

_____

(129) A l'opposition homonymie/polysémie, il conviendrait d'ajouter un troi-
sième terme, correspondant au cas où le double sens résulte, lorsqu'il s'attache
à un pronom substitut, d'une ambiguïté d'ordre référentiel. Ex. : *Astérix et
Cléopâtre*, Numérobis :
« Je suis mon cher ami très heureux de te voir ».
Commentaire de Panoramix :
« C'est un alexandrin » : le démonstratif est référentiellement ambigu (le
personnage/la phrase), et corrélativement, son déterminant l'est sémantiquement.

(3) Dans le cas où il y a polysémie : le calembour peut exploiter deux sens propres, ou un sens propre et un sens figuré [130]. Cet axe est subordonné au précédent.

(4) Le calembour exploite un fait de lexicalisation.

Il semble qu'un des procédés les plus productifs de fabrication d'un calembour soit l'exploitation d'une locution figée, dont la valeur figurée est admise par le contexte, mais à laquelle on redonne en même temps sa valeur propre : il y a à la fois maintien et cassure de la lexie.

Exemples :
« Mettez-leur l'eau à la bouche : Perrier » ;
« Montrez les dents : Ultrabrite » (marque de dentifrice) ;
« Pour faire les yeux doux... le nouveau gel Eyeliner » ;
« Les jolies filles qui ont tous les garçons à leurs pieds » (publicité pour une marque de chaussures) ;
« Bien sûr, vous pouvez cacher vos boutons. Mais voici la crème Clearasil, traitement pour vivre à visage découvert ».

Tous ces slogans ont la même fonction et exploitent le même procédé : utilisant une locution à la fois dans son sens propre (originel) et son sens figuré (figé), ils vantent à la fois les bienfaits physiques du produit, et ses répercussions psychologiques.

— Soit parce que le signifiant est pris dans deux structures combinatoires concurrentes :

$$Sa < \begin{array}{l} Sm_1 \text{ sélectionné par le contexte}_1 \\ Sm_2 \text{ sélectionné par le contexte}_2 \end{array} \Big\} \rightarrow \text{double sens}$$

Ex. : « Les chaussures X, qui vous font marcher d'un pas assuré de n'être pas faux ».

Selon qu'on l'envisage comme épithète de « pas » ou comme régissant le syntagme prépositionnel, l'adjectif prend une valeur légèrement différente.

La plupart des cas relevant de cette rubrique constituent des « attelages », c'est-à-dire que le signifiant fonctionne comme base d'incidence de deux déterminants qui ne sélectionnent pas le même sémème :
« Vêtu de probité candide et de lin blanc » (V. Hugo) ;
« Payant ma consommation et d'audace » (A. Allais) [131].

---

(130) Dans ce cas et dans ce cas seulement, Fontanier parle de « syllepse » ; et c'est d'après lui, le seul cas « noble » de double sens (*Les Figures du discours*, p. 105). Mais le terme de « syllepse » a maintenant tendance à être généralisé à tous les cas de double sens volontairement ludique (à l'exception de l'antanaclase).
(131) Dans ce cas, le fait de lexicalisation invite à supposer une ellipse du second verbe « payer ». Notons que si l'on admet, lorsqu'il y a double détermination, une ellipse superficielle du deuxième déterminé, alors tous les attelages se ramènent à des antanaclases.

L'exemple suivant cumule deux calembours de nature différente :
« *Ceints* et saufs ! *Conservez vos chances et votre tête intactes* ».
(jeu sur deux
homophones   . (attelage)
adéquats au contexte)

● Deuxième problème, ici plus pertinent : quel est le statut des différents niveaux sémantiques associés au signifiant ?

Soit le titre du film « French connexion », traduit spirituellement sous la forme « Le joint français ». Trois niveaux sémantiques se superposent dans cette expression :

« joint » = « connexion, lien, articulation » : c'est le sens littéral du mot anglais, et le plus adéquat (le film décrit en effet le fonctionnement de la filière française dans un réseau de trafic de drogue) ;

« joint » = cigarette de haschisch : à un second niveau, le terme s'intègre à l'isotopie de la drogue ;

enfin, l'expression globale est homonyme du nom d'une firme, rendue célèbre en 1972 du fait du long mouvement de grève dont elle a été le théâtre. Cette valeur sémantique, totalement gratuite, relève de l'allusion pure.

On le voit, les différents signifiés ne sont pas tous de même niveau. On appellera dénotatif le sens de premier niveau, celui qui s'impose de façon prépondérante, celui qui seul est indispensable pour assurer la cohérence de l'énoncé. Les niveaux sémantiques additionnels seront dits connotatifs.

Parmi les calembours, il convient donc de distinguer :

— Ceux qui n'instaurent pas de hiérarchie entre les différents sémèmes attachés au signifiant.
Ex. : « Qui a bu trinquera » (1).

L'énoncé veut dire à la fois :

« Qui a bu continuera à trinquer, donc à boire » (2), et,
« Qui a bu en subira de graves conséquences » (3).

Rien n'autorise à accorder un statut privilégié à (2) plutôt qu'à (3) et inversement. Le contenu dénotatif de (1), c'est la somme de ses deux paraphrases (2) et (3).

— Ceux (beaucoup plus fréquents) qui instaurent une hiérarchie entre :

un sémème dénotatif, et
un ou plusieurs sémèmes connotatifs additionnels [132].

---

(132) Il y a toujours hiérarchie lorsqu'un calembour oral joue sur des homographes non homophones, ou un calembour écrit sur des homophones non homographes (ex. : cette formule « en train, en forme » qui vante les mérites de la S.N.C.F.), puisqu'il faut dans ce cas choisir entre les différentes prononciations/transcriptions possibles, donc en privilégier une.

Ex. : « Quand les parents boivent, les enfants trinquent ».

Cette phrase veut dire avant tout : les enfants pâtissent de l'alcoolisme de leurs parents (et non : l'alcoolisme est une maladie héréditaire). Au signifiant verbal « trinquer » correspondent donc :

un sens dénoté (c'est le sens figuré) ;
un sens connoté (sens propre), qui naît à la faveur de la relation existant entre le sens de « boire » et le sens propre de « trinquer ».

On parlera de « double sens avec allusion » lorsqu'à un signifiant unique correspondent :

un sens dénoté sollicité par le contexte ;
un sens connoté qui, bien qu'inadéquat à l'isotopie, apparaît en filigrane pour des raisons diverses [133].

● Troisième problème : qu'est-ce qui suscite l'apparition du sens connoté ?

Pour Freud, dans le « double sens avec allusion » (p. 109), la hiérarchie sémantique s'explique par le fait que « des deux sens possibles d'un même mot, l'un s'impose comme le plus fréquent et le plus usuel, de façon à être forcément le premier évoqué, tandis que l'autre semble beaucoup plus lointain ». En général, c'est pourtant l'inverse que l'on observe :

Le contexte impose le sens le plus rare, mais en filigrane se dessine dans la conscience linguistique de l'encodeur et du décodeur le sens le plus fréquent, le plus usuel, dans la mesure précisément où ces propriétés lui confèrent une plus grande force d'affirmation. La plupart du temps, on a donc le schéma :

sens figuré dénoté / sens propre connoté.

Mais ce caractère de prépondérance extra-contextuelle n'est en général pas suffisant pour imposer la représentation d'un sens additionnel ; il faut l'intervention d'autres facteurs, tels que :

— L'existence dans la phrase d'un couple sémantique, qui favorise l'apparition d'un double sens. Ou il y a action unilatérale de y sur x qui devient polysém(ém)ique, ou x et y agissent l'un sur l'autre pour s'enrichir connotativement.

(1) Couple d'antonymes [134].
« Souvent les idées noires nous font passer des nuits blanches » :

_____

(133) On peut appeler hétérotopes (vs isotopes) les calembours « gratuits », dont le sens connoté constitue au sein de la trame contextuelle un corps étranger. Ex. : « La pinte à gones » (nom d'un restaurant lyonnais) ; « La place de la madeleine » (titre d'une étude consacrée à Proust par Doubrovsky).
(134) Dans cette phrase de Mariella Righini (*Le Nouvel Observateur*, 14 octobre 1974, p. 78) :
« Dans la course aux calories, les Français perdent leur sang-froid », l'antonymie intervient entre « froid » (qu'il faut extraire de la lexie dans laquelle il figure), et un « chaud » impliqué par le mot « calories ».

'ction mutuelle de x (« noires ») sur y (« blanches ») et de y sur x.

valeurs sémantiques imposées par le contexte

noires $\diagdown$ S m_1 (métaphorique, dénoté)

S m_2 (propre, connoté)

blanches $\diagdown$ S m_1 (métaphorique, dénoté)

S m_2 (propre, connoté)

valeurs suggérées parce que l'on perçoit entre les sens propres une relation sémantique étroite qui permet leur actualisation connotative, et la naissance du (double) double sens avec allusion.

Autres exemples :

« Plus votre consommation d'alcool augmente, plus elle vous diminue » :

Action unilatérale de « augmenter » sur « diminuer ».

« Elles vous aiment encore mieux quand elles ne peuvent plus vous sentir » (publicité pour un déodorant corporel) :

Action unilatérale de « aimer » sur « ne pas pouvoir sentir ». Faux paradoxe (au niveau dénotatif, la phrase ne comporte aucune contradiction interne).

Ici, c'est le sens propre qui est dénoté, et le sens figuré connoté.

(2) Couple de termes entre lesquels existe une relation de contraste :

« Le jour de l'an est le seul jour où les femmes oublient votre passé à cause de votre présent » (Sacha Guitry) :

présent $\begin{cases} \text{dénoté = cadeau (à cause du contexte global)} \\ \text{connoté = actualité (à cause de la relation contrastive} \\ \quad \text{avec « passé »).} \end{cases}$

Action unilatérale.

« Il veut que tous les hommes soient frères, certes, mais inégaux dans le choix de l'âme sœur » (André Arnaud, Europe n° 1, 31 oct. 1973, à propos de l'archevêque de Canterbury) :

Action mutuelle.

Chacun des deux termes de la relation contrastive réactive le sens propre de l'autre.

(3) Couple de parasynonymes :

« Quand on a quelqu'un dans la tête, mieux vaut ne pas avoir de boutons sur la figure » (publicité Clearasil) :

Action unilatérale.

« Pour que la vie conjugale soit supportable, il ne faut pas que les époux aient des occupations professionnelles trop dissemblables : ainsi, il n'y a rien de bon à attendre du mariage entre un homme de peine et une fille de joie » (double sens suscité par un couple d'antonymes) ; « en revanche, un prud'homme sera le mari idéal pour une sage-femme » (*Almanach Vermot*, 1974, 84ᵉ année, p. 41) :

Action mutuelle de « prud' » sur « sage » et de « sage sur « prud' ».

Sens dénoté : sens figuré que les mots prennent à l'intérieur d'une locution indécomposable.

Sens connoté : sens propre de x et y extraits de leur combinatoire figée, qui resurgit à cause de la relation synonymique.

Le jeu consiste à faire semblant de prendre au pied de la lettre ces locutions, à prendre le sens connoté pour le sens dénoté, et à conclure de cette interprétation erronée une vérité psychologique (prude = sage ; donc le prud'homme et la sage-femme ont la même activité professionnelle ; donc, ils sont faits pour s'entendre).

(4) Couple de mots renvoyant à des faits référentiellement associés [135] :

« Quand les parents boivent, les enfants trinquent » :

Action unilatérale de « boire » sur « trinquer ».

« Collants Ergee. Ils s'étirent sans bâiller » :

Action mutuelle. Réactivation des sens propres.

— Allusion à une expression figée :

(1) homophonique :

« Entrez dans l'Aronde »
« Taky, l'agent de peau lisse » (ici le caractère tarabiscoté de l'expression fonctionne comme un signal du calembour, l'existence du double sens justifiant en quelque sorte la bizarrerie de la formule).

---

(135) Voici d'autres exemples encore :
« Au volant la vitesse c'est dépassé » (ce calembour est assez malencontreux, car il risque d'encourager à la vitesse, associée à la griserie du « dépassement », plutôt que d'en décourager).
« Ils n'avaient jamais dénoncé Madame Rosa à la police quand elle avait jusqu'à dix enfants de putes qui faisaient du bordel dans l'escalier » (Emile Ajar, *La vie devant soi*, Mercure de France, Paris, 1975, p. 142). Notons au passage que lorsque le narrateur décrit en ces termes la maladie de Madame Rosa : « elle ne pourra plus penser et va vivre comme un légume » (p. 129), l'expression s'explique par les deux transferts *in absentia* :
(vie) végétative → végétale : confusion paronymique ;
végétal → légume : transformation substantive.

« S'il fut Centaure, il ne fut pas toujours sans reproche » (définition de mots croisés).

(2) homophonique et homographique :

« Avec le Crédit Lyonnais, même quand on est loin de son compte, on est près de ses sous ».

(3) paronymique [136] :

« Briquets X, un nouvel art d'embraser en douceur » (ici, le paronyme « embrasser » surgit d'autant plus facilement que la photographie qui illustre ce slogan évoque un tête à tête intime et tendre).
« Ayez de la Suisse dans les idées » (publicité pour un fromage suisse).
« Assurez vos dents à la sécurité Signal ».
« Les grands méchants doux (Philips) » (c'est ici l'accompagnement musical qui rappelle le thème des grands méchants loups).
« Beaucoup de femmes ne voient dans leur mari qu'un auditeur qui est forcé d'écouter leurs papotages sur les voisins. De ces ménages, on dit qu'ils vivent sous le régime de la communauté réduite aux caquets. Mais il y a aussi des femmes qui n'adressent plus la parole à leur mari que le dernier jour du mois, pour leur dire : Fiche-moi la paye ! » (Almanach Vermot).

Le mécanisme sémantique est le suivant : le sens dénoté, imposé par le contexte, correspond à une cassure de la lexie ; quant au sens connoté, quoique inadéquat à l'isotopie, il se maintient grâce à l'habitude que l'on a d'associer un sens particulier à l'expression figée, et éventuellement grâce à l'action annexe de faits paralinguistiques, ou linguistiques (comme le caractère peu naturel de la formule ; cf. « l'agent de peau lisse », ou « fiche-moi la paye »).

Retenons de cette étude des calembours :

— Qu'ils sont tous marqués d'une connotation stylistico-énonciative (caractère ludique de l'énoncé, donc facétieux de l'énonciateur).

— Qu'on ne peut parler à leur sujet de connotation « sémantique » (enrichissement du contenu dénoté) que lorsque sont remplies les conditions suivantes :

● plusieurs niveaux sémantiques s'attachent à un même signifiant (syllepse, vs antanaclase) ;

● ces niveaux sont hiérarchisés (ce qui est généralement le cas).

2. *La métaphore.*

Rappelons comment fonctionnent comparativement la similitude, la métaphore in praesentia, et la métaphore in absentia.

_____

(136) Nous sortons ici du domaine de la syllepse proprement dite. Mais la paronomase in absentia en est si proche qu'il est tentant d'en donner quelques exemples.

— Comparaison : x est comme y (« La terre est comme une orange »).

La similitude énonce une relation d'analogie perçue entre deux dénotés, sur la base d'une propriété commune p, qui peut rester implicite ou s'expliciter linguistiquement.

La copule comparative maintient l'existence indépendante des deux éléments correspondant à x et y.

— Métaphore in praesentia : x est y (« La terre est une orange »).

La suppression du « comme » identifie les deux dénotés : de la comparaison on passe à l'assimilation.

— Métaphore in absentia : y (qui renvoie à un x implicite) (« nous vivons sur une orange »).

L'objet normalement dénommé par x se trouve représenté dans l'énoncé par y : alors qu'il est représenté comme étant analogue à l'objet dénoté par y dans la comparaison, et identique à cet objet dans la métaphore in praesentia, il est ici décrit *comme étant* le dénoté de y. Cette métamorphose du référent s'accompagne d'une double substitution — substitution de y à x (perspective onomasiologique), et d'un sens figuré de y à son sens littéral (perspective sémasiologique), donc de la création d'un trope, que l'on peut décrire ainsi :

$$Sa \rightarrow S\acute{e}_1 \longrightarrow S\acute{e}_2$$
$$\underline{\qquad\qquad\qquad}$$

même référent

$S\acute{e}_1$: correspond au sens littéral de l'unité lexicale, que l'on décode d'abord dans la mesure où il est attaché au Sa par une règle codique, mais qui ne peut s'actualiser dans le contexte pour des raisons de cohérence combinatoire ou de vraisemblance référentielle. Pour que soit résorbée l'anomalie, il faut que le $S\acute{e}_1$ renvoie à un

$S\acute{e}_2$: plus adéquat au contexte, et relié au $S\acute{e}_1$ par un ou plusieurs métasèmes.

Que se passe-t-il au niveau sémantique dans ces trois types d'images ?

— Comparaison :

Pour évaluer correctement la fonction informative de la comparaison, il conviendrait de distinguer différents cas, selon que p est exprimé ou pas, et selon que x et y ont une valeur particulière ou générique :

> la terre est (bleue) comme une orange
> la terre est (bleue) comme cette orange
> tu es (bleue) comme une orange
> tu es (bleue) comme cette orange.

Disons simplement que lorsque x et y sont utilisés de façon générique (que la classe qu'ils dénotent comprenne un élément, ou une infinité), il arrive que la comparaison se fonde sur une propriété sémique de x et de y : dans ce cas, elle n'engendre aucun enrichissement sémantique, et se contente, en « emphatisant » l'une des propriétés de x (et de y), de modifier la hiérarchie de leurs traits sémantiques. Mais il arrive aussi que p corresponde à une propriété inédite de x et/ou y, c'est-à-dire à une de ces valeurs plus ou moins individuelles et subjectives qui s'associent à la représentation du concept, et ont statut de connotations. C'est le cas par exemple des fameux « Beau comme... » de Lautréamont qui fascinaient Breton, pour qui la comparaison n'avait rien à envier, quant à l'efficacité poétique, à la métaphore [137]. Dans des cas de ce genre en effet, la comparaison est connotativement informative, c'est-à-dire qu'elle charge de valeurs additionnelles le contenu dénotatif de x et/ou y (plus précisément, de x et/ou y lorsque p est explicite, et de x seulement si p est implicite [138]).

Tout ce qui est généralement dit de la métaphore in praesentia peut tout aussi bien s'appliquer à la similitude. Si l'on compare :

(1) la terre est comme une orange

(2) la terre est une orange

(1) la Tour Eiffel est comme une bergère

(2) la Tour Eiffel est une bergère ;

on constate que dans (1) comme dans (2), l' « image » de l'orange et de la bergère se trouve « associée » à celle de la terre et de la Tour Eiffel ; et que dans (1) comme dans (2), il s'agit d'extraire de y un certain nombre de valeurs sémantiques susceptibles de venir enrichir le contenu dénotatif de x.

— Où est donc la différence entre (1) et (2) ?

C'est qu'en principe, lorsque je dis que la Tour Eiffel est *comme* une bergère, je déclare que x possède *certaines* propriétés, et certaines propriétés seulement, de y ; tandis que si j'affirme que la Tour Eiffel *est* une bergère, j'ai l'air de dire qu'elle en possède *toutes* les propriétés sans exception. Mais en principe seulement. Car M. Le Guern reconnaît lui-même que la métaphore opère une « sélection sémique qui permet à l'expression métaphorique de n'exprimer qu'un aspect de la réalité qu'elle désigne » (p. 102). Et Ricœur, après avoir repris à son compte l'attitude qui consiste à considérer qu'un hiatus sépare la comparaison de la métaphore, finit par admettre (p. 312) que dans la métaphore in absentia, la copule « être » doit s'analyser en structure

_____

(137) Cf. « Le mot « comme » est le plus beau de la langue française, qu'il soit dit ou tu ».

(138) Comparer :
« tu es belle comme un camion = un camion est beau : enrichissement de y ;
« tu es comme un camion » = dans ce cas le décodage de la métaphore conserve intact le contenu de y, et tente d'en extraire certaines valeurs qui viendront enrichir la représentation du sujet dénoté par « tu ».

profonde comme un « est + n'est pas », c'est-à-dire finalement, un « est comme »...

La différence est donc dans la façon dont s'explicite la relation de ressemblance, qui reste fondamentalement la même dans les deux cas : la comparaison « exhibe le moment de la ressemblance » (Ricœur, p. 46) que la métaphore dissimule sous les dehors d'une identité fictive : car personne n'est dupe de la copule « être » : la Tour Eiffel n'est pas vraiment une bergère, ce n'est qu'une façon de parler, une manière de dire, une ruse du discours, un « bel attrape-gogos » que ce « petit jeu bien connu « tu es vessie, je te fais lanterne »... vessie est la vessie et lanterne la lanterne » (Jan-Louis Bory [139]).

En d'autres termes : comparaison et métaphore décrivent une relation d'analogie, qui est explicitée comme telle dans le « comme » comparatif, et suggérée en filigrane par le « est » doublement métaphorique :

parce qu'il relie les deux termes de la métaphore in praesentia ;

parce qu'il constitue lui-même une métaphore in absentia :

explicitement, il désigne une relation d'identité (est, intégralement) ; implicitement, il suggère une analogie (est, à certains égards). La différence n'est certes pas négligeable : assimiler à la comparaison la métaphore in praesentia, ce serait traduire le « est » en un « est comme », c'est-à-dire détruire la métaphore in absentia que constitue la copule verbale en rayant abusivement sa valeur littérale, et cette tension dialectique qu'il institue entre identité et différence, tension qui caractérise, ainsi que le montrent certaines formules éloquentes de Ricœur, la métaphore : « il n'est pas d'autre façon de rendre justice à la notion de vérité métaphorique que d'inclure la pointe critique du « n'est pas » (littéralement) dans la véhémence ontologique du « est » (métaphoriquement). En cela, la thèse ne fait que tirer la conséquence la plus extrême de la théorie de la tension ; de la même manière que la distance logique est préservée dans la proximité métaphorique, et de la même manière que l'interprétation littérale impossible n'est pas simplement abolie par l'interprétation métaphorique mais lui cède en résistant —, de la même manière, l'affirmation ontologique obéit au principe de tension et à la loi de la « vision stéréoscopique ». C'est cette constitution tensionnelle du verbe être qui reçoit sa marque grammaticale dans « l'être-comme » de la métaphore développée en comparaison, en même temps qu'est marquée la tension entre le *même* et l'*autre* dans la copule relationnelle » (p. 321).

Il n'est donc pas question de minimiser la distance qui sépare la comparaison de la métaphore in praesentia, mais de remarquer que c'est la même distance — une étape de plus dans l'implicitation de

---

(139) *Ma moitié d'orange*, Julliard, Paris, 1973, p. 15.

la non-identité de x et de y — qui sépare la métaphore in praesentia de la métaphore in absentia [140].

— En effet, s'il est vrai qu'à un certain niveau, ces trois images expriment une relation d'analogie et non d'identité, elles se situent en trois points différents de l'axe représentant le degré d'explicitation/implicitation de l'expression de cette analogie :

comparaison : explicitation totale (« comme ») ;

métaphore in praesentia : implicitation partielle (« est » désigne l'identité, mais suggère l'analogie) ;

métaphore in absentia : implicitation totale (absence de tout indicateur de distance entre x et y).

Il s'agit maintenant de voir de plus près comment s'appliquent à ces trois sortes d'images les concepts constitutifs de la problématique de la connotation, étant bien entendu qu'elles sont toutes trois porteuses, à des degrés divers, d'une connotation « poétique » (stylistique), mais que ce qui nous intéresse ici, c'est l'aspect sémantique du processus connotatif.

— Comparaison.

A titre d'hypothèse, on peut reprendre ici la distinction qu'introduit Cohen — à propos de la métaphore, mais elle s'adapte aussi à la similitude — entre l'image « de premier degré », fondée sur des sèmes, et l'image « de second degré », dans laquelle l'analogie repose sur des traits connotatifs. Dans le premier cas, x et y conservent intégralement la valeur dénotative que leur attribue le code lexical. Dans le second, x [141] se trouve enrichi de valeurs additionnelles qui résultent de sa mise en relation avec y.

Sa de connotation :

Il convient une fois de plus de distinguer le mécanisme générateur du fait connotatif : c'est la structure « x est comme y », et le support x où se localise l'enrichissement sémantique.

Sé de connotation :

C'est l'ensemble des valeurs ajoutées au contenu dénotatif de x par le mécanisme associatif.

— Métaphore in praesentia.

Sa de connotation :

mécanisme générateur : la structure « x est y » ;
support : x.

---

(140) Qui ne sont pas distinguées, et son analyse pêche par un binarisme abusif, par Ricœur.

(141) Et parfois, y. Mais, dans la phrase « tu es belle comme un camion », la propriété de « beauté » qui s'attache au « camion » résulte de la phrase élidée « un camion est beau » qui est présupposée par la tournure comparative, mais sans en faire véritablement partie.

Sé de connotation :

A la différence de ce qui se passe dans la comparaison, la métaphore, même de premier degré, n'est jamais connotativement vaine, car elle institue, à un certain niveau, une équivalence (qui se trouve, on l'a vu, récusée à un autre niveau) entre deux termes non synonymes x et y, dont le premier est le principal bénéficiaire car en dépit des apparences, la formule « x est y » n'est pas symétrique : y prédique à propos de x, et non l'inverse.

Il y a, nous l'avons dit, quelque contradiction à prétendre à la fois que la métaphore n'a rien à voir avec la comparaison, et qu'elle opère une « sélection sémique », ce qui la ramène en fait au cas de la comparaison. La seule solution acceptable est celle de Ricœur qui consiste à dire qu'à un certain niveau, seules les valeurs de y qui ne sont pas incompatibles avec x viennent l'enrichir connotativement (si la métaphore est de second degré) ; mais qu'à un autre niveau (et cela vaut même pour les métaphores de premier degré) c'est la totalité du sémantisme de y qui vient s'agglutiner au contenu de x — conjonction monstrueuse, concept inconcevable, mais la métaphore ne relève pas, comme le répète à juste titre M. Le Guern, de la communication logique.

Nous dirons donc que le signifié de connotation, c'est le réseau complexe des valeurs sémantiques de y qui se greffent sur le contenu dénotatif de x, mais qui ne reçoivent pas toutes le même statut en x, qui s'organisent hiérarchiquement au cours de l'opération de transfert, et parmi lesquelles il convient de privilégier les véritables « métasèmes » qui « motivent » la métaphore et fondent cette pseudo-synonymie inédite [142].

— Métaphore in absentia.

Sa de connotation :

mécanisme générateur : l'incompatibilité combinatoire ;

support : le terme y [143], ayant phagocité le terme x (mais en réalité, c'est bien ce terme absent, cette « lune » que Hugo métamorphose en « faucille d'or », qui bénéficie au premier chef de l'identification métaphorique).

Sé de connotation :

Le contenu d'un terme fonctionnant comme métaphore in absentia peut être décomposé, nous l'avons dit, en deux éléments $Sé_1$ et $Sé_2$, dont l'un correspond au sens littéral de y, et l'autre à sa valeur figurée

---

(142) On peut en effet considérer la métaphore d'invention comme l'instauration, en même temps que d'une polysémie, d'une synonymie inédite (que conteste la copule métaphorique en même temps qu'elle la pose) — synonymie in praesentia dans la métaphore in praesentia , synonymie in absentia dans la métaphore in absentia.

(143) A moins que ce ne soit son $Sé_1$, à partir duquel s'engendre le $Sé_2$. Mais la remarque qui suit infirme cette hypothèse.

(correspondant elle-même au sens littéral de x). On pourrait être tenté de poser les équivalences :

Sé$_1$ = sens littéral = Sé de dénotation ;

Sé$_2$ = sens figuré = Sé de connotation ;

et nombreux sont les auteurs qui cèdent en effet à cette tentation.

Par exemple :

● U. Eco déclare, à propos de la métonymie : « La chaire de Saint-Pierre a accouché d'une encyclique », que « la convention rhétorique attribue au terme /chaire/ (dans le contexte du syntagme /chaire de Saint-Pierre/) un signifié connotatif « Souverain Pontife » » [144].

● M. Arrivé affirme que dans la métaphore, « le morphème comporte deux contenus hiérarchisés ; l'un — le « sens propre » — n'est autre que son contenu de dénotation ; l'autre — le « sens figuré » — est son contenu de connotation » (*Langages de Jarry*, p. 23).

● P. Caminade (*Image et métaphore*, p. 109) identifie explicitement, dans « Filets de vos longs cils de soie », le sens littéral de « filets » au sens dénotatif. Même chose chez :

● Cohen, dont Caminade d'ailleurs s'inspire, et qui représente ainsi le mécanisme de la métaphore :

---

(144) *La structure absente*, p. 103.
D'autre part Eco développe dans *Tel Quel* n° 55 une thèse qui rappelle celle de la *Rhétorique générale* : « Notre discours a pour but de montrer que chaque métaphore peut être ramenée à une chaîne sous-jacente de connexions métonymiques » (p. 26), thèse dont nous n'avons pas parlé car l'argumentation qui l'étaye nous semble fondée sur de douteux sophismes : « Toute explication qui ramène le langage à la métaphore ou qui montre que dans le domaine du langage, il est possible d'inventer des métaphores, renvoie à une explication analogique (et donc métaphysique) du langage et suppose une doctrine de la créativité linguistique de type idéaliste. Si par contre on peut fonder l'explication de la créativité du langage (supposée par l'existence de métaphores) sur des chaînes métonymiques qui se fondent à leur tour sur des structures sémantiques identifiables, alors il est possible de ramener le problème de la créativité à une description du langage qui s'appuie sur un modèle susceptible d'être traduit en termes binaires : ce qui veut dire (même à titre expérimental et seulement pour des parties restreintes du système sémantique global) qu'il est possible de construire un automate capable d'engendrer et de comprendre des métaphores » (pp. 27-28). Eco tente ensuite de montrer (en jouant sur la notion de contiguïté, textuelle ou référentielle) comment une association métaphorique peut se ramener à une chaîne (parfois très longue) de connexions métonymiques que l'on « court-circuite » au décodage. Tout cela n'est guère convaincant. En effet :
— Il est certain que de proche en proche on peut toujours établir cette « chaîne métonymique », car tout se tient en ce bas monde. Mais nous ne voyons pas en quoi cela éclaire un tant soit peu les mécanismes métaphoriques. Et comme il ne suffit pas d'établir une chaîne métonymique quelconque pour fabriquer une métaphore (même si l'on admet que toute métaphore s'y ramène), le traitement automatique de la métaphore que propose Eco n'est pas pour demain.
— Les assimilations analogie = métaphysique = idéalisme, sont un peu rapides.
— On ne voit pas ce que le binarisme vient faire dans cette opposition métonymie/métaphore.

$$Sa \longrightarrow \underset{\substack{\text{dénotation} \\ \text{sens notionnel}}}{Sé_1} \longrightarrow \underset{\substack{\text{connotation} \\ \text{sens émotionnel [145]}}}{Sé_2}$$

Pourtant, il est clair que c'est le $Sé_2$ (« croissant de lune » dans le cas de « faucille d'or ») qui est le plus rationnel, le plus notionnel, et qui assure la cohérence dénotative [146] ; qu'au contraire, c'est le $Sé_1$ (« instrument agraire ») qui correspond au sens émotionnel, subjectif, imaginaire. Si, comme le déclare à juste titre M. Le Guern, le niveau connotatif, c'est le niveau interprétatif du langage ; si la métaphore agit sur la sensibilité en créant une « image associée » qui se surajoute à la représentation objective de l'objet, alors c'est le $Sé_1$ qui relève de la connotation, puisque c'est lui qui porte tout le poids de la transfiguration imaginaire.

Le trope opère donc, comme l'ironie, une sorte de renversement du mécanisme usuel de la connotation, qui explique l'erreur si souvent commise dans l'analyse du processus [147] :

sens littéral = connotatif vs figuré = dénotatif ;
sens littéral = renvoie au dénoté imaginaire vs figuré = renvoie au dénoté réel.

Et une fois de plus, Genette se montre perspicace lorsqu'après avoir déclaré que « ″flamme″ connote aussi, et d'abord, le détour par l'analogie sensible, la présence du comparant dans le comparé, autrement dit, ici : le feu de la passion », il précise en note : « Il nous semble que le plus juste est de considérer, dans le trope, comme dénoté, bien que « second », le sens figuré (ici : « amour »), et comme connotés, entre autres, la trace du sens littéral (« feu ») et l'effet de style, au sens classique, de la présence même du trope (« poésie ») »[148]. Cette phrase résume l'essentiel de ce qui caractérise le fonctionne-

---

(145) Mais plus loin, Cohen contredit cette analyse lorsqu'il affirme que dans « faucille d'or », la représentation de l'objet-faucille constitue une « image émotionnelle » de l'objet-lune.

(146) Pour M. Le Guern, la métaphore, et plus généralement l'image, se définit « par l'emploi d'un lexème étranger à l'isotopie du contexte immédiat » (p. 53). Mais il semble difficile d'admettre simultanément :
— qu'une séquence est isotope dès lors qu'elle comporte une récurrence de sèmes ;
— que la métaphore, à la différence de la métonymie, se caractérise par le fait que les deux sémèmes qui interviennent dans le trope sont en intersection sémique ;
— que la métaphore, et pas la métonymie, provoque une rupture d'isotopie.

(147) Laquelle s'explique peut-être aussi par une identification de la démarche sémasiologique :

$$Sa \text{ « faucille »} \rightarrow \underset{\substack{\text{littéral} \\ \text{connotatif}}}{Sé \text{ /faucille/}} \rightarrow \underset{\substack{\text{figuré} \\ \text{dénotatif}}}{Sé \text{ /lune/}} \longrightarrow \text{objet-lune}$$

à la démarche onomasiologique :

$$\underset{\text{dénomination}}{\text{objet-lune}} \longrightarrow \underset{\text{littérale}}{\text{« lune »}} \longrightarrow \underset{\text{figurée}}{\text{« faucille »}}$$

(148) « Langage poétique, poétique du langage », in J. Kristeva, Essais de sémiotique, p. 437, note 31.

ment sémantique de la métaphore, à savoir le fait : que les informations qu'elle fournit sont à la fois « stylistiques » et « sémantiques » ; que c'est le sens littéral qui est connoté et le sens figuré dénoté ; que les deux coexistent sans qu'aucun ne chasse l'autre. Sans doute, le sens dénotatif est-il prévalent ; sans doute l'interprétation littérale « cède-t-elle en résistant » à l'interprétation métaphorique [149] : ce qui s'actualise véritablement dans la métaphore, c'est le $Sé_2$, mais enrichi de toutes sortes de valeurs (connotatives) attachées au $Sé_1$. C'est pourquoi une métaphore n'est jamais équivalente à sa traduction littérale [150]. C'est pourquoi la vision métaphorique est « stéréoscopique » — sachant bien qu'il s'agit ici d'un stéréoscope métaphorique, qui superposerait deux images sensiblement différentes du même objet [151], dont on percevrait plus nettement la seconde, que viendrait surimpressionner, surdéterminer, la première [152].

Dernier point de cette investigation : la métaphore et les phénomènes apparentés :

— Problème de la métaphore surréaliste [153].

Soit la phrase : « J'écris sur un papier jaune avec une Rolls Royce ». Il y a deux manières de lui donner une interprétation sémantique :

en donnant à « Rolls Royce » une valeur métaphorique ;
en considérant que la phrase décrit une réalité onirique.

L'esthétique surréaliste relève plutôt du deuxième type d'interprétation [154] (encore qu'il soit souvent difficile de les dissocier, et que l'expression de « métaphore surréaliste » dénote une réalité hétérogène). Plutôt que la description figurée d'une réalité rationnelle, il faut voir dans le discours surréaliste la description littérale d'un réel fantasmatique. Parler de « métaphore » surréaliste n'a plus alors de sens : « Jamais une erreur les mots ne mentent pas » (Eluard). La métaphore, envisagée comme la superposition d'une isotopie dénota-

---

(149) Ricœur, p. 320.
(150) Genette le dit aussi (p. 438) : « L' « angélus bleu » ne « signifie » pas seulement l'angélus paisible : même si l'on accepte la traduction proposée par Cohen, on doit admettre que le détour par la couleur importe au sens « affectif », et donc que la connotation n'a pas chassé la dénotation (notons que l'usage par Genette de ces deux substantifs est, en vertu de ce que nous venons de démontrer, quelque peu douteux).
(151) C'est pourquoi le procédé métaphorique n'a pas, comme le procédé stéréoscopique, une fonction réaliste.
(152) Les termes de « première » et « seconde » renvoient à la chronologie du décodage.
(153) Nous ne l'envisageons ici que du point de vue de la connotation. Pour d'autres aspects (en particulier génétiques) de la spécificité de la métaphore surréaliste, voir M. Riffaterre, in Langue française, n° 3.
(154) Par voie de conséquence, elle évacue ce que Jakobson appelle la fonction poétique du langage. C'est pourquoi sans doute Cohen reproche aux surréalistes d'avoir « porté au crédit des choses ce qui appartient au langage » (Structure du langage poétique, p. 133). Mais cela n'est vrai que d'une partie de l'activité surréaliste, celle qui consiste à enregistrer minutieusement la sur-réalité.

tive et d'une isotopie connotative (lorsqu'il y a filage) se détruit au profit de l'actualisation d'un niveau sémantique unique d'un type particulier.

— Une autre manière de détruire la métaphore, c'est de la filer si parfaitement qu'il devient impossible de déterminer quel est le niveau littéral, et quel est le niveau figuré, comme dans ce poème de Mallarmé, « Salut », qui dénote à la fois, sans que l'on puisse privilégier l'une des deux isotopies, un banquet et une navigation [155].

La rhétorique appelle ce procédé « allégorie » [156] : c'est une métaphore, non pas filée, mais généralisée : « La différence entre métaphore et allégorie... consistera en ce que l'énoncé métaphorique comporte des termes non métaphoriques avec lesquels le terme métaphorique est en interaction, tandis que l'allégorie ne comporte que des termes métaphoriques » [157].

Dans les deux cas qui viennent d'être envisagés, la notion de connotation cesse d'être pertinente, mais pour des raisons différentes :

dans la métaphore surréaliste, parce que s'actualise un seul niveau sémantique ;

dans l'allégorie, parce qu'il y a bien deux niveaux, mais entre lesquels on ne peut sans arbitraire instituer de hiérarchie.

— Métaphore et connotation symbolique.

Soit cette expression, qui décrit la « Pénélope » de Brassens : « Derrière tes rideaux (dans ton juste milieu) »... Elle renvoie, c'est certain, à la signification : « dans ta vie calfeutrée de petite bourgeoise de banlieue ». Mais il n'y a pas pour autant métaphore. De même l'expression « hier, je me suis acheté une livre de foie gars » connote « je suis riche et/ou dépensière ». Cela n'autorise pourtant pas à affirmer que « acheter du foie gras » est un substitut métaphorique de « avoir de l'argent » [158].

La métaphore n'a d'existence réelle que lorsque le sens propre est inacceptable dans le contexte, et renvoie obligatoirement à un sens

---

(155) L'isotopie de l'écriture est en revanche, d'après Rastier, connotée.

(156) A ne pas confondre avec l' « allégorisme » (Fontanier, p. 115), qui correspond à la métaphore filée.

(157) *La métaphore vive*, p. 219. Mais l'exemple que propose Ricœur : « Le bateau ivre a rejoint le grand voilier solitaire » n'est pas satisfaisant : il s'agit bien ici, dénotativement, de Malraux et de De Gaulle, et la phrase comporte une métaphore filée, mais pas d'allégorie, au sens qui vient d'être attribué à ce terme. L'allégorie ne peut d'ailleurs fonctionner qu'au niveau du texte clos et complet, car pour être sûr que l'identification du dénoté véritable est « indécidable », il faut avoir épuisé toutes les déterminations contextuelles.

(158) Autre exemple encore : Lorsque Chabrol (*Le récit féminin*, p. 46) décèle dans ce texte de *Elle* : « Le repas c'est bien une des plus agréables façons d'être ensemble. Les amoureux... savourent leur bonheur au cours d'un tendre dîner en tête à tête... Bien sûr mari et femme ont l'habitude de manger face à face et tous les plats finissent par se ressembler un peu... », deux isotopies, culinaire et sexuelle, on peut admettre qu'effectivement la première connote symboliquement la seconde. Mais il ne s'agit pas d'une métaphore.

figuré qui s'intègre à l'isotopie dénotative. Dans les phrases précédentes, c'est au contraire le sens littéral qui assure la cohérence
dénotative, sens sur lequel se greffent d'autres valeurs suggérées par
contiguïté référentielle, c'est-à-dire connotées symboliquement : la
hiérarchie des niveaux sémantiques est inverse.

— Métaphore et syllepse.

Seule nous intéresse ici la syllepse que nous avons appelée
« double sens avec allusion » : elle possède en effet, comme la métaphore in absentia, la propriété d'attribuer à un même signifiant deux
valeurs sémantiques superposées et hiérarchisées. Pourtant, leur effet
stylistique est très différent (en gros : effet poétique/ludique). Différente est aussi la relation qui s'instaure entre les deux niveaux
sémantiques :

● Métaphore : $Sa \longrightarrow Sé_1 \longrightarrow Sé_2$

$$\underbrace{}_{\text{même dénoté}}$$

Ex. : « faucille » → /faucille/ → /lune/

Le $Sé_2$ est inédit, occasionnel — du moins dans la métaphore vive,
qui seule est comparable au calembour (quant à la métaphore lexi-
calisée, elle pose les mêmes problèmes que les autres faits de polysémie). Il se déduit du $Sé_1$, qui lui relève du code lexical. Et surtout,
les deux signifiés renvoient au même référent : la métaphore présente
du *même* objet, qui est *à la fois* identifié comme lune, et perçu
comme faucille, deux visions superposées et stéréoscopiquement
fusionnées.

● Calembour :

$$Sa \begin{cases} Sé_1 \rightarrow \text{dénoté}_1 \\ Sé_2 \rightarrow \text{dénoté}_2 \end{cases}$$

Exemple :

$$\text{« présent »} \begin{cases} \text{/cadeau/} \\ \text{/actualité/} \end{cases}$$

Le calembour s'oppose, sur tous les points qui viennent d'être
envisagés, à la métaphore. Le $Sé_2$ relève, tout autant que le $Sé_1$, du
code lexical [159]. Les deux valeurs sémantiques ne se déduisent pas l'une
de l'autre, mais elles sont indépendamment suscitées par le contexte.
Et elles renvoient à deux dénotés distincts : il y a incompatibilité,
tiraillement entre les deux interprétations, dont l'une parasite l'autre.
Le double sens crée une tension de l'esprit — qui, d'après Freud, se
décharge dans le rire.

_____

(159) C'est pourquoi le langage de l'image ne comportant pas de lexique
codifié, il est si difficile, s'agissant d'un dessin ou d'une photographie à double
sens, de déterminer si l'on a affaire à une syllepse ou à une métaphore.

La métaphore correspond à une vision harmonieuse et syncrétique du réel [160], le calembour à une vision conflictuelle.

Pour terminer sur ce chapitre, disons avec Ricœur que la métaphore est bien informative. Sans doute connote-t-elle par excellence la « poésité ». Sans doute fait-elle résonner dans le texte des échos émotionnels, et ne relève-t-elle pas de la communication logique. Mais Ricœur a raison de s'interroger sur la nature, psychologique et/ou sémantique, de cette « image associée » qui vient s'agglutiner au contenu dénotatif du terme employé métaphoriquement [161], et de s'insurger contre une conception purement « affectiviste » de la métaphore, telle qu'elle se trouve formulée chez Cohen. Cependant, nous ne le suivons plus lorsqu'il prétend voir une incompatibilité théorique entre cette conception « informativiste », et la description « substitutive » du phénomène métaphorique. Nous pensons avoir suffisamment montré :

— que la métaphore est d'abord un fait de dénomination inédite ;

— qu'elle n'a pas seulement pour fonction d'affectiviser le message, ou de connoter : « ici, poésie ! », mais qu'elle est génératrice de valeurs sémantiques additionnelles qui viennent enrichir la représentation du référent .

Sa fonction connotative est donc triple.

Pour cerner d'un peu plus près la connotation associative, nous l'avons regardée fonctionner à travers un certain nombre de faits que nous avons essayé de décortiquer. Mais cet échantillonnage ne doit pas masquer l'étendue du phénomène, et l'incroyable diversité des mécanismes associatifs, qui jouent dans la production discursive (qu'il s'agisse des associations par collocation, par affinité phonétique, par proximité sémantique, ou par contiguïté référentielle) un rôle fondamental : parler, c'est associer — mais c'est aussi résister à la pression incessante de la dynamique associative, et maîtriser la prolifération anarchique des signes [162].

-----

(160) Ricœur parle bien de cette « tension » qui caractérise la métaphore. Mais nous pensons que si tension il y a, c'est plus « dans la fonction relationnelle de la copule : entre l'identité et la différence dans le jeu de la ressemblance » (p. 311), que dans la relation qui s'instaure entre les interprétations littérale et métaphorique.

(161) Ricœur signale en effet une espèce de contradiction dans la conception de l'image associée telle que la définit M. Le Guern : « Si elle désigne, en tant que fait de connotation, un caractère extrinsèque par rapport à l'information logique, l'image est alors rattachée du dehors au contenu de signification ; mais comment peut-elle, dans cette position, contribuer à supprimer l'incompatibilité sémantique ? » (pp. 237-238).

(162) Ce que les aphasiques ne parviennent pas toujours à faire. Ainsi, l'un d'eux répond à la question : « Espérez-vous aller dans la lune ? » par la « phrase » : « C'est moins le plune », que l'on peut hypothétiquement expliquer ainsi :

— loin/lune → moins/plus (confusion des deux couples reliés paronymiquement) ;

— lune → plume (qui assonent dans « Au clair de la lune ») ;

— plus + plume + lune → plune.

Tous les mécanismes qui ont été décrits ou évoqués ont pour effet commun de greffer sur le contenu littéral des unités textuelles des valeurs additionnelles qui viennent surdéterminer le dire dénotatif. Ainsi, « la métaphore n'est qu'une des tactiques relevant d'une stratégie générale : suggérer quelque chose d'autre que ce qui est affirmé. L'ironie est une autre tactique : vous suggérez le contraire de ce que vous dites en retirant votre affirmation dans le moment même où vous la posez » [163]. Mais cela vaut pour la plupart des mécanismes associatifs (autre exemple : la paronomase suggère une affinité sémantique qui n'existe pas nécessairement au plan dénotatif), qui mettent en lumière ce fait que la connotation entretient avec l'implicite discursif des relations privilégiées, et qu'elle noue avec lui un pacte dont l'existence nous semble aussi évidente, que les modalités obscures.

E. — Les significations implicites comme valeurs connotées

Comme les présupposés, les connotations d'un terme sont en général maintenues lorsque ce terme est nié [164] ; comme les sous-entendus, les connotations sont plus souvent suggérées que véritablement assertées : leur sémantisme est flou, leur décodage aléatoire, et leur actualisation tributaire du contexte. On comprend que dans ces conditions soient souvent associées les problématiques de la connotation et de l'implicite discursif [165].

Il n'est pas question de proposer ici un inventaire des diverses modalités de l'implicite, ni d'analyser son fonctionnement : nous ne ferions que plagier Ducrot. Pas question non plus de tenter de partitionner en deux classes l'ensemble des faits relevant de l'implicite — ceux qui seraient susceptibles d'un traitement connotatif, et les autres —, car si certains présupposés lexicaux nous semblent avoir statut de sèmes [166] cependant que les sous-entendus et inférences phrastiques seraient plutôt à assimiler aux connotations, nous n'y voyons pas assez clair pour pouvoir effectuer sans arbitraire cette partition. Ducrot lui-même, lorsqu'il se demande si les inférences d'une phrase font ou non partie de son sens, en vient à adopter l'attitude

---

(163) Ricœur, *La métaphore vive*, p. 122.
(164) Ex. : « Ce n'est pas un nègre » (connotation axiologique) ;
    « Ce n'est pas une godasse » (connotation stylistique) — la négation étant employée normalement, c'est-à-dire de façon non métalinguistique.
(165) Ainsi, par :
Todorov : « On peut distinguer dans la phrase ce qui est posé (dit explicitement) de ce qui est présupposé (sous-entendu, connoté) » (*Langages*, n° 17, p. 10).
Slakta : « Les valeurs connotatives sont aussi fonction des présuppositions » (*Langages*, n° 23, p. 128).
Zuber, qui appelle « connotations » les éléments sémantiques qui accompagnent normalement P, sans être des constituants du contenu sémique de P, et qui s'apparentent, dit-il, aux « traits impliqués ».
(166) Dans la mesure où ils jouent un rôle distinctif au cours de l'acte dénominatif.

mitigée et prudente qui consiste « à refuser d'admettre que la valeur inférentielle d'un énoncé soit constitutive, « ipso facto », de son sens, à refuser donc d'inclure automatiquement dans la description des éléments d'une langue, l'indication de leur effet dans l'inférence. Tout au plus on admettra que, pour certains tours particuliers, certaines possibilités d'inférence, particulièrement senties par les sujets parlants, sont partie intégrante de leur sens, ou tendent à le devenir » [167].

Nous allons donc nous retrancher derrière deux auteurs, Ricœur et Ducrot, qui utilisent explicitement le terme de « connotation », pour illustrer ce fait que toute phrase connote ses propres présupposés, ses inférences, et ses conditions de validité :

— Ricœur, p. 117 : « Une proposition déclarative peut établir une chose et en suggérer une autre qui, comme la première, peut être vraie ou fausse. Soit l'exemple de Frege : « Napoléon qui s'aperçut du danger sur son flanc droit, disposa lui-même sa garde contre la position ennemie ». La phrase « complexe » pose que Napoléon s'est aperçu... et a disposé... ; mais elle « suggère » que la manœuvre s'est produite *après* la reconnaissance du danger et *à cause* de cette reconnaissance, bref, que celle-ci était la raison pour laquelle Napoléon décida la manœuvre ; la suggestion peut se révéler être fausse : si l'on découvre par exemple que tel n'était pas l'ordre des décisions. Ce qu'une phrase « suggère » est donc ce que nous pouvons inférer que le locuteur probablement croit, par-delà de ce qu'il affirme ; le propre d'une suggestion est de pouvoir égarer. On peut l'appeler signification secondaire, parce qu'elle n'est pas ressentie comme aussi centrale ou fondamentale que la signification primaire ; mais elle fait partie de la signification. Nous dirons encore qu'elle est implicite et non explicite. Toute phrase, à des degrés divers, comporte ainsi une signification implicite, suggérée, secondaire ». Et, page suivante : « La signification explicite d'un mot est sa désignation ; *sa signification implicite, sa connotation* » [168].

— Dans *La preuve et le dire* (pp. 219-222), Ducrot s'interroge sur ce fait bien connu : toute phrase présuppose l'existence des référents dont elle parle. Ainsi, « parler du roi est un moyen d'affirmer qu'il y a un roi ». Mais il ajoute que normalement, si je dis que le roi est sage, c'est pour prédiquer à propos du roi, et non pour affirmer son existence. En revanche, « dans certains emplois connotatifs, un énoncé peut être utilisé pour affirmer ce qu'il présuppose : c'est que, dans ces emplois, le vrai signifiant n'est pas l'énoncé lui-même, mais la possibilité linguistique de l'énoncé. Ce qui est signifié alors, c'est que les conditions de cette possibilité se trouvent remplies ». De même, la phrase « ma voiture est au garage » peut avoir pour principale visée sémantique de signaler (ou de faire croire) [169] à mon interlocuteur que

---

(167) *Dictionnaire encyclopédique...*, p. 366.
(168) C'est nous qui soulignons.
(169) Le problème de la vérité/fausseté du présupposé d'existence est somme toute secondaire.

j'ai une voiture. Il arrive donc que la hiérarchie des assertions soit inversée, et que les paroles « doivent être entendues en connotation ». Pour cela, « il suffira qu'il soit impossible, vu ce que mon auditeur sait de moi, de les prendre autrement ».

Le mécanisme est donc analogue à celui qui caractérise la métaphore et l'ironie : le décodage du sens littéral étant bloqué par certains facteurs contextuels ou situationnels, il nous renvoie directement à une interprétation seconde plus vraisemblable. Et l'on peur parler à ce propos de « trope illocutionnaire ». Mais alors, il semble bien que le présupposé d'existence, lorsque c'est lui qui constitue l'objet véritable de l'assertion, change de statut, et devienne dénoté de connoté qu'il est généralement, selon un processus de renversement des niveaux sémantiques analogue à celui que l'on observe dans l'ironie et la métaphore.

Le problème du traitement connotatif de l'implicite discursif n'est donc pas simple. D'abord, on peut s'interroger sur la nature exacte du signifiant de connotation. Dans la phrase de Ricœur, c'est la succession des verbes employés à la même forme temporelle qui connote la relation chronologique et logique [170]. Dans celles de Ducrot, c'est le syntagme nominal actualisé [171], quel que soit son contenu lexical. Ce peut donc être un fait syntaxique, mais aussi une unité lexicale, ou une structure phrastique spécifiée par certains items lexicaux. D'autre part, on peut se demander dans quel cas le décodage de l'implicite repose sur la seule compétence linguistique, et dans quel cas il oblige à recourir à des « informations préalables » sur le référent de l'énoncé [172] ou le sujet d'énonciation [173].

En effet, la notion d'implicite est gênante car les sèmes eux aussi sont dans une certaine mesure, comme l'ont montré Fillmore et Lee

---

(170) Mais il arrive qu'à cette succession verbale corresponde une simultanéité diégétique :
« x mangeait, riait, buvait et parlait » : séquence « achronique » ;
« x mangea le pain, but quelques gorgées de vin, sourit et dit » : séquence « diachronique » (ces expressions sont de Todorov),
sans que l'on voie clairement ce qui détermine l'effet sémantique (les règles en sont sûrement plus complexes que celle-ci, à laquelle on pense d'abord : la juxtaposition produit une séquence achronique-diachronique selon que les verbes sont à l'aspect duratif/ponctuel).
(171) Pour Ducrot, « le vrai signifiant n'est pas l'énoncé lui-même, mais la possibilité linguistique de l'énoncé » (p. 219). Mais il semble plutôt que le lieu d'ancrage du fait connotatif, ce soit le syntagme actualisé, qui connote la possibilité de son utilisation, donc le fait que les conditions de cette possibilité se trouvent remplies.
(172) Soit la phrase de Delfeil de Ton (*Charlie-Hebdo*, 8 mai 1972) : « Si Pétain revenait, il n'y a vraiment que le nombre de bagnoles qui l'étonnerait ». On peut en inférer deux unités d'information, qui n'ont pas de ce point de vue le même statut :
1. « ne... que » → le reste ne l'étonnerait pas (présupposé lexical) ;
→ 2. La France vit dans un régime de type pétainiste → une série d'informations qui constituent l'ensemble de notre savoir préalable sur le pétainisme.
(173) Cf. Ducrot, *La preuve et le dire*, p. 221 : « J'ai toujours, lorsque je parle à quelqu'un, quelques idées sur lui d'une part, et d'autre part sur l'image qu'il se fait de moi, sur les sentiments, les volontés, les croyances qu'il m'attribue ».

Whorf, des « covert categories » — des catégories latentes, ou implicites, qui peuvent, nous l'avons vu, être traitées en termes de présupposés. Tant que ne sera pas clarifié ce concept d'implicite, avec
ses différentes facettes et ses différents degrés [174], il sera impossible
de savoir comment il s'articule exactement avec le concept de
connotation .

_____

(174) Cet axe est en effet graduel, lorsqu'il structure par exemple l'opposition
ternaire comparaison/métaphore in praesentia/métaphore in absentia.

— IV —

CONCLUSIONS

Les pages qui précèdent avaient essentiellement pour but d'essayer de regrouper sous une définition conjonctive des faits aussi hétérogènes en apparence que l'onomatopée et la métaphore, l'accent régional et le paragramme, la rime et l'ironie, et elles ont tenté de montrer que le problème de la connotation, même s'il est relégué dans un secteur marginal par les grandes constructions théoriques qui caractérisent la linguistique de ces dernières années (nous pensons surtout à la grammaire générative), et même si les réflexions qui lui ont été consacrées ont été menées en ordre dispersé, est loin de laisser indifférente la linguistique contemporaine, et qu'il n'est pas possible de dire comme Prieto que la connotation, « malgré la fréquence d'emploi de ce terme dans le discours des sémiologues, en est toujours au même point où l'avait laissée Hjelmslev »[1]. Il serait absurde d'arrêter à Hjelmslev, dont la théorie ne cesse de fasciner par son apparence brillamment intégratrice, mais pèche pour avoir voulu trop tôt extrapoler à partir d'un cas particulier, l'histoire de la connotation — et tout aussi injuste de l'y faire commencer.

Car dès l'époque classique (et sans doute bien avant), on voit poindre, sous une autre dénomination (le terme lui-même, dans son acception linguistique, ne date que de 1933), le concept de connotation. Nous en donnerons un seul exemple : celui de la *Logique* de Port-Royal, qui par l'expression d' « idée accessoire »[2] désigne quelque chose qui ressemble fort à la connotation : « Il arrive souvent qu'un mot, outre l'idée principale que l'on regarde comme la signification propre de ce mot, excite plusieurs autres idées qu'on peut appeler accessoires, auxquelles on ne prend pas garde, quoique l'esprit en reçoive l'impression » (p. 30). Exemple : « Si l'on dit à une personne, vous en avez menti, et que l'on ne regarde que la signification principale de cette expression, c'est la même chose que si on lui disait :

---

(1) *Pertinence et pratique*, p. 12.
(2) Quant au terme de connotation, il renvoie à la référence des adjectifs qui « signifient confusément », c'est-à-dire « connotent », l'objet support de la propriété qu'ils « signifient distinctement ». On peut à la rigueur rattacher à la nôtre, par le biais de la connotation par collocation, cette connotation logique.

vous savez le contraire de ce que vous dites. Mais outre cette signification principale, ces paroles emportent dans l'usage une idée de
mépris et d'outrage, et elles font croire que celui qui nous les dit ne
se soucie pas de nous faire injure, ce qui les rend injurieuses et
offensantes » : il s'agit ici d'une connotation énonciative (affectivo-
axiologico-illocutionnaire). Arnauld et Nicole envisagent ensuite le
signifiant de connotation ; ce peut être, disent-ils, un fait prosodique,
paralinguistique, ou lexical : « Quelquefois ces idées accessoires ne
sont pas attachées aux mots par un usage commun ; mais elles y sont
seulement jointes par celui qui s'en sert. Et ce sont proprement celles
qui sont excitées par le ton de la voix, par l'air du visage, par les
gestes, et par les autres signes naturels, qui attachent à nos paroles
une infinité d'idées, qui en diversifient, changent, diminuent, aug-
mentent la signification en y joignant l'image même des mouvements,
des jugements, et des opinions de celui qui parle... Mais quelquefois
ces idées accessoires sont attachées aux mots mêmes, parce qu'elles
s'excitent ordinairement par tous ceux qui les prononcent. Et c'est ce
qui fait qu'entre des expressions qui semblent signifier la même
chose, les unes sont injurieuses, les autres douces, les unes modestes,
les autres imprudentes, les unes honnêtes et les autres déshonnêtes :
parce qu'outre cette idée principale en quoi elles conviennent, les
hommes y ont attaché d'autres idées qui sont cause de cette diversité »
(p. 131). Suivent des observations judicieuses sur le langage figuré, et
la connotation affective qui s'y attache ; sur ce que nous appelons la
connotation axiologique, à propos de laquelle il convient de distinguer
les niveaux linguistique et référentiel, puisque c'est de leur décalage
que naît l' « infâmie » lexicale : « Ainsi, les mots d'adultère, d'inceste,
de péché abominable, ne sont pas infâmes, quoi qu'ils représentent
des actions très infâmes ; parce qu'ils ne les représentent que couverts
d'un voile d'horreur, qui fait qu'on ne les regarde que comme des
crimes : de sorte que ces mots signifient plutôt le crime de ces
actions, que les actions mêmes : au lieu qu'il y a de certains mots qui
les expriment sans en donner l'horreur, et plutôt comme plaisantes
que comme criminelles » (Ex. : « lupanar »)... « Et ce sont ces mots-là
qu'on appelle infâmes et déshonnêtes » (p. 133). Et pour conclure,
Arnauld et Nicole répètent qu' « il faut bien distinguer ces idées
ajoutées des idées signifiées », qui n'ont pas le même statut (« elles
ne s'excitent pas de la même manière » dans le mot), et signalent que
ces connotations relèvent du diasystème, et sont par conséquent
passibles d'un traitement lexicographique : « Ces idées accessoires
étant donc si considérables, et diversifiant si fort les significations
principales, il serait utile que ceux qui font les dictionnaires les
marquassent, et qu'ils avertissent, par exemple, des mots qui sont
injurieux, civils, aigres, honnêtes, déshonnêtes ; ou plutôt qu'ils
retranchassent entièrement ces derniers, étant toujours plus utile de
les ignorer que de les savoir »[3] (p. 136).

---

(3) Intéressante apologie du tabou lexicographique.

On peut donc glaner dans cet ouvrage un certain nombre de renseignements sur ce que l'on appelle maintenant « connotation », et particulièrement sur son importance et sa diversité fonctionnelles, diversité telle que certains prétendent qu'un phénomène aussi poly-morphe ne mérite pas une dénomination unitaire [4]. Mais nous avons essayé de montrer que si le terme de « connotation » a une extension considérable, ses différents sémèmes sont en intersection (il s'agit de polysémie, et non d'homonymie), et que si l'on peut effectivement juger utile d'élaborer des étiquettes spécialisées correspondant aux différents cas de connotation, comme celle de « fornotation » [5] que propose Arrivé pour « réduire la polysémie du mot », il ne semble pas souhaitable de sacrifier l'archilexème.

Selon la nature du connoté, nous avons distingué cinq classes de connotations, qui pourraient être regroupées de la façon suivante :

— classes (1) : (onomatopées phonétiques, rythmiques et syn-taxiques, et phénomènes apparentés) ; (4) : (valeurs associées) et (5) : (valeurs implicites) : toutes ces connotations sont « sémantiques » [6], c'est-à-dire qu'elles fournissent des informations sur le référent de l'énoncé ;

— classe (2) : connotations stylistiques ;

— classe (3) : connotations énonciatives.

Les deux dernières ne posent pas trop de problèmes, s'agissant de les distinguer des valeurs dénotées [7] : leur visée informative n'est pas la même [8]. Lorsque Bakhtine oppose en des termes un peu étranges, l'énoncé « direct » à l'énoncé « stylisé » [9], c'est bien de cela qu'il s'agit : certains « mots », dit-il, sont « orientés par rapport à l'objet », et ont pour seule fonction de « désigner, exprimer, commu-niquer, représenter quelque chose » : c'est la fonction dénotative. « Si,

---

(4) Cf. Molino, *La Linguistique*, vol. VII, p. 28 : « Etonnants avatars qui ont fait de la connotation l'étiquette de réalités si différentes qu'il est permis de se demander si elles ont véritablement quelque chose de commun ».

(5) Ce terme est aussi spécialisé que celui de « connotation » est extensif : il désigne en gros le transfert métaphorique que subissent les expressions lexi-calisées du type « le plancher des vaches » — qui nous semble, contrairement à ce que dit Arrivé, fondamentalement analogue au cas de « pomme de terre » (*Langages de Jarry*, pp. 364-365).

(6) Le terme est un peu gênant car les informations stylistiques et énoncia-tives ne doivent pas être exclues du « sens » global de l'énoncé. Mais nous n'en avons pas trouvé de meilleur.

(7) Encore que les informations dénotative et connotative se trouvent intri-quées dans la connotation énonciative.

(8) Nida démontre ainsi l'autonomie de la connotation stylistique (confondue avec la connotation émotive), par rapport au « sens référentiel » : « For example, one may be delighted with the style an author employs, while utterly rejecting the ideas he expresses. Similarly, one may like the content of an utterance, while reac-ting unfavorably to the way in which the ideas are expressed ». Donc, « the fact that emotive reactions can be isolated completely from content indicates clearly that emotive meaning must be treated as something distinct from referential meaning » (*Exploring semantic structures*, p. 18).

(9) *Problèmes de la poétique de Dostoïevski*, p. 218.

au contraire, le mot de l'auteur est élaboré de telle façon qu'il soit senti comme reflétant le caractère ou le type d'un individu déterminé, d'une situation sociale déterminée, d'une manière littéraire, nous avons alors une stylisation », c'est-à-dire l'intervention de connotations énonciatives et stylistiques. Mais le problème de la décidabilité de l'opposition dénotation/connotation se pose de façon plus aiguë lorsque sont en jeu des connotations sémantiques, qui sont indissolublement liées aux valeurs dénotatives lors de la structuration ontogénétique du code linguistique, et cette histoire commune se reflète fatalement dans le fonctionnement discursif. Le critère que nous avons admis pour opposer les deux types de valeurs sémantiques est le suivant : les traits dénotatifs sont ceux qui seuls interviennent dans les mécanismes de dénomination [10] et de repérage du référent : « Le *sens* frégien ou le *signifié* saussurien ne retiennent de la compréhension que ceux des traits qui, *dans la langue utilisée*, servent conventionnellement au repérage du référent » (Ducrot) [11]. Tout le reste, tout le halo des valeurs ajoutées, sera à verser au compte de la connotation. Mais l'opération de discrimination n'est pas toujours facile à effectuer. Car elle présuppose l'existence d'une dénomination « exacte » [12], et la stabilité des classes dénotatives [13], ce qui fait évidemment problème, un problème sur lequel nous reviendrons. Disons tout de même que les divergences que l'on constate dans les usages dénominatifs mettent en cause, non la dichotomie dénotation/connotation, mais le caractère diasystématique des contenus dénotatifs. Il est certain que tous les sujets ne seront pas unanimes pour qualifier ou pas une même attitude de « raciste ». Mais si on leur demande de justifier leur comportement terminologique, aucun n'osera affirmer (même si telle

---

(10) Sans doute les considérations connotatives interviennent-elles aussi dans le choix des unités dénominatives. Mais secondairement, et pour sélectionner parmi l'ensemble des unités dénotativement équivalentes.

(11) *Dictionnaire encyclopédique...*, p. 320.

(12) Et l'exactitude dénotative ne doit pas être confondue avec l'appropriation connotative. Lorsque dans l'*Encyclopédie de la vie sexuelle* (Hachette, 1973), on tente de nous faire croire que le verbe « se branler » est « inexact », alors que « se masturber » est « exact », c'est évidemment faux : les deux verbes sont bel et bien équivalents dénotativement, et l'(in)exactitude de l'un entraîne celle de l'autre et inversement. La différence est, comme le remarque justement Tony Duvert, au niveau de la connotation où s'entremêlent des valeurs stylistiques axiologiques et affectives : « le premier verbe est complice de la chose — et il est « inexact » qu'elle mérite cette complicité ; tandis que « se masturber » est un verbe froid, cagneux, rébarbatif, qui enlaidit l'acte désigné : lui seul est donc « exact » » (*Le bon sexe illustré*, Minuit, 1974, p. 49). La différence n'est pas entre un terme exact et un terme inexact, mais entre un terme « honnête » et un terme « infâme ». L'attitude des auteurs de cette encyclopédie sexuelle est en effet exactement la même que celle des logiciens de Port-Royal, même si elle s'énonce plus hypocritement : il s'agit tout bonnement de frapper de tabou un terme du lexique.

(13) Dans l'exemple précédent, l'équivalence dénotative est évidente. Mais lorsque Jean-Paul Boons assure (*Essais de Sémiotique*, p. 208) que dans « l'organisation des pêches varie avec l'importance du bateau », « la substitution de « tonnage » à « importance » ne modifierait pas la dénotation », et que les valeurs additionnelles d' « importance » relèvent donc de la connotation, l'équivalence est beaucoup plus douteuse.

est en réalité la motivation du comportement langagier) : j'appelle les sionistes « racistes » parce que je ne les aime pas ; ou : les sionistes ne peuvent être qualifiés de racistes car pour moi, le racisme est indélébilement associé à l'anti-sémitisme. C'est que ces connotations axiologiques (première réponse) et associative (deuxième réponse) ne sont pas censées *déterminer* les choix lexicaux. En revanche, on obtiendra des réponses du genre : « Les sionistes (ne) sont (pas) racistes car pour moi le racisme se définit par les propriétés x, y et z, lesquelles (n') apparaissent (pas) dans le comportement sioniste ». C'est-à-dire que le sujet sommé de justifier ses choix lexicaux tentera d'expliciter les *critères* qui déterminent selon lui l'association mot/chose, ou en d'autres termes, les traits *dénotatifs* que comporte le mot dans sa compétence lexicale, laquelle peut évidemment varier d'un idiolecte à l'autre.

1. — Le statut des unités de connotation

L'analyse sémantique part donc du principe que le contenu des unités linguistiques se laisse décomposer en unités minimales que la terminologie la plus générale dénomme « composantes », ou « traits », ou « marqueurs » sémantiques.

Nous avons essayé de montrer que l'ensemble des composantes sémantiques se scinde en deux sous-ensembles :

— Les traits dénotatifs, que l'analyse componentielle dégage sur la base de leur distinctivité. Mais cette propriété n'est pas suffisante pour définir le statut du trait dénotatif. En effet, les traits connotatifs sont tout aussi « distinctifs » : seul l'axe du niveau de langue permet d'opposer la valeur sémantique de « godasse » à celle de « chaussure ». Plus précisément donc, un trait dénotatif se définit par sa pertinence (laquelle s'évalue grâce à la procédure de commutation) du point de vue de la dénomination et de l'identification du référent ; [avec accoudoirs] est un sème de « fauteuil » dans la mesure seulement où un objet ne possédant pas cette propriété ne saurait être désigné à l'aide de ce signifiant. En d'autres termes, deux unités ayant même contenu dénotatif ont nécessairement la même extension et inversement.

— En revanche, « chaussure » et « godasse », bien que n'ayant pas la même valeur connotative, possèdent la même classe de dénotés. La pertinence des traits de connotation est d'une tout autre nature : leur usage est relatif à la situation de communication, à la nature particulière du locuteur, mais indépendant des propriétés objectives du référent, puisque ce n'est pas en me fondant sur l'observation de l'objet dénoté que je pourrai justifier le choix de « godasse ». Mais ces traits à statut spécial, comme le remarque Mounin, font bien partie de la signification du terme : « On peut penser que la notion de trait sémantiquement pertinent rend compte... du fait que certains termes *incliuent dans leur signification (c'est-à-dire dans les règles de leur usage)* l'attitude du locuteur vis-à-vis du référent ; comme d'autres termes incluent dans leur signification leur usage géographique (« mas », « bastide », « borde », etc.) ou social (« prolo », « singe » (au sens de « patron »), etc.) »[14].

Voilà pour le principe. Reste à préciser certaines propriétés des traits connotatifs, et à voir si ces deux classes très générales épuisent la totalité de l'ensemble des valeurs sémantiques susceptibles de s'actualiser dans un énoncé.

a) LES CONNOTATIONS RELÈVENT-ELLES DE LA LANGUE, OU DE LA PAROLE ?

Tenter de répondre à cette question, c'est d'abord souligner l'ambiguïté de ces concepts — ambiguïté qui contamine d'ailleurs le terme d' « idiolecte », lequel désigne aussi bien la compétence individuelle d'un sujet envisagée dans ses aspects idiosyncrasiques, que le code qui sous-tend un texte particulier.

— La question : « la connotation, fait de langue ou de parole ? » peut renvoyer (improprement) à son caractère collectif ou individuel, ou plus précisément à l'axe graduel :

diasystème / dialectes / sociolectes / idiolectes.

Martinet propose ainsi de « définir la dénotation comme ce qui, dans la valeur d'un terme, est commun à l'ensemble des locuteurs de la langue. Ceci, bien entendu, coïncide avec ce qu'indique tout bon dictionnaire. Les connotations, où le pluriel s'oppose au singulier de « dénotation », seraient, dans ce cas, tout ce que ce terme peut suggérer, exciter, impliquer de façon nette ou vague, chez chacun des usagers individuellement. Dans ce cas, le jugement de valeur qu'implique « crincrin » par rapport à « violon » ne serait pas une connotation, mais ferait partie de la dénotation du terme. C'est dans ce dernier sens que le terme « connotation » peut rendre les plus grands services, et c'est celui que nous retiendrons ici »[15]. Le raisonnement de Martinet est pour le moins étrange :

les traits connotatifs ne sauraient être signalés dans un dictionnaire ;
or, « aucun dictionnaire ne s'aviserait d'identifier « violon » à « crincrin » » ;
donc, la différence entre ces deux termes est de nature purement dénotative (alors que pour nous, cette différence axiologique est à la fois dénotative et connotative — sans parler de la connotation stylistique).

Mais ce qu'il faut retenir ici, c'est que Martinet, et bien d'autres avec lui, assimile les connotations aux valeurs individuelles.

---

(14) *Clefs pour la sémantique*, p. 220.
(15) *To honor Roman Jakobson*, p. 1290.

Todorov, au contraire, oppose radicalement la connotation (collective) aux « associations individuelles »[16], cependant que Ducrot déclare que « si l'on peut parler de langage connotatif c'est... dans l'exacte mesure où l'emploi des connotations obéit à un code déterminé, où il y a une règle du jeu sur laquelle tout le monde s'accorde »[17].

Mais c'est Pottier qui nous semble être dans le vrai lorsqu'il considère que la virtualité (c'est-à-dire la connotation, l'ensemble des connotations qui s'attachent à un mot constituant son « virtuème », terme qui n'est pas très heureux vu que toutes les valeurs sémantiques, hors actualisation, existent à l'état de potentialités) « peut être commune à tous les individus d'un groupe, ou limitée à un sous-ensemble, ou être individuelle »[18]. Ainsi, les connotations stylistiques sont reconnues par l'ensemble de la communauté linguistique[19], et la plupart des connotations symboliques, que nous avons opposées sur ce plan à la singularité de l'image associée[20]. L'axe d'opposition collectif/individuel traverse donc le champ des connotations (et aussi, dans une certaine mesure à coup sûr beaucoup plus réduite, celui des valeurs dénotatives).

— Mais considérer les connotations comme des faits de parole, c'est aussi s'interroger sur les relations qui s'instaurent entre le système virtuel, et son actualisation en discours, et constater avec Henri Mitterand que « les éléments et les relations qui constituent le vocabulaire de l'œuvre ne sont pas homologues à ceux qui constituent le vocabulaire général ; ils dessinent une structure originale, et c'est en ce sens qu'on a pu considérer le discours poétique comme un message qui engendre son propre code », c'est-à-dire des « réseaux connotatifs originaux, qui peuvent bien relier les uns aux autres des mots banals, mais qui donnent à l'œuvre ces sursignifications dont elle tire sa pertinence ».

Soit l'exemple de Freud : « Hevesi applique à un poète italien qui, malgré ses opinions anti-impérialistes, se vit contraint de célébrer en hexamètres un empereur allemand, les mots suivants : « Ne pouvant chasser les Césars, il fit tout au moins sauter les césures » »[21]. César/césure : le jeu paronomastique, qu'accentue la symétrie syntaxique et rythmique, institue, dans ce contexte particulier, une sorte de relation d'antonymie connotative entre les deux termes, qui n'existe pas

(16) Dans *Littérature et signification* (p. 29), où il propose de la connotation une définition inédite : « On parlera de connotation chaque fois qu'un objet est chargé d'une fonction autre que sa fonction initiale » (p. 30).

(17) *La preuve et le dire*, p. 220.

(18) *Linguistique générale*, p. 76.

(19) L'affirmation est bien entendu excessive. Mais nous voulons dire que les divergences que l'on constate à leur propos ne sont pas plus importantes que celles que l'on observe dans les usages dénotatifs.

(20) Ainsi, d'après Henri Mitterand, le mot « face » connote chez Zola l'idée de mort, et cette association lui appartiendrait en propre (cf. « Le vocabulaire du visage, dans « Thérèse Raquin » », *in* numéro spécial (1968) de *La Nouvelle Critique*).

(21) Freud, *Le mot d'esprit...*, pp. 65-66.

au niveau dénotatif, et Todorov commente : « le rapport des signifiants... provoque toujours un rapport entre les signifiés. Les mots
« César » et « césure » n'ont aucun sème commun si on les prend dans
le dictionnaire [22]. Mais la *signifiance* dont les signes sont pourvus dans
le vocabulaire n'est pas identique au sens [23] à l'œuvre dans le discours,
comme nous l'a appris Benveniste. Pris dans la phrase de Hevesi,
César et césure deviennent des antonymes ; l'essentiel (chasser les
Césars) s'oppose à l'insignifiant (faire sauter les césures). La structure
sémique d'un mot, envisagé dans la perspective du discours, n'est plus
l'intersection d'un nombre fini de catégories élémentaires ; tout rapprochement peut faire surgir un sème nouveau à l'intérieur du mot :
la liste des sèmes qui constituent le sens n'est jamais close : ce qui
veut dire aussi : on ne peut déduire le sens de la signifiance) » [24].

A propos de la métaphore d'invention, Ricœur dit pareillement
qu'elle « défie l'analyse sémique », car « la nouvelle valeur constitue,
par rapport au code lexical, un écart que l'analyse sémique ne peut
contenir ; même le code culturel des lieux communs, selon Max Black,
n'y suffit plus ; il faut en effet évoquer un système de références
« ad hoc » qui ne commence d'exister qu'à partir de l'énoncé métaphorique lui-même. Ni le code lexical, ni le code des clichés ne
contiennent le nouveau trait constituant du signifié qui fait écart par
rapport aux deux codes » [25].

Ces réflexions, dont la justesse saute aux yeux, sont troublantes,
et gênantes pour qui prétendrait construire un modèle capable de
rendre compte et de prévoir tous les effets de sens connotatifs
susceptibles de se manifester dans un idiolecte textuel. Car si chaque
fois qu'un mot se métaphorise de façon inédite, chaque fois qu'il est
mis en relation avec un nouveau paronyme (or, le nombre des paronymes d'un mot est considérable, et variable l'effet produit par la
paronomase), surgit une connotation nouvelle qui vient grossir la
masse de son virtuème, on ne peut espérer achever jamais le dictionnaire des connotations. Certes, il convient de relativiser la notion
d' « invention » : rien de ce qui se passe au niveau de la manifestation
textuelle n'est totalement inédit. Les métaphores même vives
exploitent une règle de fabrication standard, et les connexions qui
les fondent, même si elles ne sont pas « institutionalisées » (Ricœur),
sont déjà « culturalisées avant que l'artiste ne les justifie, même s'il
semble les instituer et les découvrir » (Eco [26]) ; et la connotation d'insignifiance dont se charge le mot « césure » dans la phrase d'Hevesi

---

(22) On peut en effet parler de sèmes s'agissant de « César » puisque ce mot
fonctionne ici, par antonomase, comme un nom commun.
(23) Les termes de « sens » et de « signifiance » sont généralement employés
à l'inverse de l'usage qu'en fait ici Todorov.
(24) *Poétique*, n° 18, p. 230.
Notons que les « sèmes » dont parle ici Todorov sont en réalité des traits
connotatifs.
(25) *La métaphore vive*, p. 216.
(26) *Tel Quel*, n° 55, p. 35.

n'émerge pas « ex nihilo », mais résulte d'un ensemble de facteurs dans une certaine mesure codifiables :

1. « César » et « césure » sont des paronymes ;

2. Lorsque deux paronymes sont syntagmatiquement associés, la relation sémantique qui existe entre leurs contenus dénotatifs se trouve renforcée, et peut se doubler, dans un contexte approprié, d'une relation de synonymie ou d'antonymie connotatives (au niveau des valeurs associées) ;

3. Le contexte « ne pouvant chasser x il a chassé y » favorise entre x et y l'émergence d'une relation d'antonymie ;

4. « César » connote (souvent) la grandeur ; « césure » dénote un objet qui joue dans l'histoire de l'humanité un rôle plutôt secondaire, et de plus, désigne une sorte de vide discursif ; mis dans la situation [cf. (1), (2) et (3)] d'être en relation d'antonymie avec « César », il est donc susceptible de connoter l'insignifiance.

Nous pensons qu'aucune connotation n'est un pur fait de parole ; que si le virtuème est instable, « il se situe dans la compétence à un moment donné »[27] ; que puisque faire œuvre de linguiste, c'est expliciter la compétence implicite, les connotations doivent théoriquement être soumises à ce travail d'explicitation ; et que la tâche n'est pas complètement inconcevable. On peut concevoir un dictionnaire des collocations, des connotations stylistiques et symboliques, des « sèmes potentiels »[28] qui s'attachent aux phonèmes, des valeurs connotatives qui s'associent aux structures intonatives, rythmiques ou syntaxiques (telles l'anacoluthe ou l'ellipse)[29], des valeurs suggérées et associées, qui seraient extraites d'un corpus le plus étendu possible ; on peut concevoir aussi des lexiques d'auteurs, qui ne se contenteraient pas d'énumérer des valeurs idiolectales, mais tenteraient d'élucider la façon dont se structure dans une œuvre l'univers sémantique, lexique analogue à celui qu'ébauche Rastier à propos de Mallarmé. Tâche épuisante et inépuisable, qui jamais ne parviendra à endiguer les débordements de la connotation. Jamais le modèle ainsi construit, à partir de corpus réalisés, ne pourra rendre compte d'autre chose que d'une infime partie des effets connotatifs ; à plus forte raison ne sera-t-il que faiblement prédictif, et lorsqu'Eco envisage, avec son optimisme coutumier, la possibilité de construire un automate capable de prédire toutes les métaphores réalisables, il « utopise » à plaisir. Cela dit, nous pensons qu'il est temps d'entreprendre patiemment ce travail de codification du domaine connotatif, que contrairement à ce que dit Martinet, il n'y a pas de « bon dictionnaire » que des valeurs dénotatives diasystématiques, et que tout ce qui est codifiable est

---

(27) Pottier, *Linguistique générale*, p. 75.
(28) L'expression est utilisée par P. Léon dans *Problèmes d'analyse textuelle*.
(29) Ces règles connotatives seraient évidemment dépendantes du contexte — et particulièrement, du contenu dénotatif.

traduisible : il ne nous semble donc pas aussi « satisfaisant » qu'à M. Le Guern « de considérer comme dénotation l'ensemble des éléments du langage qui seraient éventuellement traduisibles dans une autre langue naturelle par une machine à traduire » [30].

b) CONNOTATION, INDICE, SYMBOLE [31].

Ch. Bally, *Essai sur le langage*, p. 199 : Les « effets par évocation de milieu » naissent de « formes linguistiques employées exclusivement ou principalement dans certaines classes, certaines professions, certaines attitudes de vie ou de pensée autres que celles du sujet parlant, ou même propres à des nations parlant un autre idiome que le sien ; la conséquence est que les expressions employées dans un milieu spécial *symbolisent* ce milieu ».

J.C. Coquet, *Langue française* n° 3, p. 71 : « L'analyse a manifesté clairement, croyons-nous, que chacune de ces unités connotatives se présentait, non comme une donnée immédiate, mais comme un *signal* nous orientant vers une ou plusieurs significations ».

O. Ducrot, *La preuve et le dire*, pp. 219-220 : « De l'énoncé « ma voiture est au garage », mon auditeur conclut que j'ai une voiture, exactement comme on conclut de la fumée au feu... Celui qui parle souhaite que l'auditeur prenne le discours pour une sorte de *symptôme* dont il cherchera les conditions d'apparition ».

Qu'est-ce qui autorise à considérer que les unités de connotation ne sont pas de véritables signes ? En quoi peuvent-elles être assimilées à des symboles, des indices ou des symptômes ? La réponse n'est pas claire, et l'on peut s'étonner que Coquet nous décrive les unités de connotation comme des unités dont le sens n'est pas donné immédiatement, alors que Ducrot oppose le fonctionnement de la connotation « existentielle » à celui des autres faits de langage, où l' « on ne conclut jamais directement du signifiant au signifié ». C'est sans doute que ces deux auteurs ne se réfèrent pas à la même conception du signe et du symbole.

1. Pour Todorov (*Poétique* n° 11, p. 279), le signe et le symbole s'opposent selon le principe suivant :

signe = unité ternaire (relation Sa - Sé - référent) ;

symbole = unité binaire (relation symbolisant - symbolisé).

Nous ne voyons pas en quoi les unités de connotation s'opposent sur ce point aux unités de dénotation. Dans les deux cas, la relation du signifiant au référent est rendue possible par la médiatisation d'un contenu sémantique — dont la codification est simplement, dans la

---

(30) Cf. *Sémantique de la métaphore...*, p. 20.
(31) Pour simplifier, nous considérerons comme grossièrement équivalents les termes de « signal », « symptôme » « symbole » et « indice ».

plupart des cas de connotation, moins rigide que lorsqu'il s'agit de la signification dénotative.

2. On appelle parfois « symboles » les unités signifiantes motivées. Or, comme pour les unités de dénotation, on peut opposer :

● des signes connotatifs motivés. Ex. :

les connotations symboliques (du type « noir » → « deuil », « mort », etc.) [32] ;

les onomatopées [33] phonétiques, rythmiques ou syntaxiques ;

l'ouverture ou la postériorisation excessives de certains sons, connotant de façon « naturelle » [34] (voir sur ce point la démonstration de Fonagy, dans « Les bases pulsionnelles de la phonation ») la vulgarité (et c'est peut-être parce que ces associations sont motivées que l'on parle à leur sujet de « symbolisme phonétique ») ;

● des signes connotatifs arbitraires. Ex. :

les connotations stylistiques attachées à certaines unités lexicales ou syntaxiques, à propos desquelles Bally parle pourtant de « symbolisation ».

C'est à cette conception du symptôme que se réfère Ducrot pour y assimiler la connotation. Pourtant, il semble bien que si la phrase « ma voiture est au garage » signifie « il existe une voiture qui est à moi », « j'ai une voiture », c'est bien en vertu d'une convention proprement linguistique, qui définit le fonctionnement présuppositionnel du syntagme nominal actualisé, et que le mécanisme qui permet d'extraire le présupposé n'a rien à voir avec celui qui permet de conclure (par généralisation d'une expérience de contiguïté référentielle) de la fumée au feu.

Tout ce qu'on peut dire à ce sujet, c'est que peut-être les cas de motivation sont plus fréquents dans le domaine de la connotation que dans celui de la dénotation — encore cela reste-t-il à prouver.

---

(32) Sans doute la convention sociale qui, dans notre civilisation, fait du noir la couleur du deuil est-elle (partiellement ?) arbitraire. Mais à partir du moment où la couleur connote (conventionnellement) le deuil (niveau référentiel), l'adjectif « noir » connote « naturellement » l'idée de deuil (niveau linguistique) : il s'agit ici des connotations symboliques qui naissent d'une association référentielle, mais sont récupérées et charriées par le langage, et c'est d'elles que nous disons qu'elles sont motivées.

(33) Rappelons que la convention accompagne tout fait de motivation. Lorsque Ducrot remarque : « Si je dis à quelqu'un que j'ai vu un coucou dans la forêt, mon auditeur n'a pas besoin, pour me comprendre, de penser au chant des oiseaux », il a raison. Mais si je ne connais pas la convention qui associe le signifié au signifiant, celui-ci peut m'aider à deviner le signifié, et c'est en cela que le signe est motivé.

(34) Donc universelle. Troubetzkoy remarque semblablement (dans *Principes de phonologie*, Paris, Klincksieck, 1957, p. 22) que dans tous les systèmes linguistiques, l'« articulation nonchalante » connote la « distinction » : c'est vraisemblablement que cette association sémiotique est motivée — même s'il n'est pas toujours facile de démontrer les mécanismes de la motivation.

3. La nature indicielle des signifiants de connotation (ou tout au moins, de la plupart d'entre eux) résulte plutôt du caractère flou, incertain, instable des valeurs connotées. Les unités de dénotation affichent leur sens, les unités de connotation l'insinuent timidement, sous réserve que le contexte ne le démente pas. Ce sont des signes présomptifs ou si l'on veut, des indices. D'autre part, leur décodage est souvent laborieux : il s'agit de reconstruire, à partir d'une série d'indices convergents, un sens putatif. On peut donc dire avec Coquet que le connotateur fonctionne comme un « signal », qui déclenche la quête du sens caché.

c) LA CONSTITUTION SÉMANTIQUE DU LEXÈME.

Quels sont donc les différents types d'informations qui doivent être incluses d'une manière ou d'une autre, dans la composante lexicale d'une grammaire ? — ce problème du « dictionnaire idéal »[35] transposant au plan métalinguistique celui-ci : quels sont les différents types d'informations que véhiculent les items lexicaux ?

Nous l'avons dit, ces informations se répartissent en deux grandes classes : informations dénotatives/connotatives, certaines unités relevant simultanément des deux classes, comme les traits axiologiques, et aussi les traits déictiques[36]. Encore faut-il s'assurer que la connotation récupère tout ce que néglige la dénotation.

Les informations qu'un mot apporte sur l'objet qu'il dénote et sur ses propriétés intrinsèques peuvent être ainsi représentées :

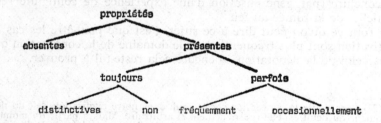

---

(35) Ainsi que l'appelle Fillmore dans *Semantics*, p. 370.
(36) En effet : les règles de l'adéquation dénominative interdisent d'employer des verbes comme venir/aller dans des contextes tels que « Pierre vient là-bas »,, « Pierre va ici ». Le trait déictique est donc bien un sème. Mais en même temps, il reflète certains aspects de la situation de communication : c'est un trait énonciatif.

— Les propriétés, donc les traits sémantiques, figurant constamment dans le dénoté et le sémème, respectivement.

● Premier problème : traits distinctifs/traits non distinctifs.

Exemple : pour définir le contenu sémantique d'une expression telle que « instrument à vent », par opposition aux autres types d'instruments de musique, les dictionnaires proposent l'un et/ou l'autre des trois traits : [+ corps percé d'une cavité], [+ vibration d'une colonne d'air], [+ souffle]. Il ne s'agit évidemment pas de trois sèmes distincts : ils ne sont pas commutables séparément. Deux solutions descriptives sont alors possibles :

1. Sélectionner comme distinctive l'une des trois propriétés et considérer les autres comme redondantes ; mais cette solution contraint souvent à un choix arbitraire.

2. Considérer qu'il y a un sème unique formellement, mais complexe substantiellement.

Autre exemple : le mot « banc » sera défini à la fois par les traits physique [long] et fonctionnel [collectif], qui constitueront un seul sème. Mais à la limite, cette solution conduit au résultat suivant : le contenu sémique d'une unité, c'est l'image abstraite de la totalité des propriétés communes à l'ensemble de la classe des dénotés de cette unité.

En d'autres termes, l'alternative est la suivante :

1. Ou on considère le sens définitionnel comme un sous-ensemble de l'ensemble des traits correspondant à l'ensemble des propriétés que possèdent en commun tous les éléments qui constituent la classe extensionnelle du terme.

2. Ou on considère que le sens définitionnel s'identifie à la totalité des traits que charrie l'unité dans toutes ses occurrences (compte non tenu du problème de la polysémie : nous raisonnons ici au niveau des sémèmes).

Nous préférons de beaucoup la première solution. Car en dehors des cas assez rares, comme ceux qui viennent d'être cités, où les traits sont si étroitement solidaires qu'on ne peut sans arbitraire les dissocier et les hiérarchiser, il semble possible de distinguer ce que Férenc Kiefer appelle le « cœur » d'une entrée lexicale, de sa « périphérie »[37]. Par exemple, il est évident que pour opposer le contenu de « fourchette » à celui de « cuillère », le trait [utilisé pour l'absorption des aliments solides (vs liquides)] est plus fondamentalement distinctif qu'un trait tel que [inconnu des civilisations asiatiques]. Il convient donc de maintenir, au sein de l'ensemble des traits constants, l'existence d'un sous-ensemble de traits véritablement dis-

_____

(37) *Essais de sémantique générale*, pp. 68-69.

tinctifs, qui correspondent, comme le remarque Jean-Claude Milner, à ce que les logiciens scolastiques appellent les « attributs essentiels », ou « différence » du concept : « si pour une espèce donnée, on peut reconnaître un attribut ou un ensemble d'attributs qui la distinguent de toutes les autres, on a obtenu ses attributs essentiels ou sa *différence*; les autres attributs de l'espèce en seront les propriétés ou *propres*. Ainsi l'espèce « homme » a pour attribut « raisonnable », et pour propre le rire » [38]. Quant aux traits propres ou périphériques, qui d'après Kiefer (p. 73) relèvent de la définition encyclopédique (mais il semble injustifié de leur dénier tout statut linguistique), ils pourront être récupérés par le sens connotatif.

● Deuxième problème :

Nous avons déjà cité cet exemple de Coseriu qui oppose au grec « brotos » (l'homme envisagé en tant que non-dieu) le mot « anthropos » (l'homme envisagé en tant que non-animal). Nous avons parlé aussi du cas des termes motivés, et dit que souvent cette motivation du signifiant emphatisait l'un des traits du signifié. Il serait illégitime de ne pas en tenir compte lors de l'identification du trait admis comme distinctif, et de vouloir que les mêmes sèmes définissent l'homme « brotos » et « anthropos ». Mais alors, on est obligé d'admettre que contrairement à notre définition du contenu dénotatif, il y a des cas où deux termes, tout en ayant la même extension, ne reçoivent pas la même définition sémique. C'est ce qui caractérise aussi les déictiques : « je » et « tu » n'ont pas le même sens, alors qu'ils dénotent, en gros, le même ensemble : tous les êtres doués de « loquence », et ayant la compétence du français.

● Troisième problème : les noms propres.

Pour Josette Rey-Debove [39], pour Todorov [40], ils désignent sans signifier. Kiefer dit aussi que « le cœur des noms propres est presque vide, mis à part des spécifications telles que « Humain », « Mâle », « Région géographique », etc. » [41]. Encore ces informations ne sont-elles que putatives, et relèvent-elles plutôt de la connotation. Donc, les noms propres n'ont pas de sens, au sens habituel de ce mot : si plusieurs noms dénotent une même personne, on les dira difficilement « synonymes ». Pourtant, ils sont informatifs : chaque nom propre draine avec lui l'ensemble des connaissances que les actants de l'énonciation possèdent sur le porteur du nom [42]. Ils signifient donc, mais connotativement, et cela doublement : parce qu'ils évoquent tel sexe, telle origine géographique plutôt que telle autre ; qu'ils peuvent être

---

(38) *Arguments linguistiques*, p. 21.
(39) Cf. *TraLiLi*, 1969 - 1.
(40) Cf. *Poétique*, n° 11, p. 277.
(41) *Essais de sémantique générale*, pp. 79-80.
(42) C'est pourquoi Foucault considère que tout nom propre, simultanément, désigne et signifie (« dans une certaine mesure, c'est l'équivalent d'une description ») (« Qu'est-ce qu'un auteur ? », p. 81).

comiques ou ridicules, vulgaires ou aristocratiques ; qu'ils peuvent rappeler tel ou tel personnage historique ou littéraire, Jean-Jacques (Rousseau), ou Hélène (la Belle) [43] ; que les mécanismes de la collocation (« Parme » → violette), du symbolisme phonétique ou de l'attraction paronymique dessinent autour du nom un halo de valeurs associées, ainsi que le montre finement Jean Milly à propos de quelques noms proustiens [44]. Mais d'autre part, et en un tout autre sens, les noms propres connotent dans la mesure où à chacune de leur occurrence, ils suscitent l'émergence de toutes les informations encyclopédiques que l'on possède sur la personne ou l'objet dénoté ; encyclopédique, c'est bien le mot : ces informations sont de nature référentielle, et leur nombre peut être quasiment infini. Car chaque fois qu'apparaît dans un texte un nom propre, son contenu se trouve enrichi de tout ce qui a été antérieurement dit de l'actant qu'il désigne. Les informations se cumulent, s'accumulent, font boule de neige, et le noyau connotatif, ce noyau qui n'a cessé de s'enfler au cours de la diachronie textuelle, ne se stabilise enfin qu'avec le dernier mot du texte.

— *Les propriétés variables.*

● Les traits fréquemment associés au sémème, tels que [confortable] dans le cas de « fauteuil », ne peuvent être assimilés aux traits dénotatifs, le test de commutation en fait foi. Mais ils seront sans difficulté pris en charge par la connotation, et intégrés dans ce que l'on appelle selon les terminologies « virtuème », ou « image associée » [45].

● Quant aux propriétés occasionnelles, elles posent un problème analogue à celui des noms propres : le problème de ce que Dubois appelle « la polysémie syntagmatique ». Le terme est impropre, mais l'idée juste : au cours du déroulement textuel, dit-il, tout terme « devient polysémique puisqu'il est différent par ses informations entre le début et la fin du texte, au point qu'il peut correspondre dans deux moments distincts à deux traductions différentes dans une autre langue (ex. : « mère » → « marâtre »)... « On peut dire que dans le cas de polysémie syntagmatique, on a affaire à un texte qui engendre son sous-code au fur et à mesure, et à tout moment les termes sont la somme des informations dont ils ont été l'objet dans l'énoncé » [46]. Et cela cause au traitement automatique des textes de graves difficultés.

---

(43) Cf. Pottier, *Linguistique générale*, p. 75 : « Un nom propre peut évoquer un type de personnage (« Marius » = « histoire drôle » ; « Dupont », « Durand » = « nom passe-partout »), ou faire allusion, suivant le degré de culture du locuteur, à la littérature, l'histoire, etc. ».
(44) Cf. « Sur quelques noms proustiens », *in Littérature*, n° 14.
(45) Telle est, semble-t-il, la conception de Bendix dans *Componential analysis...*, p. 75.
(46) Jean Dubois, « La résolution des polysémies dans les textes écrits et structuration de l'énoncé », pp. 85-86.

Autre aspect du même problème : les possibilités combinatoires d'un terme sont déterminées par ses traits distinctifs, par l'ensemble de ses traits constants, mais aussi par la totalité des traits variables, facultatifs et alternatifs, qui sont susceptibles de venir s'y adjoindre. Il serait donc légitime d'accorder un statut — bien sûr connotatif — à tous ces traits occasionnels, qui reflètent les propriétés spécifiques d'un dénoté particulier. Mais ils sont en nombre considérable, et l'on ne voit pas bien comment il est possible d'intégrer dans les entrées lexicales la description de toutes les propriétés qui sont susceptibles de caractériser tous les objets qu'est susceptible de désigner le mot. Seuls sont indiqués d'office les traits qui ont la spécificité d'être distinctifs des hyponymes du terme : ainsi le dictionnaire nous apprendra indirectement qu'un siège peut être collectif ou individuel, avoir ou pas des accoudoirs, des pieds et un dossier. Mais c'est tout. Pourtant, le marquage de ces traits, qui seraient d'autant plus nombreux que le mot est plus général, présenterait l'intérêt de rétablir entre l'extension et la compréhension d'un terme une relation proportionnelle, alors qu'elle est de proportionnalité inverse s'agissant du contenu dénotatif.

Récapitulons : au terme d'une longue réflexion critique sur l'analyse componentielle [47], nous avons été amenée à reconnaître trois types de traits intrinsèques :

sèmes + métasèmes + sélectèmes.

Les métasèmes (qui peuvent dans certains cas fonctionner en même temps comme traits distinctifs) ressortissent à la connotation [48] ; quant aux sélectèmes, ils sont assimilables à l'ensemble des sèmes, des traits constants non distinctifs, et des traits variables, qui tous peuvent jouer un rôle dans la combinatoire, et qu'il n'est pas nécessaire de marquer deux fois : il suffira de formuler une règle

(47) Cf. *De la sémantique lexicale à la sémantique de l'énonciation*, tome I.
(48) Il importe de préciser au sujet des métasèmes la chose suivante :
— *Nous appelons métasèmes d'un Sm₁ les traits qu'il est nécessaire de postuler pour rendre compte de ses transferts métaphoriques ; ces unités métasémiques peuvent en même temps fonctionner comme des sèmes (c'est-à-dire comme des traits qui opposent le Sm₁ à d'autres sémèmes du même champ sémantique), mais ce n'est sans doute pas le cas général.*
— *Lorsqu'en revanche, ils deviennent constituants d'un Sm₂ dérivé par métaphorisation du Sm₁, les métasèmes de Sm₁ deviennent en Sm₂ des sèmes à part entière.*
Exemple : « ours ».
Sm₁ = « mammifère carnivore plantigrade... »
         [insociabilité] : métasème (trait qui sans être aucunement déterminant dans le choix/l'interprétation de l'item lexical, s'attache connotativement à l'image associée de l'animal, et sert de point de départ au transfert métaphorique).
Sm₂ = « homme insociable »
         [insociabilité] : sème (trait qui fonde l'adéquation dénominative de « ours₂ »).
L'opération de métaphorisation consiste donc dans la transmutation d'un métasème en sème.

générale disant que tous les traits précédemment cités peuvent être convertis en sélectèmes.

Le signifié d'un mot, c'est donc l'ensemble de ses sémèmes, lesquels se laissent analyser de la façon suivante :

sémème = ensemble des traits dénotatifs + connotatifs ;

traits dénotatifs = constants et distinctifs, ils constituent le « cœur » de l'unité, son sens « structurel » ou « définitionnel » ;

traits connotatifs = extrêmement nombreux et hétérogènes, ils comprennent :

— les traits constants non distinctifs, et les traits qui varient selon la nature particulière du dénoté ;

— les métasèmes :

— tous les autres types de valeurs connotatives précédemment envisagées.

Une remarque terminologique pour terminer : étant donné qu'il est en général possible de déterminer si une unité de contenu relève de la dénotation ou de la connotation, comment faut-il la dénommer dans l'un et l'autre cas ?

Certains, faisant de « sème » le synonyme de « composante sémantique », parlent de « sèmes de connotation », ou « connotatifs »[49], de « sèmes virtuels »[50], ou « potentiels »[51].

Si l'on admet cette extension du mot « sème », il semble alors cohérent de parler de « dénotèmes » et de « connotèmes » :

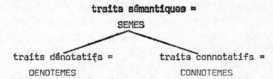

Mais cet usage terminologique nous semble gênant pour les raisons suivantes :

— Le sème est une unité dont l'existence est liée à sa méthode d'extraction, l'analyse sémique, qui rend compte exclusivement du fonctionnement dénotatif des mots[52]. Mieux vaut garder au terme cette valeur originelle, et extrêmement précise[53].

---

(49) Cf. Lévi-Strauss, Cohen, Barthes (*Communications*, n° 4, p. 49), le groupe de Liège (*Rhétorique générale*, p. 118).
(50) Cf. Pottier, *Linguistique générale*, p. 48.
(51) Cf. P. Léon (*Problèmes de l'analyse textuelle*, p. 9), parlant du symbolisme phonétique.
(52) C'est pourquoi il nous paraît inopportun de vouloir représenter dans l'arbre sémique les traits connotatifs. Comme ce sont deux principes de structuration indépendants et hétérogènes, mieux vaut les dissocier radicalement dans la description.
(53) C'est pour la même raison que nous préférons appeler « métasèmes » et non « sèmes », les traits dégagés sur la base des transferts métasémémiques effectués à partir d'eux.

— D'autre part, l'utilisation de ces termes métalinguistiques suffixés en -ème implique que les unités correspondantes ont été identifiées exhaustivement, puis analysées, c'est-à-dire structurées. Or on est loin à l'heure actuelle de pouvoir prétendre disposer d'un inventaire complet des unités de connotation, avec leurs signifiants et leurs signifiés, et encore plus loin de pouvoir expliciter leur organisation structurale. C'est pourquoi, au terme trop ambitieux de « connotème », nous préférons pour le moment des expressions telles que « trait connotatif », ou « composante du signifié de connotation ».

2. — L'organisation paradigmatique des connotations

A propos de certaines connotations particulières (stylèmes, phonostylèmes — certains parlent aussi d' « idéologèmes »), il nous est arrivé d'oser ces mots en -ème que la terminologie linguistique réserve aux unités discrètes et distinctives : les unités de connotation ne sont certainement pas paradigmatiquement amorphes. C'est ainsi que des oppositions structurales se manifestent clairement dans le champ des connotations stylistiques (qui s'organise, entre autres, selon l'axe graduel du niveau de langue), axiologiques (termes positif/négatif/neutre — l'axe ternaire pouvant être ramené à deux axes binaires, et pouvant admettre des degrés [54]), symboliques (par exemple : dans ces mythes indiens qu'analyse E.R. Leach [55], les activités de l'agriculture/guerre/chasse connotent respectivement la vie/la mort/la vie (pour l'homme) et la mort (pour l'animal)), phonétiques (car la petitesse du [i] ne se perçoit qu'en opposition avec l'ampleur du [a]), ou intonatives, à propos desquelles Léon conclut : « On a trop tendance à considérer sous le seul angle de leur substance les éléments du code stylistique. Or ils ont aussi une organisation, une forme — au sens hjelmslévien — qu'il s'agit de trouver » [56].

Les unités de connotation sont donc des unités formelles, et elles entretiennent des relations analogues à celles qui existent entre les contenus de dénotation (synonymie, antonymie, contraste), et parfaitement indépendantes de celles-ci : la synonymie connotative, la distance connotative (que mesure le différentiel d'Osgood) ne reflètent nullement la synonymie et la distance dénotatives [57].

---

(54) Exemple : d'après le dictionnaire d'ancien régime, et d'après S. Delesalle et L. Valensi (*Langue française*, n° 15, p. 85), « une gradation apparaît entre « commercer », « négocier » et « trafiquer ». Le premier est neutre, une connotation péjorative affecte le second et, encore plus, le troisième ».
(55) Dans *Langages*, n° 22, p. 16.
(56) *Langue française*, n° 3, p. 77.
(57) Ainsi :
— L'uruguayen « caballo » et le brésilien « cavallo » sont dénotativement synonymes et presque antonymes connotativement (l'un symbolise la stupidité, l'autre l'habileté).
— Inversement, au niveau de leurs connotations symboliques, et à ce niveau seulement, le chien, la prostituée, la sorcière et le bourreau peuvent être, d'après Hjelmslev (*Essais linguistiques*, p. 119) équivalents d'une société à l'autre.

Mais leur organisation structurale n'apparaît nettement que dans certains secteurs privilégiés ; ailleurs, dans l'immense domaine par exemple des valeurs associées, les unités de connotation se présentent comme une masse plus ou moins amorphe, et la « forme » du langage de connotation est bien loin d'avoir l'évidence de celle du langage de dénotation.

D'abord, les procédures d'extraction de ces unités restent très floues, et relèvent du bricolage. Certes, on peut utiliser des tests et d'autres procédures expérimentales (Osgood, Peterfalvi) ; on peut comparer et commuter, et s'appuyer sur des considérations distributionnelles plus ou moins douteuses [58]. Mais la plupart du temps, l'extrême souplesse des mécanismes connotatifs, et la fluidité de leur sémantisme, acculent le descripteur à se fier avant tout à son intuition linguistique, et rendent hasardeuse toute tentative de « prouver » objectivement l'existence, en tel point d'un texte, de tel fait de connotation. Nous n'en donnerons qu'un exemple : la manière dont Ricardou « démontre » l'existence, dans la fable de La Fontaine *Le laboureur et ses enfants*, de cette connotation que nous appelons « scripturale », qu'il vient d'identifier, de façon beaucoup plus convaincante, dans le *Scarabée d'or* d'Edgar Poe. Voici la démonstration de Ricardou :

« Par le jeu d'une méprise provisoire, la fable consiste à déposséder le « trésor » de son sens propre en l'investissant de la dimension substitutive de « travail ». Pourquoi interromperait-on ce mouvement de la lecture et, par une prompte trahison, se contenterait-on, maintenant, pour « travail » d'un sens fixé ? ». Pourquoi en effet ? Continuons donc ce petit jeu des renvois associatifs : « C'est un bien curieux labeur qu'est allé choisir La Fontaine. Obligeant *le bœuf à tourner*, au bout du sillon, pour avancer en sens inverse, nul doute que ce labourage, au cours duquel le trésor change de sens, ne désigne le *boustrophédon*, cette écriture dont les lignes s'inscrivent alternativement, en un sens puis l'autre. A l'opposé de toute jouissance d'un capital, c'est à écrire donc, au contraire, très précisément, que nous invite Le laboureur et ses enfants » [59]. C.Q.F.D. La démonstration se ramène à un enchaînement de renvois par équivalences :

trésor → travail → labour → boustrophédon → écriture.

Les premières ne posent aucun problème : elles sont inscrites dans la trame textuelle. Mais c'est ensuite que surgit, au détour d'un buisson analogique, l'entourloupette descriptive : le labour (« curieux

---

(58) C'est ainsi que dans *Langages de Jarry*, Arrivé développe le raisonnement suivant :
— « physique » et « phynance » appartiennent à la même classe d'équivalence puisqu'ils apparaissent dans le même contexte de gauche « corne » ;
— or « phynance » (et sa variante « finance ») sont investis d'une fonction connotative ;
— donc, « physique » fonctionne aussi comme un connotateur...
(59) Jean Ricardou, « L'or du scarabée », *in Théorie d'ensemble*, p. 382.

labeur », pour des agriculteurs ?), c'est le boustrophédon, et le boustrophédon (quel heureux hasard que cette polysémie), c'est l'écriture.
Donc, le vrai trésor, le vrai labeur, c'est pour La Fontaine (ou pour
Ricardou ?) l'écriture. Il est facile à ce compte de démontrer que
tout texte connote, en dernier ressort, son propre travail d'écriture.

L'analyse est astucieuse, et séduisante. Mais elle est arbitraire, et
la principale chose qu'on puisse lui reprocher, c'est de se formuler
pour vraie (avec l'assurance de ces « nul doute », « très précisément »,
et ce merveilleux « au contraire » — l'investissement scriptural, c'est
très précisément, et sans nul doute, le contraire de l'accumulation
capitaliste —) et de ne pas maintenir cette distance qui existe de fait
entre la description et l'objet décrit. Toutes proportions gardées, la
démarche s'apparente à celle des surréalistes qui s'amusaient à montrer, mais avec quel humour, que la phrase « Le presbytère n'a rien
perdu de sa fraîcheur ni le jardin de son éclat » était équivalente, par
une série de glissements autorisés par les définitions lexicographiques,
à « Prolétaires de tous les pays, unissez-vous ». Ricardou est, au
contraire, fort sérieux. En tout cas, son analyse a l'intérêt de soulever
ce lièvre qui nargue toute analyse de connotations : à partir de quel
moment, et sur quels critères, le jeu du décryptage sémantique doit-il
être pris au sérieux ? où arrêter la prolifération des sens, et comment
limiter l'arbitraire descriptif ? comment éviter que le travail de la
signifiance, de l'exhumation des réseaux sémantiques latents, ne
dégénère en « signifiose » anarchique ?

D'autre part, puisque nous voici revenue à Barthes, il faut bien
dire que nous ne partageons pas son optimisme (de 1964), lorsqu'il
assignait à la sémiologie pour ambition d'être « totalitaire », et pour
tâche (réalisable) de procéder à l'inventaire de tous les « sèmes de
connotation », et à leur structuration paradigmatique [60]. Car leur organisation au sein du système, ou plutôt des systèmes, hétérogènes et
juxtaposés, de connotation, est aussi problématique que leur articulation à l'intérieur du sémème, qui n'est pas du tout analogue à celle
des traits dénotatifs. Les sèmes ont en effet tous le même statut, et
ils s'organisent généralement en « configurations » : ils sont donc
homogènes et structurés. Les traits connotatifs sont, au contraire,
hétérogènes (même s'il existe, entre les connotèmes axiologiques,
stylistiques et affectifs, certaines affinités plutôt gênantes), et inorga-
nisés, le nombre des éléments relevant d'un même sous-ensemble
connotatif pouvant aller de un (connotations stylistique ou axiologique) à quasiment l'infini (connotation associative). Si bien que le
contenu connoté d'un lexème se présente comme un magma de valeurs
plus ou moins stables ou instables, centrales ou périphériques, douteuses ou indubitables.

C'est pourquoi il nous semble prématuré de parler de « langage »
(et même de « langages ») de connotation, et pourquoi notre étude
a eu, beaucoup trop sans doute, l'allure d'un inventaire.

---

(60) Cf. « La rhétorique de l'image », *in Communications*, n° 4.

3. — L'organisation syntagmatique des connotations [61]

La syntaxe des connotèmes est-elle moins floue que ne l'est leur forme paradigmatique ?

Les faits de connotation, on l'a vu, sont en général trop timides pour se manifester isolément : ils ont donc tendance à s'organiser en réseaux, à constituer des isotopies, et c'est à la faveur de cette convergence d'unités connotativement homogènes que naît l'effet de sens.

Toutes les isotopies ne sont pas organisées de la même manière. D'après Rastier, « une isotopie a une définition syntagmatique, mais non syntaxique : elle n'est pas structurée ; en d'autres termes, il s'agit d'un ensemble non ordonné » [62]. Pourtant, la simple dissémination anarchique d'un même sème ou complexe sémique n'est en général pas suffisante pour créer le sentiment d'une cohérence textuelle. Ainsi l'exploration d'un champ sémantique sous forme d'un listage pur et simple d'items lexicaux ne constitue pas encore un énoncé véritable. Il semble donc bien que parfois, les éléments constitutifs de l'isotopie soient non seulement récurrents, mais organisés chronologiquement et logiquement, et qu'il faille distinguer de ce point de vue différents types d'isotopies.

Les isotopies que nous avons appelées phonétiques, prosodiques, stylistiques, énonciatives, rhétoriques, et présuppositionnelles [62 bis], relèvent en tout ou en partie de la connotation. Il conviendrait d'envisager chacune d'elles en détail. Mais pour ce qui est par exemple des isotopies stylistiques, on ne voit pas quelles relations de dépendance logique pourraient exister entre les différentes unités qui, disséminées dans la trame du texte, le marquent stylistiquement. De même, la constitution des isotopies phonétiques ne repose que sur un principe de récurrence, et d'ordre éventuellement.

Quant aux isotopies sémantiques, il convient d'introduire les distinctions suivantes :

— Isotopies dénotées : elles sont continues, et organisées syntaxiquement.

— Isotopies connotées :

● Cas de la métaphore filée : l'isotopie connotée (qui correspond, rappelons-le, au sens littéral des unités qui portent le poids du transfert métaphorique) peut être, plus ou moins, continue et organisée. Ce qui montre bien que malgré les propositions de Rastier et

---

(61) Dans « Rhétorique de l'image », Barthes définit les unités de connotation comme des « signes sans syntagme ». Mais cette attitude ne nous semble pas défendable.
(62) « Systématique des isotopies », p. 82.
(62 bis) Cf. « Problématique de l'isotopie », in *Linguistique et sémiologie*, Lyon, 1976/1, pp. 11-34.

de Van Dijk [63], aucun critère de type numérique ne peut résoudre le problème de la nature dénotée ou connotée d'une isotopie sémantique. Supposons que je développe très longuement une métaphore du genre : « De Gaulle est un grand voilier solitaire louvoyant parmi les écueils battus par des flots houleux, etc., etc. ». Dans une telle phrase, les termes relevant littéralement du champ maritime seront très largement majoritaires, et pourtant, ce champ sémantique constituera, pour des raisons qualitatives, l'isotopie connotée.

● Ce qui autorise à considérer comme connotée une isotopie, c'est tout simplement le fait qu'elle soit constituée d'éléments qui ont le statut de valeurs connotées, c'est-à-dire, nous l'avons assez dit, de valeurs suggérées plutôt qu'assertées, latentes et non patentes, supportées par des indices plutôt que de véritables signes, et qui sont en général (sauf dans le cas de la métaphore filée) noyées dans le discours continu de la dénotation, et disséminées plus ou moins anarchiquement à travers la trame textuelle. Dans ce mythe bororo qu'analyse Greimas [64], l'isotopie alimentaire est « identifiée avec peine grâce à des indices très fragiles » dans la séquence de la vengeance, alors qu'elle est « manifeste et fortement redondante » dans la séquence du nid des aras : elle a donc statut d'isotopie connotée dans le premier cas, et dénotée dans le second, et Arrivé a raison de reprocher à Greimas de ne pas tenir compte de cette différence fondamentale [65]. Pourtant, Greimas est bien conscient de l'existence, entre les différentes isotopies qui peuvent s'actualiser simultanément dans un texte, d'une hiérarchie, puisqu'il se demande, dans *Essais de sémiotique poétique* (p. 19) : « La question de savoir si les diverses lectures isotopes sont indépendantes les unes des autres ou si, au contraire, elles sont en relations déterminables entre elles ne peut manquer de se poser. La réponse qui, dans l'état actuel de nos connaissances, ne peut être que partielle, suggère l'existence d'une relation de présupposition entre isotopies : la lecture « écriture » serait impossible dans le sonnet de Mallarmé, si la lecture « navigation » n'était pas d'abord instituée ; l'isotopie sexuelle du texte de Jarry présuppose le récit de caractère excrémentiel. Une hiérarchie d'isotopies sémantiques, les unes étant plus « profondes » que d'autres, pourrait ainsi être postulée et fondée sur des critères formels ».

Dans le cas particulier de « Salut », ce poème de Mallarmé auquel Greimas fait allusion ici, il y a même deux « lectures » relevant de la dénotation : la lecture « navigation » et la lecture « banquet », qu'il est impossible de hiérarchiser. C'est un cas plutôt rare, et ces textes

---

(63) Cf. Greimas, *Essais de sémiotique poétique*, p. 88 (Rastier : « Si l'on compare ces deux isotopies, on peut dire que la première est dominante, dans la mesure où elle comporte trois sémèmes de plus »), et p. 202 (Van Dijk : « On pourrait dire que l'isotopie « centrale » d'un texte est constituée par le sème ou classème le plus bas dominant le plus de lexèmes du texte »).
(64) Dans *Du Sens*, p. 185.
(65) Cf. *Langages de Jarry*, p. 36.

de bout en bout ambigus, dont il est impossible de savoir « de quoi ils parlent » véritablement, relèvent d'après Rastier de la pathologie textuelle. Rares aussi sont les textes qui ne comportent aucune isotopie dénotative continue. En général, un texte présente :

— une isotopie dénotative, sur laquelle se greffent

— une ou plusieurs isotopies connotées, qui parasitent et détournent à leur profit certaines unités du langage de la dénotation. Ainsi, la fin de « Booz endormi » voit se superposer à I_1 (isotopie astronomico-religieuse : les astres, le ciel profond et sombre, le dieu, le croissant de lune) une I_2 bucolique connotée par la métaphore filée (les fleurs de l'ombre, le moissonneur, la faucille d'or). Mais en outre, le poème est traversé par une I_3 également connotée, mais par des procédés tout autres et extrêmement divers (connotation symbolique, associations homonymique et synonymique), beaucoup plus discontinue et « cachée » que I_2 (c'est-à-dire que les isotopies connotées, tout en étant subordonnées à l'isotopie dénotée, sont elles-mêmes hiérarchisée entre elles), et à contenu sexuel, que Caminade décrypte ainsi : « Sans doute Victor Hugo nous prépare-t-il dans l'avant-dernier quatrain et dans le deuxième vers du dernier à recevoir la faucille comme image émotionnelle de la lune. Mais si l'on considère que le poème décrit un coït, exceptionnel, une double « visitation » de Dieu, que le nom de femme est Ruth, que Victor Hugo met à la rime « moabite », que l'asphodèle (jaune) s'appelle bâton ou verge de Jacob, qu'enfin Ruth ouvre l'œil à moitié sous ses voiles, que or et sperme seraient en hébreu synonymes, on peut voir en la faucille autre chose que l'image émotionnelle de la lune et penser que le champ des étoiles n'est pas le ciel premier » [66].

— De plus, il est nécessaire d'admettre que certaines isotopies soient hybrides. Arrivé montre bien, à propos de ce mythe bororo analysé par Greimas, qu'un même contenu isotopique peut changer

---

(66) *Image et métaphore*, p. 110.
Cette analyse fait ricaner René Pommier dans « Phallus farfelus » (*Raison présente*, n° 31, p. 83). Après Rastier et Philippe Lejeune, c'est en effet à Caminade que Pommier reproche, dans le paragraphe intitulé « Au clair du phallus », son obsession phallique : « parmi tous ceux qui ont su ouvrir des perspectives nouvelles à la prospection phallique, on doit signaler tout particulièrement le courage de M. Caminade qui, bien que licencié en droit, n'a pas hésité à abandonner le sème oblongité pour le sème semi-circularité, ce qui lui a permis d'enrichir le trésor phallique de notre littérature d'une pièce inestimable : la « faucille d'or » de *Booz endormi* ». Pommier cite alors Caminade, et commente : « Si ces lignes étaient extraites de la copie d'un potache facétieux, on sourirait peut-être des gamineries de l'élève Caminade, mais il s'agit d'un passage d'une très sérieuse thèse de troisième cycle, et l'on reste confondu par ce qu'il faut bien appeler les couillonnades du docteur Caminade ». Suit une tentative très laborieuse du démontage de l'hypothèse de Caminade. Passons, et disons simplement que ce qui limite à nos yeux l'arbitraire de cette hypothèse, c'est d'une part ce que nous savons du sujet Hugo ; d'autre part, le fait qu'entre les isotopies agricole et sexuelle, existent des affinités évidentes et polymorphes. Par exemple, José Pierre (encore un phallolâtre) écrit à propos du peintre Millet : « Travailler la terre, c'est, pour le paysan, commettre un inceste, mais c'est un inceste sacré, indispensable à la transmission de la vie et à la conservation de l'espèce » (*La Quinzaine Littéraire*, n° 221, 16-30 nov. 1975, p. 18).

de statut d'une séquence à l'autre. Mais cela peut même se produire d'un mot à l'autre. Le calembour « Quand les parents boivent, les enfants trinquent » repose sur le fait que le verbe « trinquer », qui signifie ici en fait « en subir les conséquences », voit son sens d' « entrechoquer les verres » réapparaître en filigrane, à cause du verbe « boire » qui le revitalise. Ces deux verbes constituent donc une sorte d'isotopie oblique, dénotée au niveau du premier, connotée au niveau du second :

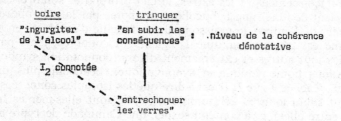

Le verbe « trinquer » fonctionne donc comme un « embrayeur », au sens où l'entend Greimas : « C'est J.C. Coquet qui le premier, croyons-nous, dans son analyse de « L'Etranger » de Camus, a attiré l'attention sur l'existence des « embrayeurs » ménageant le passage d'une isotopie à l'autre : l'apparition du paralexème « tuer le temps », lisible sur deux niveaux sémémiques différents, déclenche une seconde lecture qui se superpose à la première »[67]. L'embrayeur, c'est donc un terme-pivot polysémique, dont les différents sémèmes s'intègrent aux différents parcours isotopiques, et dans lesquels ils viennent s'unir, comme dans ce passage de Proust signalé par Genette : « On sait, par exemple, que la comparaison entre la salle de l'Opéra et les profondeurs sous-marines, au début de « Guermantes », est tout entière accrochée à ce mot de « baignoire » (lui-même métaphore d'usage) et dont le simple énoncé par un contrôleur déclenche à l'instant toute la métamorphose : « Le couloir qu'on lui désigna après avoir prononcé le mot de baignoire, et dans lequel il s'engagea, était humide et lézardé et semblait conduire à des grottes marines, au royaume mythologique de nymphes des eaux » »[68].

Le problème de la manifestation syntagmatique des unités de connotation nous a donc menée à celui de l'isotopie, puis à la pluri-isotopie[69], et de là, au problème du sens pluriel. En raisonnant à nouveau sur des unités isolées, nous allons maintenant voir comment s'articulent les concepts de connotation, et de « sens pluriel » entendu comme l'actualisation simultanée et superposée, en un même point

(67) *Essais de sémiotique poétique*, p. 18.
(68) Gérard Genette, in *Poétique*, n° 2, p. 166.
(69) Sur ce problème, voir l'article de Michel Arrivé « Pour une théorie des textes poly-isotopiques », *in Langages*, n° 31.

d'une séquence discursive [70], de plusieurs valeurs sémantiques différentes.

4. — Connotation et sens pluriel

On peut résumer de la façon suivante ce que nous avons dit des
aspects sémantiques de la connotation : il y a connotation lorsqu'au
plan de l'expression s'attachent deux ou plusieurs niveaux de contenu,
qui peuvent être :

— de nature différente : cas de connotations stylistiques et axiologiques.

Ex. : « voiture »   « tacot »
                      « bagnole »

Au niveau dénotatif (informations sur le référent du message) se
surajoutent des informations connotatives annexes (portant sur le
sujet d'énonciation, la situation de communication, le type de discours
tenu) ;

— de même nature (les informations connotatives portant aussi
sur le référent du message), mais de statut différent.

Ex. : « voiture » / « cercueil à roulettes » (métaphore corrigée).

En d'autres termes, *pour que l'on puisse parler de connotation,
il faut que deux conditions soient simultanément réalisées :*

a) Pluralité des strates informationnelles.

b) Hiérarchie de ces niveaux, cette condition étant bien entendu
subordonnée à la précédente.

Prenons maintenant l'exemple de ces jeux formels expérimentés
par l'*Oulipo*, et voyons dans quelle mesure le concept de connotation
peut intervenir dans leur description. Ces jeux se répartissent de ce
point de vue en trois catégories :

1. Exercices du type lipogramme [71] : la condition *a*) n'est pas
remplie. Le lipogramme n'instaure aucun enrichissement sémantique
du message, il n'implique donc aucun mécanisme connotatif (puisqu'il
ne s'agit ici que des connotations « sémantiques ») [72].

---

(70) Il arrive que par pluri- (ou poly-) isotopie on entende la coexistence
successive, dans un même texte, de plusieurs isotopies, c'est-à-dire les variations
thématiques qui caractérisent la diachronie discursive. Mais les isotopies, et le
terme de « pluri-isotopie » est alors plus intéressant, peuvent aussi être *simul-
tanées*. Ou encore, *enchevêtrées*, lorsque le découpage des séquences-supports des
différentes isotopies, ne coïncide pas, et que leur superposition n'est de ce fait
que partielle.
(71) Cf. *La disparition*, de Georges Pérec.
(72) Mais il engendre bien entendu une connotation ludique.

2. Seule la condition *a*) se trouve réalisée : c'est le cas de la poésie factorielle, « dans laquelle certains éléments du texte peuvent être permutés de toutes les façons possibles » (p. 50) (exemple : les « Cent Mille Milliards de Poèmes » de Queneau) ; des romans factoriels, « dont les pages, non attachées, peuvent être lues dans n'importe quel ordre au gré du lecteur » (p. 52) ; des « romans combinatoires » (p. 56), etc. [73].

Ces techniques diverses permetent de démultiplier à l'infini les sens d'un texte [74] — mais il s'agit de sens dénotatifs : rien ne permet de privilégier une lecture plutôt qu'une autre ; le concept de connotation ne peut donc être utilisé dans ce cas.

3. En revanche, certains procédés formels ont pour effet d'ajouter au sens dénotatif certaines valeurs connotatives.

Ce sont par exemple :

● les vers « rhopaliques » ou « croissants » (p. 10) (*Les Djinns* de V. Hugo relèvent de ce procédé), qui jouent sur la connotation rythmique et calligrammatique ;

● l'exploitation systématique de l'allitération phonique et graphique (p. 117) ;

● les « poèmes à métamorphoses » (p. 270), qui dissimulent sous l'apparente banalité du message un sens moins conformiste que l'on découvre en faisant subir au signifiant certaines manipulations codifiées.

Dans les poèmes factoriels, rien dans le signifiant tel qu'il est proposé ne permet de privilégier une lecture plutôt qu'une autre ; dans les poèmes à métamorphoses au contraire, la différence de statut des deux lectures est inscrite dans le signifiant énoncé. Corrélativement, le concept de connotation est pertinent dans le deuxième cas, inutilisable dans le premier. Or, les deux procédés sont étroitement apparentés. On voit par cette comparaison quelles sont les limites d'application du concept de connotation : il ne permet pas de rendre compte de tous les cas où s'actualise un « sens pluriel ».

Pour mieux comprendre comment s'articulent les deux problèmes de la connotation et de la polysémie discursive, nous allons prendre d'autres exemples d'exploitation, à des fins ludiques ou poétiques, du matériel signifiant. Dans tous ces exemples, apparaît une connotation stylistique, que nous mettons entre parenthèses : ce qui nous intéresse ici, c'est la nature de l'enrichissement sémantique éventuellement introduit par le jeu signifiant, et son traitement possible.

---

(73) Le procédé n'est pas nouveau : d'après Zumthor (*Poétique*, n° 11, p. 332) il est utilisé déjà par les rhétoriqueurs et les jongleurs du Moyen Age.
(74) Cf. p. 252 : « Grâce à cette supériorité technique, l'ouvrage que vous tenez entre vos mains représente à lui tout seul une quantité de textes nettement plus grande que tout ce que les hommes ont écrit depuis l'invention de l'écriture ».

1. Cas qui ne relève ni du sens pluriel ni de la connotation (autre que stylistique) : la fabrication de « mots-sandwichs », « mots-valises », « mots composites », et autres « néologismes par amalgame »[75]. Exemple archétypique : le « snark » de Lewis Carroll[76]. Ce mot, résultant de la fusion de « shark » et de « snake » dénote un animal fantastique composite, le « requin-serpent ». Il y a création d'un signifiant, donc d'un signifié, donc d'un référent, complexes, mais uniques. Le vrai néologisme par amalgame, celui où les composantes originelles se trouvent parfaitement équilibrées dans le néologisme résultant, donc absolument sur le même plan, connaît un fonctionnement purement dénotatif.

Autres exemples :

● Mots composites parfaits à l'écrit et à l'oral :

« la vaticanaille » (terme cité par O. Duchacek)[77] ;
« la violupté » (Laforgue) ;
« les sorbonnagres » (Rabelais) ;
« (Doux) métroglodytes » (titre d'une pièce de théâtre).

● Mots composites parfaits, à l'oral seulement :

« les républicoquins » (O. Duchacek) ;
« donner l'alcoolade » (R. Queneau) ;
« familionnaire », adjectif que Freud[78] emprunte à H. Heine, dont un personnage, pauvre petit buraliste de loterie, se vante d'avoir été traité par Rothschild « tout à fait d'égal à égal, de façon toute familionnaire ».

A l'oral, la fusion des signifiants est parfaite : tous les phonèmes constitutifs des unités originelles se retrouvent, dans le mot résultant, avec suppression des éléments redondants :

[familjɛR] ⎫
             ⎬ ⟶ [familjɔnɛR]
[miljɔnɛR]   ⎭

A l'écrit, manque le -è- de « familière ».

● Mots composites parfaits à l'écrit seulement :

« la poupoularité » (= la popularité de Poupou, diminutif de Poulidor).
A l'oral, manquent le [ɔ] et le [y] de « popularité ».

● Mots composites imparfaits :

« le franglais » ;

----

(75) D'après Max Ernst, un mot-sandwich est un « collage verbal ». Ex. : « phallustrade », qui est « un produit alchimique composé des éléments séquents : l'autostrade, la balustrade et une certaine quantité de phallus » (cf. *Dictionnaire abrégé du surréalisme*, José Corti, Paris, 1969, p. 21).
(76) Ce mot-valise est analysé par Deleuze, dans *Logique du sens*, p. 63.
(77) Dans « Les jeux de mots du point de vue linguistique ».
(78) Cf. *Le mot d'esprit...*, p. 28.

les petits bourgeois « concordiers » (les « cocardiers » qui manifes-
tèrent en juin 68, sur cette place de Paris qui symbolise la paix sociale
retrouvée).

2. Cas qui relèvent de la connotation sans qu'il y ait véritablement sens pluriel. Exemples :

● Rupture de locution figée, par substitution (« Tant va la cruche
à l'eau qu'à la fin elle s'emplit », Beaumarchais), permutation des
éléments, ou insertion d'une unité parasite (la phrase suivante cumule
les deux procédés : « J'ai fait une matinée grès grasse »). La rupture
de la lexie en réactive le sens propre, sans que l'on puisse parler de
création d'un sens additionnel.

● Procédés qui renforcent connotativement le signifié de dénotation :

Dans la rime, la paronomase, la figure morphologique [79], le jeu
étymologique [80], la parenté phonétique ou historique des signifiants
n'est qu'une surenchère par rapport à la relation sémantique existant
entre les unités dans le cadre de la cohérence dénotative de la phrase.
L'exploitation d'une configuration syntagmatique de traits phoniques (dont l'allitération et l'assonance constituent deux cas particuliers) renforce mimétiquement, ou expressivement, la description
référentielle [81].

3. Cas qui relèvent à la fois de la connotation et du sens pluriel :
plusieurs niveaux sémantiques de statut différent s'actualisent simultanément. Exemples :

● Néologismes morphologiques avec allusion paronymique :

« les soixante-huitards » (l'expression est forgée sur le modèle de
« quarante-huitards » ; elle dénote les nostalgiques de mai 68, et
connote certaines affinités entre l'idéologie de 1968 et celle de 1848) ;
« l'univers pavillonnaire », qui suggère (par le suffixe -aire, et la combinatoire avec « univers ») que ce monde de pavillons de banlieue est
une espèce de ghetto concentrationnaire. Si l'on compare cette expression avec celle-ci : « l'univers contestationnaire », qui peut à l'extrême
rigueur être considérée comme un mot composite imparfait, on voit
que le départ n'est pas toujours facile à établir entre le mot-
sandwich (où les deux sens n'en forment plus qu'un seul, qui relève
de la dénotation), et le néologisme qui, en plus de sa valeur dénotative,

---

(79) Exemple publicitaire : « Avec les wagons-lits Cook, voyagez sans surprise
à des prix surprenants ».
(80) Exemples :
— « Jamais un coup de dé n'abolira le hasard » (le mot « hasard » dérivant
par métonymie d'un mot arabe désignant le dé).
— « Le chanvre indien des assassins » (ici, il faut effectuer la substitution
synonymique : « chanvre indien » = « haschich » pour percevoir la figure étymologique).
(81) Lorsque le jeu phonétique est dénué de toute pertinence sémantique,
alors l'exemple relève du cas (1).

reçoit par allusion une valeur connotative. Le même problème se pose au sujet d'un calembour orthographique comme « sangsuel », qui peut être analysé, soit comme un mot-sandwich imparfait homophone d'un mot du code, soit comme un métagraphe de « sensuel » ayant pour fonction d'ajouter au contenu dénotatif de l'adjectif certaines valeurs associées, suggérées, connotées par la ressemblance avec « sang », « sueur », et « sangsue ». C'est en général le contexte qui permet de déterminer quel est précisément le statut des différents sens impliqués.

● Contrepet, anagramme, paragramme, et autres procédés de « mots sous les mots » [82].

Le texte apparaît d'abord comme un ensemble signifiant Sa_1, auquel correspond un sens $Sé_1$.

Mais si l'on inflige au Sa_1 certaines manipulations, alors, on voit surgir un second niveau sémantique $Sé_2$ dissimulé sous le premier. Dans l'anagramme et le contrepet, le Sa_2 c'est la totalité des unités constitutives du Sa_1, mais permutées. Dans le paragramme, le Sa_2 est un (ou plusieurs) morphème(s) discontinu(s) constitué(s) de graphèmes disséminés dans le texte et séparés par des unités non pertinentes au regard de cette lecture seconde.

Le sens latent est bien souvent plus important que le sens patent. Il n'empêche que c'est lui qui relève de la connotation [83], car il n'est que suggéré : un auteur de contrepet accusé d'inconvenance aura toujours la possibilité de jouer l'innocence, et de prétendre n'avoir pas pensé au $Sé_2$.

● Le calembour par allusion (dans lequel les deux sens sont hiérarchisés).

● Le trope, l'ironie, la litote, l'énallage (de personne, de temps ou d'aspect [84]), et tous les procédés relevant d'une « rhétorique du détournement » (décalage entre le sens littéral et le sens intentionnel).

Ces procédés se différencient les uns des autres par la nature de la relation existant entre les deux niveaux sémantiques, et du mécanisme qui renvoie le décodeur de l'un à l'autre. Mais ils ont en commun d'opérer un renversement de la hiérarchie que l'on observe ordinairement (par exemple, dans le calembour par allusion) entre les

---

(82) Réinterpréter a posteriori un mot du code comme un mot-sandwich, c'est aussi le surcharger de valeurs connotatives. Sur un mur d'une banlieue lyonnaise, nous avons lu cette inscription : « Dans révolution, il y a rêve et évolution ».

(83) Un problème se pose pourtant au sujet des anagrammes du type : « Bison ravi » (Sa_1) = Boris Vian (Sa_2). Il semble qu'ici ce soit le $Sé_2$ qui assure la cohérence dénotative, et que l'on observe un renversement analogue à celui que nous avons signalé dans le fonctionnement de la métaphore, à savoir : sens littéral = connotatif ; sens second = dénotatif.

(84) Exemple : ce « pseudo-itératif » que Genette identifie chez Proust, dans ces « scènes présentées (en particulier par leur rédaction à l'imparfait) comme itératives, mais dont la précision et la richesse de détails font qu'aucun lecteur ne peut croire sérieusement qu'elles ont pu se produire et se reproduire ainsi, sans aucune variation, plusieurs fois » (Problèmes de l'analyse textuelle, p. 180).

niveaux sémantiques [85] : c'est le sens intentionnel qui en fin de compte assure la cohérence dénotative, et le sens manifeste qui se trouve relégué au plan connotatif. C'est pourquoi certains assimilent au trope l'ironie et la litote, et considèrent l'énallage comme un « trope syntaxique ».

4. Cas qui relèvent du sens pluriel, mais où le concept de connotation n'est pas utilisable, car les différents niveaux sémantiques qui s'actualisent simultanément ne sont pas hiérarchisés les uns par rapport aux autres :

● Le calembour sans allusion.

● L'allégorie, qui est à la métaphore ce que le calembour sans allusion est au calembour avec allusion. Dans la métaphore, même filée, un « indicateur de figure » permet de savoir que l'une des deux isotopies doit s'interpréter figurément. Dans l'allégorie, le texte tout entier (tel « Salut » de Mallarmé) peut se lire selon les deux isotopies, sans qu'il soit possible de les hiérarchiser.

● L'ironie, lorsqu'elle est généralisée à la totalité du texte. Il arrive en effet que dans certains textes « dialogiques » [86], on voie s'entrelacer deux isotopies contradictoires, dont aucune n'est privilégiée par rapport à l'autre, et qui se détruisent mutuellement. Pour reprendre le modèle descriptif que nous avons proposé du fait ironique, on peut dire que chaque séquence textuelle fonctionne à la fois en I_1 comme un Sa_1 (support d'une inversion sémantique sollicitée par une autre séquence), et par rapport à I_2 comme un Sa_2 (indicateur d'ironie), et inversement : chacune des deux isotopies récuse ainsi l'autre, et se laisse récuser par l'autre.

● L'exploitation de la polysémie des termes, sans qu'il y ait véritablement calembour (c'est-à-dire conflit entre deux interprétations concurrentes), mais simplement superposition de sens complémentaires qui coexistent pacifiquement, comme dans ce titre d'article : « Le je(u) de l'énonciation » [87], ou cette phrase de Barthes : « La parole emprunte ses *tours* (au sens stylistique et ludique du terme) à tout un ensemble de codes culturels et oratoires » [88]. Certes, sans la parenthèse métalinguistique, le lecteur aurait tendance à monosémémiser le mot polysémique. Mais il est permis de penser qu'avec la généra-

---

(85) Dans *Poétique*, n° 18 (p. 222), Todorov marque bien cette spécificité du trope : « Les tropes lèvent le sens littéral des mots (sans le faire disparaître entièrement) et imposent à sa place un sens nouveau ; l'allusion, au contraire, maintient le sens initial de la phrase, mais permet de lui associer, par déduction, une nouvelle assertion. Il reste que le débordement du signifié est présent, ici et là, et cela justifie l'utilisation d'un terme unique le désignant : celui de condensation, précisément ».

(86) Comme dans ces œuvres de Fontane qu'analyse Pierre Bange, dans *Ironie et dialogisme dans les romans de Theodor Fontane*, P.U.G., Grenoble, 1974.

(87) Article de S. Lecointre et J. Le Galliot, dans *Langages*, n° 31. Autre exemple encore : un poème tel que *Le pont Mirabeau* se prête à plusieurs lectures parallèles et également « justes » selon la façon dont on le ponctue.

(88) Interview dans *La Quinzaine littéraire*, n° 182, 1er-15 mars 1974, p. 3.

lisation de cette pratique langagière, qui doit beaucoup à Barthes, et qui s'explique sans doute par la sensibilisation actuelle au problème du sens pluriel — à force de traquer la polysémie textuelle, on en vient à la cultiver —, les précautions métalinguistiques cesseront de lui être nécessaires.

Conclusions.

— La connotation rend des services descriptifs dans de nombreux cas où le concept de « sens pluriel » ne serait pas approprié. Inversement, certains cas de sens pluriel ne peuvent être analysés en termes de connotation : les domaines d'application de ces deux concepts sont donc en intersection.

— Nous estimons qu'il convient de conserver le concept de connotation, car il rend compte du fait, important nous semble-t-il, que *dans la plupart des cas de polysémie discursive, les différents niveaux sémantiques sont hiérarchisés et n'ont pas le même statut* [89].

— Parallèlement, il s'agit d'élaborer une théorie, à certains égards plus puissante, du « sens pluriel », théorie qui comporterait deux versants :

● problème (qui relève d'un modèle d'interprétation) de la pluralité des lectures d'un même texte par différents décodeurs [90] ;

● problème de la pluralité des sens décodables, par un même lecteur, en un même point d'un même texte.

Il faut en tout cas reconnaître que la connotation, même si elle n'est pas capable de rendre compte de tous les aspects de cet immense problème, a fonctionné comme le concept révélateur des limites de la conception monosémantique et monologique du texte ; qu'elle a dévoilé la richesse et la souplesse des procédés signifiants ; qu'elle a permis l'émergence de cette « pensée de la communication » qui caractérise, d'après Jean Lacoste, un Michel Serres, et qui, à l'opposé

-----

(89) Arrivé a raison sur ce point : seul le concept de connotation permet de rendre compte de façon satisfaisante du fonctionnement du trope (*Langages de Jarry*, p. 23).
Ce n'est là qu'un cas particulier d'un problème plus vaste, dont voici un autre aspect : lorsqu'on dit qu'une structure est, hors contexte, ambiguë, il faudrait en général préciser que ses différentes interprétations ne sont pas toutes équiprobables. Ainsi, la phrase « L'alcool tue lentement » comporte en principe une ambiguïté concernant son focus (c'est-à-dire l'élément véritablement asserté — encore un problème de hiérarchie des éléments d'information, mais cette fois contigus et non plus superposés). Mais en réalité l'interprétation la plus naturelle consiste à considérer comme focus le verbe « tuer », et non l'adverbe « lentement », d'où le caractère facétieux, et légèrement de mauvaise foi, de la réplique : « Ça m'est égal, je ne suis pas pressé ». C'est là un domaine encore inexploré par la linguistique, qui a trop tendance à formuler les problèmes en termes binaires (oui/non). Or, une phrase n'est pas ambiguë, ou non ambiguë, elle est plus ou moins ambiguë.
(90) C'est dans cette perspective que s'inscrit par exemple l'étude de D. Maldidier, analysant comparativement la « Lecture des discours de De Gaulle par six quotidiens parisiens », dans *Langue française*, n° 9.

de « la pensée analytique qui détermine le sens, qui le définit, l'enferme en un seul site, par la négation et l'exclusion des autres sens..., combine tous les sens possibles, établit des relations, construit des ponts : Serres *pontifex maximus* » [91] ; que ce concept n'a rien à envier à celui de « géno-texte », car ces opérations profondes qui s'étalent dans le phéno-texte, lequel invite le lecteur à reconstruire le travail sous-jacent de la signifiance, ce sont tout aussi bien les mécanismes connotatifs qui viennent parasiter le langage de dénotation.

Le concept de connotation est donc extrêmement productif : il permet le « jeu » des (sur les) textes, et il serait même, de ce point de vue, trop permissif. A propos des interprétations allégoriques, Dumarsais déclare que ce ne « sont que des applications arbitraires dont il est libre à chacun de s'amuser comme il lui plaît, pourvu qu'on n'en tire pas de conséquences dangereuses » [92]. Le danger, c'est bien entendu celui de la « signifiose » à laquelle aboutit une lecture plurielle incontrôlée, qui ne parvient pas à endiguer les débordements du sens, et qui par des voies inverses aboutit au même résultat que la lecture monologique : la négation du texte. Car si l'on peut lire *n'importe quoi* sous n'importe quel texte (et c'est vrai que la lecture paragrammatique par exemple, autorise cette polysémie infinie), alors tous les textes deviennent synonymes, le support textuel inutile, et le texte un simple « prétexte »[93] à la projection des fantasmes du lecteur. Ce n'est sans doute pas un hasard si les connotations les plus fréquemment exhumées des profondeurs du géno-texte sont les connotations sexuelle, et scripturale : c'est que l'écriture, et le phallus cher à René Pommier, font partie des obsessions les plus prégnantes des descripteurs modernes [94].

Il est donc souhaitable que la linguistique de la connotation se dote, comme celle de la dénotation, de garde-fous, c'est-à-dire de critères de pertinence, dont le principe général serait sans doute celui de convergence.

----

(91) Le terme choisi par Jean Lacoste (*La Quinzaine littéraire*, n° 218, 1er-15 octobre 1975, p. 18) de « communication » a de quoi étonner, vu les connotations « mouniniennes » dont il se charge dans le lexique linguistique. Mais il file la métaphore du « pont ».

(92) Cité par Michel Charles dans *Poétique*, n° 15, p. 361.

(93) Cf. Delas et Filiolet, *Linguistique et Poétique*, p. 58 : « Nous reconnaissons aussi que la réactivation des significations latentes serre de plus près la réalité linguistique du texte poétique ; mais ce que l'on gagne d'un côté, on le perd de l'autre, c'est-à-dire que l'éclatement du texte en autant de constellations signifiant librement aboutit à une reconstruction indépendante de la dénotation manifeste et exposée. C'est finalement peut-être encore ne voir dans le texte qu'un prétexte à une exploration de l'imaginaire ».

(94) Le sexuel et le textuel sont pour Roland Bacri unis par d'autres liens que la paronymie :

> « Au commencement était le Verbe
> Et le Verbe a été fait chair
> Chair chez la femme
> Et chair chez l'homme
> Le textuel
> Fut sexuel
> Et on laissa parler la chair
> Elle eut le verbe haut ».

(*L'Obsédé textuel*, Julliard, Paris, 1974, p. 9).

5. — L'importance des connotations dans le fonctionnement langagier

La connotation, nous l'avons souvent signalé au passage, et c'est la seule manière d'interpréter adéquatement le schéma de Hjelmslev, qui est acceptable globalement, et non pour rendre compte du détail des faits connotatifs, présuppose le langage de dénotation. Pour ne reprendre qu'un exemple, celui de l'anagramme saussurien, « en l'absence d'un texte de base soumis au principe de la linéarité, l'anagramme surajouté ne pourrait pas être réalisé » [95]. Barthes le dit aussi, dans « La rhétorique de l'image » : les signes connotatifs, erratiques et discontinus, sont « pris » (encore que l'image soit un peu trop statique) dans le filet continu du syntagme de la dénotation [96]. En d'autres termes, on ne peut concevoir de langage connotatif qui ne se greffe sur la matérialité du langage de dénotation [97], pour le « détourner » à son profit (comme on le dit d'un film, ou d'une affiche publicitaire), et le sémantiser en des lieux inattendus.

Mais il ne faudrait pas inférer, de cette subordination logique, une quelconque hiérarchie évaluative. La connotation est seconde, mais non secondaire. Il est d'ailleurs difficile d'évaluer précisément son importance, car elle varie avec le type de discours tenu, et fait l'objet d'appréciations diverses : tantôt la connotation est valorisée, et même quelque peu fétichisée, comme refuge de la « poésité » et de la subjectivité langagière, tantôt on lui reproche d'être réfractaire à tout traitement scientifique (automatisable), et on la suspecte de venir souiller, comme une gangue indésirable, le sens « propre », et altérer la pureté cristalline du sens structurel. On pourrait continuer l'inventaire des attitudes contradictoires, et fortement connotées, qui se rencontrent d'un auteur à l'autre, ou chez un même auteur, à l'égard de la connotation : c'est un « bruit volontaire », qui « altère la pureté de la communication » [98], et il est de fait qu'en enfreignant les règles ordinaires de la lisibilité, en pervertissant l'évidente simplicité du langage dénotatif, en faisant proliférer les sens en tous sens, la connotation déroute et retarde le travail du décodage ; mais en même temps,

(95) Peter Wunderli, *TraLiLi*, 1972, p. 44.

(96) Barthes écrit encore dans *S/Z* (p. 206) : « Le texte est plein de sens multiples, discontinus et entassés, et cependant, poncé, lissé par le mouvement « naturel » de ses phrases : c'est un texte-œuf » : ce qui lisse ainsi la surface ovoïde du texte, c'est bien entendu le langage de dénotation.

(97) Même si certaines unités isolées, comme ces « termes explétifs » dont parle Delphine Perret (dans *Cahiers de lexicologie*, n° 12), dont la valeur est purement affective, n'ont d'autre valeur que connotative, et si certaines pratiques langagières, qui représentent, comme le lettrisme, des cas limites, tentent d'évacuer toute signification dénotative. Et même si à l'inverse, le langage de dénotation n'est jamais représenté à l'état pur, puisque le discours scientifique lui-même, comme le montre P. Lavorel (*Pour un calcul du sens*, p. 143), n'échappe pas à la connotation.

(98) Barthes, *S/Z*, p. 15.

elle se met au service de la dénotation, car en l'affectivisant, elle favorise l'adhésion au message, et en démultipliant le sens elle augmente son capital sémantique [99].

Autre lieu encore de désaccord : la connotation, c'est pour certains l'instauration d'un écart que rien ne vient réduire, d'une différence que rien ne vient combler ; c'est une béance, une perversion non récupérable, une subversion pure. Mais cette attitude est difficilement tenable, et de la conception différentielle, on passe naturellement à cette conception substitutive [100] de la connotation que Cohen a le plus clairement explicitée : parler poétiquement, c'est parler « pathétiquement », c'est détruire la cohérence dénotative pour mieux instituer cette cohérence connotative relevant d'une logique supérieure, affective et subjective, c'est provoquer la mort du langage dénotatif pour permettre sa résurrection connotative. Il serait facile aussi d'ironiser sur ces diverses attitudes, en dénonçant leurs connotations idéologiques : fascination de la béance et de la négativité, rémanence, dans le « littérarocentrisme » contemporain, d'une conception élitaire du discours poétique, valorisation de la séparation et de la « distinction », mépris des mots de la tribu ; économisme bourgeois, dans cette vénération de la polysémie textuelle, et du gain sémantique qui en résulte [101] ; culte de l'affectivité, de la subjectivité, de l'irrationnel ; valorisation eschatologique des « profondeurs » textuelles, où sont souvent localisées les unités de connotation, etc. [102].

Mais nous préférons souligner ici les points suivants :

1. L'étude de la connotation relève de plein droit de la linguistique.

En effet, les connotations sont souvent considérées comme relevant de disciplines paralinguistiques, telles que la stylistique, la

---

(99) Cf. cette contradiction de Mary-Noëlle Gary-Prieur, qui successivement déclare que la connotation renvoie à une conception non informationnelle de l'œuvre, et qu'elle « est inscrite dans la « structure profonde » du sens, comme un principe de créativité qui rend possible la construction d'une infinité de sens ».

(100) Pour Delas et Filiolet, « le terme archaïque ou le terme méridional, le terme populaire ou le terme « poétique », ne doivent pas être interprétés comme des écarts par rapport à une sorte de langue-cible qui servirait de fondement à la description, mais comme les signes, visibles, d'une volonté de donner une autre dimension au message » (*Linguistique et poétique*, p. 100).

(101) Cf. Cohen, *Communications*, n° 16, p. 24 : « La théorie actuellement en vogue de l'ambiguïté donne à cette question » (de la spécificité de la poésie) « une réponse bien maigre. La pluralité des sens ne satisfait guère qu'au principe d'économie. Si la poésie n'a pour fonction que de ramasser en une phrase ce que la prose pourrait dire en plusieurs, le privilège est mince. Nous ne sommes pas avares de mots au point de ressentir un véritable « enchantement » devant un raccourci. Peut-être faut-il voir dans la théorie qui égale la poéticité à la « richesse » sémantique un écho lointain de l'économisme bourgeois. Peu de signifiants pour une multiplicité — voire une infinité — de signifiés, voilà qui relève d'un bon placement linguistique ».

(102) Ainsi, entre autres, par M.N. Gary-Prieur, Christian Metz, et Meschonnic : « ...la rythmique du texte, qui est sa sémantique profonde (comme Baudelaire parlait de « rhétorique profonde ») » (*La Quinzaine littéraire*, 1er-15 sept. 1974).

psychologie, ou la pragmatique [103]. Pour nous, cette marginalisation de la connotation est inadmissible, et nous souscrivons entièrement à cette déclaration d'Eco : « Le fonctionnement d'un signifiant, dans le processus de semiosis, attribue la même importance à ces deux formes [dénotative et connotative] des signifiés. Si l'on repousse la seconde forme dans un univers dont la sémantique n'a pas à rendre compte (cf. Carnap), on peut étudier assez exactement la fonction référentielle du langage, mais on perd toute la richesse du processus de communication. *La sémiotique n'a pas à accepter une telle forme de castration*, même si cela risque de l'exposer à quelques approximations. Avant de s'affirmer en tant que discipline qui traite avec rigueur de son propre champ d'étude, la sémiotique doit prendre à son compte tout ce qui la concerne à l'intérieur de son propre champ » [104].

Les connotations sont partout dans le langage. Certes, le lieu privilégié de leur déploiement, c'est le discours littéraire — et décrire un texte littéraire, c'est essentiellement dépister les réseaux connotatifs qui le traversent et le structurent. Mais elles prolifèrent aussi dans l'échange verbal quotidien. Mais elles investissent même le discours scientifique. Rejeter dans l'extra- ou le para-linguistique ces valeurs sémantiques sous prétexte qu'elles sont « périphériques » (Martinet), « latérales » et « inessentielles » (groupe de Liège), c'est interpréter en termes de secondarité hiérarchique une secondarité logique. Que le langage de connotation soit subordonné au langage de dénotation qu'il présuppose unilatéralement n'implique pas que les unités de connotation soient à considérer comme des fioritures surajoutées, des épiphénomènes décoratifs et capricieux. Elles sont au contraire, au même titre que les unités de dénotation, constitutives de la signification des messages, et fondamentales dans leur fonctionnement sémiologique.

2. Inversement, les mécanismes dénotatifs font partie, au même titre que les procédés connotatifs, de la signifiance d'un texte.

Cette deuxième affirmation, qui, comme la plupart des affirmations, est polémique, et s'énonce contre la proposition inverse qu'elle présuppose, est sollicitée par l'attitude fréquente des spécialistes de la « poésité » (ou « poéticité ») consistant à poser d'abord un antagonisme radical entre les sens dénoté et connoté, et à le résoudre au seul bénéfice de la connotation. C'est particulièrement clair chez

---

(103) Ainsi, Sandor G.J. Hervey, après avoir distingué deux sortes de « nuances » :
— les nuances dénotatives, qui entraînent une « non-identity of corresponding sets of denotata », et
— les nuances connotatives (ex. : « bird » = « girl » + « argotique »), qui n'ont pas d'incidence sur l'extension du terme,
déclare au sujet de ces dernières qu'elles sont de nature « pragmatique » et qu'elles relèvent d'un « revised and redefined concept of « nuance », belonging of course to some non-semantic discipline, such as stylistics or psychology » (*La Linguistique*, vol. VII, p. 34).
(104) *La structure absente*, p. 91 (la phrase soulignée l'est par nous).

Cohen : « Connotation et dénotation sont antagonistes. Réponse émotionnelle et réponse intellectuelle ne peuvent se produire en même temps. Elles sont antithétiques, et pour que la première surgisse, il faut que la seconde disparaisse... La vérité affective vient corriger l'erreur notionnelle » [105]. On ne saurait être plus dogmatique : la connotation c'est (en poésie) la vérité, la dénotation l'erreur. Plus subtiles (mais également axiologisées) sont les formulations en termes de sens superficiel/profond : « Selon Mallarmé, le texte poétique devrait de prime abord apparaître banal, l'essentiel du message poétique, le sens profond du texte devraient être dissimulés sous cette apparence insignifiante et ne se révéler aux lecteurs qu'au cours d'une lecture approfondie » [106].

Il y a, plus précisément, deux manières de néantiser le sens dénotatif :

— ou l'on maintient l'existence indépendante des deux niveaux, connotatif et dénotatif, mais en considérant que seul le premier est poétiquement pertinent ;

— ou l'on déclare qu'en poésie, le premier phagocyte le second : d'après M.N. Gary-Prieur, « tout, dans le texte, est connotation, y compris la dénotation ».

Nous pensons au contraire :

— que dans tout texte coexistent les sens dénotés (engendrés par les procédés ordinaires de la dénotation, items lexicaux et constructions syntaxiques, qui ne sont jamais totalement subvertis), et les valeurs connotées par tous ces mécanismes complexes que nous avons essayé d'inventorier, et que Wunderli, paraphrasant Mallarmé, dégage pertinemment : « mécanismes évocateurs et associatifs », correspondances, échos et « couplaisons » internes à l'énoncé, c'est-à-dire l'ensemble des structures paradigmatiques et syntagmatiques qui définissent l'idiolecte textuel, et produisent ce que Mallarmé appelle « le chant sous le texte » ;

— que les deux types de valeurs sémantiques ne sont pas exclusives, mais complémentaires — et nous acceptons la connotation euphorique de ce terme. La lecture paragrammatique n'abolit pas la lecture linéaire, pas plus que l'interprétation métaphorique ne débusque définitivement l'interprétation littérale. Rien n'est insignifiant dans un texte, et tout concourt au déploiement de la polyphonie textuelle.

3. D'ailleurs, il est tout à fait inexact d'identifier, comme le fait par exemple Cohen, la connotation à la poéticité ou à la littéralité (la poésie n'étant que la forme paroxystique du discours littéraire).

_____

(105) *Structure du langage poétique*, pp. 214 et 220.
(106) Peter Wunderli, *TraLiLi*, X, 1, p. 48.

La connotation, en effet, est omniprésente dans le langage quotidien, qui est très fortement affectivisé, axiologisé, et marqué stylistiquement. Il est faux de dire que le langage de tous les jours représente la norme stylistique : c'est oublier que précisément, si le langage fonctionne quotidiennement comme un instrument de pouvoir, c'est grâce à la possibilité qu'on les classes dirigeantes de jouer sur une gamme variée de registres connotatifs, cependant que les classes dominées sont enfermées, au niveau de leur compétence active, dans le seul niveau de langue qui leur est familier. Faux aussi que la langue quotidienne ait une fonction purement utilitaire : elle intègre de nombreux éléments ludiques et métalinguistiques ; faux qu'elle fige les sens dans leur littéralité : les hésitations du discours, les sous-entendus et les allusions connotés par l'intonation, font constamment déborder le sens vers un au-delà du dire ; faux enfin que l'inter-textualité soit spécifique du discours littéraire : le discours que nous tenons ici est imbibé d'intertexte, et l'échange verbal quotidien l'est aussi, qui charrie quantité de bribes, plus ou moins stéréotypées, de discours antérieurs.

Sans doute ne s'agit-il pas du même type d'intertexte qu'en littérature, et le discours quotidien ne privilégie-t-il pas le même type de connotations. Mais leur jeu est assez varié (connotations affectives, axiologiques, stylistiques, associatives) pour qu'il soit impossible de considérer le langage « ordinaire » comme un pur langage de dénotation.

4. Cela dit, il est certain que le lieu de prédilection de la connotation, c'est le discours littéraire. D'où la tentation d'admettre « comme postulat que tout texte littéraire constitue par définition un langage de connotation » (Arrivé) [107]. La formule, pourtant fréquente, n'est pas très heureuse, car on peut difficilement dire d'un texte qu'il *est* un langage, et nous avons émis à plusieurs reprises des réserves sur l'expression de « langage de connotation ». Nous préférons pour notre part dire que le discours littéraire a la particularité d'accorder aux faits de connotation une place prépondérante.

Cela apparaît surtout dans le fait suivant : il arrive que les mécanismes connotatifs, non seulement permettent de multiplier d'autant les significations textuelles, mais même portent tout le poids de la cohérence syntagmatique, en venant éventuellement combler les trous du langage dénotatif [108]. Dans ce texte de Joyce dont nous avons déjà parlé, qui paraît illisible au niveau littéral (ambiguïté généralisée des anaphoriques, indétermination des actants, perturbations de la chronologie), seule une lecture connotative permet une interprétation non pas équivoque, mais cohérente. En voici d'autres exemples :

(107) *In* Greimas, *Essais de sémiotique poétique*, p. 67, note 8.
(108) Et dans ce cas, le discours littéraire s'apparente au discours onirique, dont le décryptage consiste pour Freud à remonter du contenu manifeste (incohérent) au contenu latent (cohérent) : c'est le second qui « grammaticalise » le premier.

— Arrivé : « Dans « L'Amour absolu » de Jarry, l'un des chapitres est intitulé « La », forme de l'article féminin, sans expansion substantivale. Tout au long du chapitre (et d'ailleurs du roman dans son entier, mais de façon moins systématique), le féminin connote la Mort : tous les substantifs animés féminins même lorsqu'il leur arrive d'avoir pour référents fictifs des êtres masculins, signifient la Mort au niveau du système de connotation. Mais c'est seulement à la fin du chapitre que le lexème « Mort » apparaît, de façon à la fois arbitraire sur le plan de la dénotation et nécessaire sur celui de la connotation : « la Merquerbac, la Zinner, la... *La Mort* » [109].

— Van Dijk, après avoir défini « le signe poétique lexical » comme « l'ensemble du signe dénotatif et de ses régions de possibilités associatives », formule l'hypothèse suivante : « dans le poème, on peut établir des relations entre les régions associatives des différents signes, de telle façon même qu'elles sont parfois seules à déterminer la cohérence sémantique (isotopique) de certaines combinaisons du texte. Il y a donc une catalyse d'éléments paradigmatiques (virtuels) dans le texte réalisé » [110]. Ce qui veut dire, et Van Dijk en fournit des exemples, qu'en poésie, c'est bien souvent leurs valeurs associées (qu'il convient de catalyser), et non leurs contenus sémiques, qui assurent la liaison sémantique entre deux unités lexicales syntagmatiquement associées.

Enfin Nicole Gueunier démontre [111], de nombreux exemples à l'appui, que bien souvent, on rencontre dans les textes classiques ou modernes des séquences qui font figures de pièces rapportées, et font écart par rapport à la cohérence dénotative, mais dont la présence se justifie, et ne se justifie qu'au sein du système connotatif. Ainsi, l'éloge du tabac dans *Dom Juan*, qui constitue d'après Alain Badiou un « énoncé idéologique séparable », obéit à une nécessité d'ordre connotatif : cette séquence symbolise en effet « la structure formée par le comportement de Dom Juan à l'égard de la vie sociale : le rôle du tabac dans la vie de société étant en effet d'être tour à tour offert et accepté, exprime la loi de l'échange-don ; la fin de la tirade de Sganarelle : « qui n'use pas du tabac est indigne de vivre » [112] met en valeur cette signification sociale de l'échange du tabac. Or, à l'égard des femmes, de l'argent et de la foi jurée, c'est-à-dire du langage, Dom Juan est celui qui refuse cette loi de l'échange-don, d'où sa punition finale ». Autre exemple : les prosaïsmes et vulgarismes qui apparaissent dans *Les Fleurs du mal* peuvent s'analyser « comme le modèle, au niveau stylistique, d'une esthétique de la fêlure » (cf. « La cloche fêlée ») qui semble bien être une des caractéristiques du projet structural des *Fleurs du mal*, divers constituants sémantiques équi-

(109) *Langue française*, n° 3, p. 9.
(110) « Quelques problèmes à propos d'une théorie du signe poétique », p. 387.
(111) Dans *Langue française*, n° 3, pp. 41 et sqq.
(112) *Sic.*

valents de la fêlure se présentant sous les formes variables de la claudication, de la démarche tâtonnante, de la maladresse, etc. », observation qui montre bien comment des faits parfaitement hétérogènes (ici : l'emploi de termes chargés d'une marque stylistique « déplacée », et au niveau du contenu, le choix de certains thèmes itératifs), peuvent converger pour susciter l'émergence d'une même signification profonde. Et Nicole Gueunier conclut : « L'étude de ce type d'écarts nous paraît illustrer de façon pertinente la conception de l'œuvre littéraire comme superposition d'un système linguistique connotatif à un système linguistique dénotatif ».

Les analyses précédentes sont judicieuses et convaincantes, mais elles se situent à un niveau de raffinement descriptif tel qu'elles apparaissent, entre l'indispensable et le superfétatoire, comme une sorte de luxe : on peut fort bien « comprendre » le texte sans percevoir toutes ces connotations [113], que l'on peut donc qualifier, avec M. Le Guern, de « libres » [114]. En revanche, lorsque le fait connotatif, comme dans la métaphore [115], est strictement nécessaire à la compréhension minimale de la séquence, on parlera de connotation « obligée » [116].

L'importance que prennent, dans le discours littéraire, les faits de connotation, entraîne un certain nombre de conséquences :

— Ils doivent être, autant que faire se peut, conservés au cours de l'opération de traduction, puisqu'ils sont tout aussi pertinents et significatifs que les unités dénotatives. La traduction des poèmes, on l'a souvent noté [117], pose des problèmes pour la plupart insurmontables, et ce sont en général les connotations qui en sont responsables : comment, pour ne prendre qu'un seul exemple, « rendre »

----

(113) Barthes le dit aussi, à propos de la « Rhétorique de l'image » : même si je ne possède pas les savoirs culturels nécessaires à l'identification des quatre signes connotatifs que comporte selon lui la réclame photographique de Panzani, je suis capable d'identifier les objets qu'elle représente, donc de « lire » l'image et de la « comprendre » (au seul niveau dénotatif).

(114) « Le cas le plus typique de connotation libre est le texte poétique dont il n'est pas possible de donner une interprétation pleinement satisfaisante au niveau de la dénotation. Un tel texte présente en quelque sorte des trous logiques, que chaque lecteur est appelé à combler par des éléments tirés de son imagination, de sa propre expérience, de sa culture, ou de sa connaissance de la personnalité du poète. Ces éléments font partie de la connotation, puisqu'ils ne sont pas inscrits dans la structure logique du texte. Qu'il s'agisse d'une connotation libre peut être facilement vérifié si l'on rapproche les diverses interprétations, toutes légitimes, données d'un même poème suffisamment obscur par des critiques également qualifiés » (*Sémantique de la métaphore*, p. 21).

(115) *Ibidem* : « La particularité de la métaphore consiste... à unir une dénotation marquée par un processus de sélection sémique à une connotation psychologique qui reste obligée, même dans un contexte restreint ».

(116) Cette opposition n'a rien à voir avec celle introduite par Molino entre associations libres (=idiolectales) et obligatoires (= diasystématiques) : « Un deuxième problème est posé par les relations entre les associations obligatoires, c'est-à-dire ce minimum d'accord entre les locuteurs qui leur permet de se comprendre et les associations libres, constituées par l'ensemble des expériences des locuteurs qui colorent diversement la « signification » d'un mot, les connotations si l'on veut » (*La Linguistique*, vol. VII, p. 29).

(117) Par exemple Mounin, dans *Les problèmes théoriques de la traduction*.

les connotations par polysémie, qui jouent un rôle si important dans la constitution des isotopies secondes, alors que chaque fait de polysémie est spécifique d'une langue donnée ? L'alternative, dont aucun terme n'est satisfaisant, est souvent entre une élimination totale, et une explication indue, du fait de connotation. Pourtant, il arrive que l'on puisse ruser avec ces différences qui existent d'une langue à l'autre au niveau des formes du contenu et de l'expression, à l'aide de stratagèmes divers dont voici un exemple :

> Dans les vers : « Les sanglots longs
>   Des violons
>   De l'automne »

on peut voir un fait de symbolisme phonétique, la consonne et les trois voyelles nasales connotant, selon leur valeur habituelle, une certaine mélancolie crépusculaire. Or, l'anglais ne connaît pas les voyelles nasales. Mais si l'on regarde la traduction anglaise :

> « When a sighing begins
>   In the violins
>   Of the autumn-song »,

on constate que consciemment ou inconsciemment, le traducteur, pour compenser cette lacune du système phonématique de l'anglais, a multiplié les consonnes nasales (il y en a sept dans ces trois vers), qui ont la même efficacité puisque c'est le trait de nasalité qui seul supporte le « sème potentiel ».

— Cette constatation permet d'autre part de définir la tâche essentielle qui revient à la stylistique, cette discipline dont le but est de rendre compte le plus précisément possible, dans leur spécificité idiosyncrasique, des textes réalisés (par opposition à la textologie qui se charge de dégager les règles générales du fonctionnement textuel) : ce serait, après avoir identifié tous les faits de connotation — supports signifiants et contenus connotés — que comporte un texte donné, de voir comment ils s'organisent en isotopies, quelles sortes de significations produit leur convergence, et comment ils s'articulent avec le langage de la dénotation[118]. Pour ce faire, Arrivé[118 bis] et Gary-Prieur[119] préconisent la méthode transformationnelle, mais les rela-

---

(118) Telle est dans une certaine mesure, l'entreprise de Barthes dans *S/Z* (et les autres études reposant sur le même principe).

(118 *bis*) « Les méthodes transformationnelles... devraient rendre compte des transformations qui font passer du niveau de la connotation à celui de la dénotation, en tenant compte des différents paliers sur lesquels se déplace la ligne de contenu connoté » (*Langue française*, n° 3, p. 10). Mais Arrivé déclare ailleurs que c'est au langage de dénotation que s'appliqueraient les règles transformationnelles, pour le convertir en langage de connotation.

(119) En conclusion de son article sur « La notion de connotation », M.N. Gary-Prieur écrit en effet : « On pourrait peut-être construire des règles explicitant au niveau de cette notion le passage de la structure sémique linguistique aux structures signifiantes des textes, et montrer que la connotation est inscrite dans la « structure profonde » du sens, comme un principe de créativité qui rend possible la construction d'une infinité de sens »... Objection à cette déclaration : les structures sémiques sont, elles aussi, « signifiantes ».

tions qui s'instaurent dans un texte entre les systèmes dénotatif et connotatif sont si complexes qu'on ne voit pas encore clairement quelle serait la forme de ces règles dites, par métaphore, de « transformation ».

Notons, pour terminer, que la fonction sémantique de la connotation est double :

— Récupérant à son profit ce que néglige la dénotation, sémantisant la totalité du matériel verbal, la connotation démultiplie les plans de lecture [120], fait déborder le sens de tous côtés, éclater le cadre étroit de la littéralité — car malgré la paronymie, la littérarité, c'est tout le contraire de la littéralité —, si bien que d'après Ricœur, le taux de littérarité que comporte un texte serait directement proportionnel au nombre de niveaux sémantiques qui s'y trouvent simultanément investis : « La littérature, précisément, nous met en présence d'un discours où plusieurs choses sont signifiées en même temps, sans que le lecteur soit requis de choisir entre elles. Une définition sémantique de la littérature, c'est-à-dire une définition en termes de signification, peut ainsi être déduite de la proportion de significations secondaires implicites ou suggérées que comporte un discours » [121].

— Ce faisant, la connotation subvertit, dans une certaine mesure, le fonctionnement « normal » — dénotatif — de la désignation : pour elle, un « chat » n'est pas nécessairement un chat, et inversement. Exhibant le travail de production du sens, affichant, au lieu de l'occulter, cette distance qui toujours existe entre la verbalisation et le verbalisé, la connotation, par le trouble qu'elle instaure et les perturbations qu'elle introduit dans le fonctionnement langagier, concourt efficacement à dénoncer le caractère relatif de tout système de représentation, et à rendre suspecte l'illusion d'un discours vrai, adéquat, conforme.

Mais il serait absurde de ne voir en elle qu'un agent de subversion. Cela ne vaut que pour certains types de faits connotatifs (en tête desquels figure la métaphore), et de pratiques discursives (ces « textes » que vénère « Tel Quel », qui frisent l'illisibilité). Sans doute arrive-t-il que la connotation « change les règles », mais elle est, le plus souvent, « gouvernée par les règles » [122]. Dans l'article qu'elle

---

(120) Cf. la *Rhétorique générale*, p. 38 : « Certains messages... visent à la multiplicité des plans de lecture sans qu'aucun d'eux puisse prétendre à l'appellation privilégiée de degré zéro : *L'Assommoir* de Zola est à la fois le bistrot, l'enseigne du bistrot, l'alcool, le mal social. Cette pluralité voulue de l'interprétation semble bien être une constante de la littérature comme l'indique la théorie médiévale des quatre sens, mais les exemples limites ont été fournis par des écrivains contemporains, notamment d'une façon systématique par Joyce... On devine que dans un tel cas, la vassalité du degré figuré par rapport au degré zéro, abolie, fait place à l'organisation d'isotopies multiples et coordonnées ».

(121) *La métaphore vive*, p. 38. En réalité, Ricœur se fait ici le porte-parole de Monroe Beardsley.

(122) Nous faisons ici allusion aux deux types de créativité (qui est régie par/qui change les règles) que distingue Chomsky.

consacre à la notion d'écart, Nicole Gueunier démontre de façon convaincante que les infractions poétiques, ou ne sont qu'apparentes, ou s'intègrent dans un sous-système linguistique, ou encore voient « leur portée... quelque peu amoindrie du fait qu'elles se laissent en général facilement réduire à un petit nombre de connotations transparentes : ainsi, l'écriture dite « automatique » dans le cas de certains énoncés surréalistes [123], la puérilité, la négritude ou un stade d'aphasie dans une séquence comme « toi venir » » [124]. Il n'est pas d'écart qui ne se laisse ramener à une règle [125], qui si elle n'existe pas a priori (dans le cas des innovations véritables), se constitue a posteriori, permettant de générer dans son sillage une série d'écarts analogues. A propos du paragramme, Wunderli se demande s'il convient de considérer l'abandon du principe de linéarité « comme une liberté ou une loi » [126] : c'est tout à la fois l'un et l'autre. Tout acte d'émancipation se laisse immédiatement récupérer par la loi. C'est pourquoi la poésie est obligée de s'inventer sans cesse de nouveaux « lieux ». C'est pourquoi elle n'a cessé au cours de son histoire, ainsi que le montre Cohen [127], d'exacerber les marques de sa spécificité [128] : c'est pour la poésie, condamnée à une éternelle fuite en avant, une question de survie.

D'autre part, les procédés connotatifs ne sont pas les seuls à introduire cette distance entre le niveau verbal, et celui de l'objet verbalisé. Les procédés métalinguistiques, tels que les manipule par exemple Beckett [129], contribuent aussi à discréditer partiellement l'énoncé qu'ils commentent, et à relativiser la vérité du dire. Or, l'attitude métalinguistique par excellence c'est celle du linguiste, qui dit explicitement ce que la poésie suggère : que parler c'est instituer une *différence*, entre le signifiant et, via le signifié, le référent. C'est aux linguistes que l'on doit d'avoir montré clairement que le langage

---

(123) Il est de fait qu'un énoncé surréaliste apparemment illisible cesse en grande partie d'inquiéter dès lors qu'on l'identifie comme production automatique : l'écart se résorbe alors au profit d'un type particulier de norme.
(124) *Langue française*, n° 3, pp. 36-37.
(125) Telle est l'hypothèse de travail de Cohen : que dans tout fait d'écart, existe « une règle immanente à l'écart lui-même » (*Structure du langage poétique*, p. 14).
(126) *TraLiLi*, X, 1, p. 44.
(127) Dans *Essais de sémiotique*, Genette conteste cette loi d'évolution que dégage Cohen : « Toute sa confrontation », dit-il, « revient à opposer trois *dramaturges* classiques à six poètes essentiellement *lyriques*... Comparer le « taux de poésie » du classicisme et de la modernité dans ces conditions, c'est à peu près comme si l'on comparait les climats de Paris et de Marseille en prenant à Paris la moyenne de décembre et à Marseille celle de juillet : c'est manifestement fausser la partie » (pp. 433-434).
Mais même si elle l'est d'un point de vue méthodologique, l'analyse de Cohen, quant à ses résultats, semble difficilement contestable.
(128) Ce qui ne veut pas dire, comme le prétend Cohen, que le taux de poésité des œuvres n'ait cessé de croître à travers l'histoire : un même procédé voyant en diachronie s'éroder progressivement sa valeur poétique, il est nécessaire, pour lutter contre cette incessante dévaluation et si l'on veut que soit conservé le même taux de poésité, qu'agisse en permanence cette surdétermination du signifiant « poétique ».
(129) Voir à ce sujet l'article de G. Celati dans *Poétique*, n° 14.

était doublement arbitraire [130], et les codes de représentation conven-
tionels. S'il est vrai que le travail poétique consiste à « décoaguler »
le sens, et à décoller le signe de son corrélat référentiel, alors le
linguiste apparaît comme une sorte de super-poète [131].

Cela dit, puisque la littérature (entendue comme l'ensemble des
textes que travaille la fonction poétique) se caractérise, selon Josette
Rey-Debove [132], par la présence insistante et conjuguée de la connotation et du métalangage, elle joue effectivement un rôle fondamental
dans cette entreprise de démolition des prétentions au « naturel » du
langage dénotatif, et elle se double toujours d'une réflexion plus ou
moins implicite sur le travail d'écriture. On peut ainsi définir le texte
littéraire comme celui dont la connotation ultime serait cette *connotation « scripturale »* que Ricardou détecte dans « Le scarabée d'or »,
et de façon plus hasardeuse, dans « Le laboureur et ses enfants » —
car si tout texte connote, en dernier ressort, son propre travail d'écriture, c'est de façon plus ou moins discrète. Chez Joyce, Beckett [133],
ou Mallarmé, la connotation affleure et s'étale avec évidence dans le
phéno-texte : c'est presque une « connotation obligée ». Mais le plus
souvent, on ne peut guère que la postuler sous forme d'hypothèse
descriptive.

Il convient d'autre part de préciser que par connotation scripturale, nous entendons autre chose que ce fait stylistique souvent paraphrasé par la formule ambiguë : « la littérature se signifie elle-même »,
c'est-à-dire qu'elle multiplie les procédés qui connotent sa propre
spécificité — mais aussi, plus généralement, la langue française, ou
l'énoncé filmique [134]. La littérature et la poésie seraient bien peu de

(130) Rappelons qu'en effet l'arbitraire intervient :
1. Au niveau de la relation Sé/référent (non-isomorphie sémantique des
différents systèmes linguistiques).
2. Au niveau de la relation Sa/Sé (arbitraire du signe proprement dit).
Les deux niveaux sont souvent confondus, comme dans cette phrase de
P. Bourdieu (*Actes de la recherche en sciences sociales*, juillet 1975, p. 5) :
« ... Saussure confrontant « mouton » et « sheep » pour fonder l'arbitraire linguistique »... : cet exemple permet en réalité de mettre en évidence d'abord
l'arbitraire de type (1).
(131) Roland Barthes montre bien, dans les *Mythologies* (p. 220), en quoi
consiste ce travail de « décoagulation » : là où l'utilisateur, dit-il, ne perçoit qu'un
objet (les « roses passionnalisées »), le sémiologue parvient à disloquer le signe,
et à souligner la barre qui sépare le support signifiant (les roses) du contenu
signifié (la passion).
(132) Cf. « Notes sur une interprétation autonymique de la littérarité », *in*
Littérature, n° 4.
(133) Voici quelques formes que prend chez Beckett la connotation scripturale :
— Ces atmosphères brumeuses et crépusculaires, pour lesquelles Beckett
éprouve une évidente prédilection, connotent (peut-être) les incertitudes de
l'écriture, et ce brouillard/brouillage verbal qui nappe, quoi qu'on en dise, le
texte beckettien.
— Ces claudications et autres mutilations dont sont atteints les Molloy et
autres Malone connotent (peut-être) les balbutiements langagiers.
(134) Qui connote en effet, toujours, la « cinématographicité » — et pas
seulement ces « écritures » cinématographiques propres aux écoles ou aux genres,
qui sont l'œuvre consciente de cinéastes en petit nombre, et qui apportent dans
le film une deuxième couche de sens (non « littérale ») en même temps qu'une
marque de cinématographicité (= « ceci est un film ») » (Ch. Metz, *Langage et
cinéma*, p. 202). Simplement, ces marques peuvent être plus ou moins exhibées.

chose si elles se contentaient de pointer : « ici littérature », ou
« poésie ». Plus pertinemment, la connotation scripturale, c'est le fait,
proprement *sémantique*, qu'en même temps qu'il nous parle de tout
autre chose (d'un labour, d'un trésor, du crépuscule, d'un personnage
qui, pourquoi pas, s'appelle Dante), le texte, par des procédés divers
(association symbolique, appel polysémique ou paronymique, transfert
métaphorique) nous suggère qu'à un autre niveau (dont nous ne pré-
tendons, pour ne pas tomber dans un « scripturalocentrisme » à la
mode, qu'il soit nécessairement plus fondamental), c'est du travail de
production textuelle qu'il s'agit. En d'autres termes : écrire, ce n'est
pas seulement raconter, c'est dire que l'on raconte, et réfléchir, sans
en avoir le plus souvent l'air, sur la pratique scripturale.

Par son fonctionnement connotatif, le texte littéraire a donc une
fonction doublement polémique : il prend parti pour la polysémie
discursive, contre la lecture monologique « fasciste »[135] et « castra-
trice »[136] ; pour l'exhibition du travail de production textuelle, contre
la sécurité fallacieuse du langage transparent de la dénotation, qui dissimule son artifice sous le faux-semblant d'un maquillage « naturel ».

6. — Connotation et idéologie

Ce mot de « naturel » fonctionne comme un déclic qui fait immédiatement surgir la figure de Barthes, Barthes dont les sentiments à
l'égard de la connotation sont partagés[137], mais en tout cas intenses.
Qu'il n'arrive pas à se passer, malgré qu'il en ait, de cette notion[138],
cela ne fait aucun doute, car depuis les *Mythologies*, Barthes n'a cessé
d'alimenter la problématique de la connotation et cela de deux façons :

— D'une part, dans ces études dont *S/Z* figure l'archétype[139],
Barthes regarde fonctionner la connotation. *S/Z*, c'est une sorte
d'explication de texte conçue comme le repérage des différents
« codes » qui se « tressent » dans l'espace textuel. On aimerait pouvoir
établir une équivalence terme à terme entre la notion de code et celle

---

(135) En effet, « Marcuse a montré dans *L'Homme unidimensionnel* que dès
que le langage devient univoque, l'uniformité fasciste est là présente : parole gelée
du slogan publicitaire ou du matraquage politique ou policier, l'unidimensionna-
lisation du langage est le début de l'oppression » (Jean-Marie Benoist, *in La
Quinzaine littéraire*, 1er-15 février 1975, p. 9).
(136) Car d'après Barthes (*S/Z*, p. 166), infliger à un texte une lecture
univoque, c'est couper la tresse qui se forme de l'entremêlement de ses codes
(« texte, tissu et tresse, c'est la même chose ») ; or, la tresse, Freud s'en porte
garant, c'est le pénis : couper la tresse, c'est donc commettre un geste castrateur.
(137) Cf. ces deux titres de paragraphe, qui forment diptyque dans *S/Z* :
« Contre la connotation »... « Pour la connotation, tout de même ».
(138) Barthes avoue en effet dans *Tel Quel*, n° 47, p. 95 : « Hjelmslev m'a
permis de pousser et de formaliser le schéma de la connotation, notion qui a
toujours eu une grande importance pour moi et dont je n'arrive pas à me passer,
bien qu'il y ait un certain risque à présenter la dénotation comme un état naturel
et la connotation comme un état culturel du langage ».
(139) Sur le même principe, voir aussi « Analyse textuelle d'un conte d'Edgar
Poe », *in* Chabrol, *Sémiotique narrative et textuelle*, pp. 29-54.

de système connotatif. Mais, outre que les rares définitions qui nous sont proposés ne permettent guère d'y voir plus clair [140], et que l'inventaire des différents codes sous-jacents au texte se modifie sensiblement de S/Z à « Analyse textuelle d'un conte d'Edgar Poe », il ne semble pas possible d'accepter jusqu'au bout cette assimilation, car si les codes des sèmes, des symboles et des référents semblent bien relever de la connotation, le code herméneutique, et celui des actions, s'intègrent plutôt à ce que l'on considère communément comme constituant la grammaire du récit (c'est-à-dire sa structure narratologique).

Il n'est pas question de suivre pas à pas les méandres de S/Z, pour voir où exactement ils nous mènent. Mais avouons que ces analyses, aussi foisonnantes et judicieuses soient-elles, nous embarrassent autant qu'elles nous excitent, et qu'une telle désinvolture méthodologique (avouée, et même revendiquée), jointe à une telle minutie dans l'exhumation éperdue des significations textuelles, nous laisse un peu insatisfaite. Ainsi le « sème (ou signifié de connotation proprement dit) est un connotateur de personnes, de lieux, d'objets, dont le signifié est un caractère » (p. 196) : la contradiction interne à cette définition (le signifié de connotation est un signifiant de connotation)[141] est tout de même difficile à admettre. Mais sur quelle base le dégager ? « Le sème n'est qu'un départ, une avenue de sens. On peut arranger ces avenues en paysages divers : ce sont les thématiques », mais, avoue Barthes, l'analyse ne s'est pas donné la peine de voir comment s'organisaient ces avenues. Le sème n'existe qu'en fonction du thème, l'élément en fonction de l'ensemble. Mais l'ensemble reste indéterminé. Force nous est donc d'accepter telle quelle une analyse qui ne cherche même pas à se motiver. D'autre part, on pourrait penser que ces sèmes (de « caractère ») sont de nature psychologique ; mais, pas du tout : « le sème est lié à une idéologie de la personne (inventorier les sèmes d'un texte classique n'est donc qu'observer cette idéologie) ». Enfin, « des sèmes peuvent émigrer d'une personne à l'autre..., pourvu que l'on descende à une certaine profondeur symbolique, où il n'est plus fait acception de personne » : à partir d'un certain degré d'abstraction, les sèmes quitteraient-ils leur support actantiel, et se métamorphoseraient-ils en symboles ? Il est bien difficile de le savoir, car l'extraction des unités du code symbolique est plus précaire encore que celle des sèmes : les significations symboliques sont en effet toujours plus ou moins « confuses ». Ainsi, « toute porte est un objet confusément symbolique (toute une culture de la mort, de la joie, de la limite, du secret y est attachée) ». Ces valeurs relèvent donc

(140) Par exemple, celle-ci dans Chabrol, p. 50 : « Les codes sont simplement des champs associatifs, une organisation supra-textuelle de notations qui imposent une certaine idée de structure ; l'instance du code, pour nous, est essentiellement culturelle ».
(141) Il arrive en effet qu'un signifié de connotation puisse être à son tour converti en signifiant de connotation. Mais ce n'est pas de cela qu'il s'agit ici.

du code symbolique. On pourrait s'attendre à ce qu'il en soit de même pour ces valeurs de tristesse/joie/meurtre que connote, dans notre société, le vin. Surprise : il faut les intégrer au code des références.

On a vraiment l'impression qu'une fois identifiées les valeurs connotatives qui s'attachent à la lexie observée, elles se répartissent au hasard de leurs préférences entre les trois codes sémique, symbolique et référentiel :

● références vs sèmes et symboles : le code des références, c'est l'ensemble des clichés culturels et idéologiques collectifs que le texte prend en charge. Soit. Mais alors, pourquoi localiser dans le code des symboles l'association génie → laideur, et dans celui des sèmes l'association vedette → capricieux ? Si « le caractère « capricieux » des vedettes n'est répertorié dans aucun dictionnaire, sinon le dictionnaire des Idées Reçues », pourquoi ne pas l'intégrer au code des références ?

● sèmes vs symboles : en principe, les sèmes définissent les propriétés des actants (p. 74 : une personne est un produit combinatoire constitué par le retour des mêmes sèmes « qui traversent à plusieurs reprises le même nom propre et semblent s'y fixer »). Mais la « mort » que connote le vieillard a statut de sème, cependant que la valeur « femme-enfant » que connote la jeune femme reçoit celui de symbole ; lorsque la neige évoque le « froid » : c'est un sème (même chose pour la « sélénité » connotée par la lune : Pêcheux serait ici à son affaire), tandis que lorsque l'épée connote le phallus triomphant il s'agit d'un symbole. De plus, si les sèmes sont baladeurs et peuvent émigrer d'un actant à l'autre, la différence s'estompe entre les deux catégories de traits. Elle n'est pas non plus dans le fait que les symboles s'organisent en un petit nombre de motifs, puisque les sèmes se définissent eux aussi par leur propriété de récurrence...

D'où ce sentiment irritant que si l'on peut sans difficulté « suivre » la démarche de Barthes, on est incapable de véritablement la comprendre, c'est-à-dire éventuellement la reproduire : faute de talent de notre part sans doute ; mais aussi, venant de Barthes, faute du souci élémentaire de justifier ses procédures descriptives.

Mais ce qui nous préoccupe davantage ici, c'est de savoir ce que devient, dans cet entrelacs de codes sémiotiques, l'opposition dénotation/connotation. Barthes le dit clairement dans « Analyse textuelle... », p. 31 : « Pour chaque lexie, nous observerons les sens qui y sont suscités. Par « sens », nous n'entendons évidemment pas le sens des mots ou groupes de mots tels que le dictionnaire et la grammaire, bref la connaissance de la langue française, suffiraient à en rendre compte. Nous entendons les *connotations* de la lexie, les sens seconds. Ces sens de connotation peuvent être des associations (par exemple, la description physique d'un personnage, étendue à plusieurs phrases, peut n'avoir qu'un signifié de connotation, qui est la « nervosité de ce personnage », bien que le mot ne figure pas au plan de la dénotation) ; ils peuvent être aussi des relations, résulter de la mise en rapport de deux lieux, parfois fort éloignés du texte (une action commencée ici peut se compléter, finir là-bas, beaucoup plus loin). Nos lexies seront, si je puis dire, des tamis aussi fins que possible, grâce auxquels nous « écrèmerons » les sens, les connotations ». Semblablement, Barthes oppose dans *S/Z* le sens énoncé (dénotatif) au sens implicite (connotatif) (p. 85) ; ou encore, la lecture littérale (d'une séquence décrivant par exemple une représentation théâtrale) à la lecture symbolique, « élucubration sans garantie » à partir de la première (la même séquence interprétée comme scène d'orgasme) (p. 126). Retenons donc de tout cela :

● qu'il est légitime pour Barthes — et nous ne pensons pas que ce postulat, qui fonde tout ce que nous avons dit de la connotation, puisse être mis en cause — d'admettre que toute phrase possède un sens premier, explicite, littéral, sur lequel se greffent diverses valeurs additionnelles ;

● que la frontière entre dénotation et connotation traverse nécessairement, quoiqu'il ne le dise pas explicitement [142], le champ de ce qu'il appelle les « sèmes » ; car lorsqu'il identifie dans « une puissance presque diabolique » le sème « diabolique » (tautologie qui là encore, ravirait Pêcheux), ou dans « Sarrazine qui n'était pas dévôt » le sème « impiété », il s'agit bien là de significations explicites, donc dénotatives ;

● que les valeurs additionnelles sont à la fois extratextuelles — car il s'agit le plus souvent de connotations symboliques, qui s'accrochent aux référents de discours —, et intégrées à la trame textuelle puisqu'elles se greffent sur les valeurs littérales ;

● que Barthes, tout en privilégiant considérablement les connotations de type symbolique (le connotateur, c'est le plus souvent un objet, un ensemble de comportements, un épisode global [143] dénotés par le texte), ne reste pas insensible aux autres types de connotations. Ainsi, ce que connote (p. 57) le « mélange des corps », c'est tout à la fois l' « évocation d'une matière souple offerte à l'enroulement » (connotation symbolique), et la structure syntactico-rytmique (juxtaposition de syntagmes courts).

● Rectifiant l'erreur qu'il commet dans la « Rhétorique de l'image » (p. 50) en assimilant la connotation au paradigme, et la dénotation au syntagme, Barthes reconnaît dans *S/Z* que « la connotation se détermine à travers deux espaces : un espace séquentiel, suite d'ordre, espace soumis à la successivité des phrases, le long

(142) Barthes a beau opposer, p. 198 de *S/Z*, les « sèmes de dénotation » aux « sèmes de connotation », une sorte de tropisme l'entraîne souvent, au cours de l'analyse, à traiter en termes de connotations ce qui relève manifestement du langage dénotatif.

(143) Exemple, p. 177 : « L'épisode du serpent est à la fois un « exemplum » et un signifiant (renvoyant à un sème de caractère, fixé en l'occurence sur le castrat) ».

desquelles le sens prolifère par marcotte, et un espace agglomératif,
certains lieux du texte corrélant d'autres sens extérieurs au texte
matériel et formant avec eux des sortes de nébuleuses de signifiés »
(p. 15).

● S'agissant du problème de la hiérarchie des plans de lecture,
Barthes marque une certaine hésitation : la lecture symbolique, dit-il,
est seconde. Mais en même temps, « la littérarité du texte est un
système comme les autres. La lettre n'est que la transcription d'une
autre lettre, celle du symbole ». Il y a donc transcription réciproque,
et « le sens d'un texte ne peut être rien d'autre que le pluriel de ses
systèmes, sa transcriptibilité infinie » (p. 126). La relation qui existe
entre les niveaux dénotatif et connotatif est-elle symétrique ou unilatérale ? Nous pensons qu'il convient de maintenir une différence
de statut entre les significations patentes et latentes, littérales et
suggérées ; que les secondes présupposent les premières (marcottes
ou greffons, parasites ou efflorescences, elles leur doivent la vie), et
qu'en ce sens il y a bien hiérarchie ; mais que cette relation logique
n'implique aucune hiérarchie d'ordre chronologique ou axiologique
(tous les niveaux sémantiques sont simultanément perçus, et d'égale
importance) ; et que s'il est vrai qu'un texte « est d'emblée, en
naissant, multilingue », le langage dénotatif participe au même titre
que les autres à l'édification de la polysémie textuelle : c'est, selon
la formule de M.N. Gary-Prieur, « un des termes du système du texte ».

● En tout cas, c'est à cette problématique que renvoie essentiellement et explicitement, dans S/Z, le concept de connotation : « La
connotation est la voie d'accès à la polysémie du texte classique...
Il faut donc sauver la connotation de son double procès et la garder
comme trace nommable, computable, d'un certain pluriel du texte »
(p. 14). Mais en même temps, il suscite l'émergence d'un autre problème, qui constitue l'autre versant de la réflexion de Barthes concernant la connotation, et c'est dans cette optique qu'elle est envisagée
surtout dans les *Mythologies*, la « Rhétorique de l'image » et les
« Eléments de sémiologie » : celui de l'idéologie.

— La connotation, c'est l'idéologie. Plus exactement, c'est l'ensemble des signifiés de connotation, la forme du contenu du langage
de connotation, que Barthes assimile à l'idéologie, tandis que leur
support signifiant, l'ensemble des connotateurs, constitue la rhétorique du texte. Il le dit dans la « Rhétorique de l'image » (p. 49), il
le répète dans les « Eléments de sémiologie » : « L'*idéologie* serait en
somme la *forme* (au sens hjelmslévien) des signifiés de connotation,
cependant que la *rhétorique* serait la forme des connotateurs... ».
« La rhétorique apparaît ainsi comme la face signifiante de l'idéologie »[144].

_____

(144) On trouve dans les *Mythologies* des affirmations analogues. Mais cet
ouvrage, qui représente sur ce problème le premier état de la réflexion de

Mais il nous semble apercevoir dans l'attitude de Barthes deux contradictions, ou tout au moins, deux ambiguïtés :

1. Dans un article intitulé « Ecrivains, intellectuels, professeurs » [145], et dans d'autres lieux encore, car c'est pour Barthes l'ennemi majeur qu'il convient de combattre sur tous les fronts, il s'en prend au stéréotype, cette nécrose du langage, cette « prothèse qui vient toucher un trou d'écriture », et se fait l'apôtre d'une attitude langagière « critique », c'est-à-dire très précisément, « qui vise à mettre en crise le langage ». Or, nous avons dit, et Barthes ne nous démentirait sans doute pas sur ce point, que certaines pratiques connotatives ont justement pour effet d'instaurer cette crise. Signalons au passage que c'est dans ce même article qu'apparaît l'opposition, à laquelle nous avons fait allusion à plusieurs reprises, entre la « signifiance » (« le sens subsiste mais pluralisé ») et la « signifiose » (« le désordre du signifiant se retourne en errance hystérique : en libérant la lecture de tout sens, c'est finalement *ma* lecture que j'impose », et le texte tuteur se dégrade en prétexte) [146].

2. Si la connotation est idéologie, la dénotation représente-t-elle, pour Barthes, un état an-idéologique du langage ? Dans les *Mythologies,* analysant ce titre de *France-Soir :* « Prix : premier fléchissement. Légumes : la baisse est amorcée. La baisse est facilitée par le retour à l'abondance saisonnière », il y détecte une connotation idéologique (un signifié mythique) : la « gouvernementalité » (le verbe « faciliter » présuppose en effet que d'autres facteurs, à savoir l'action gouvernementale, y contribuent plus efficacement). Cette phrase, Barthes l'oppose à la phrase « exclusivement linguistique » (non mythique) : « les fruits baissent parce que c'est la saison ». En énonçant une fausse

Barthes, est quelque peu vicié par un certain nombre d'approximations et d'incertitudes, par exemple :
— lorsqu'il reprend le schéma de Hjelmslev, Barthes confond connotation et métalangage (p. 222) ;
— le terme de connotation n'étant pas utilisé dans cet ouvrage, il est difficile de savoir si le concept de mythe recouvre pour Barthes ce qu'il entendra plus tard par « langage de connotation » ;
— un mythe, c'est un système signifiant idéologisé ; mais Barthes ne répond pas clairement à la question : tous les systèmes signifiants, tous les langages, sont-ils ou non assimilables à des mythes ? ;
— enfin, les *Mythologies* entretiennent une confusion, constante chez Barthes (et c'est ce qui le conduit à envisager la sémiologie comme une partie de la linguistique), entre langage, et langage verbal. Que le monde soit sémiologisé, que les objets se constituent en langage (c'est-à-dire se trouvent investis de significations idéologiques), c'est certain. Mais ce langage est relativement indépendant du « langage linguistique ». Les objets existent comme signes (et sont de ce fait passibles d'un traitement sémiologique) même lorsqu'ils ne sont pas convertis en référents de messages verbaux (qui eux relèvent de la linguistique).
(145) *Tel Quel,* n° 47, p. 8.
(146) Comme quoi la prudence s'allie toujours, chez Barthes, à l'audace ; prudence encore dans cette attitude à l'égard de l'écart, rebaptisé par lui « dérapage » : une théorie du dérapage devrait, dit-il dans un article consacré à Gérard Genette, préciser « les conditions auxquelles la novation narrative est possible sans être suicidaire » (*La Quinzaine littéraire,* n° 150, 16 oct. 1972, p. 15).

relation de causalité, la connotation idéologique « aliène le langage premier », conforme à la vérité factuelle.

Tout ceci présuppose que le langage « premier » (dénotatif) échappe à l'emprise de l'idéologie. Mais de cette idée, Barthes est vite revenu. Il le dit clairement dans « Rhétorique de l'image » : la dénotation est, elle aussi, idéologisée, mais sans en avoir l'air, car elle prétend se faire passer pour « naturelle », et y parvient précisément grâce à la connotation. Car de sa promiscuité avec la connotation idéologiquement suspecte, la dénotation ressort, par comparaison, blanchie. Mais réciproquement, et c'est là le plus grave, la connotation, puisqu'elle est sertie dans le langage de la dénotation, puisque « les connotateurs discontinus sont liés, actualisés, « parlés » à travers le syntagme de la dénotation », devient complice, entraînée dans le sillage de la dénotation, de cette entreprise mystifiante de naturalisation : « c'est très exactement le syntagme du message dénoté qui « naturalise » le système du message connoté » (R.I., p. 50). Ainsi, les deux langages, dénotatif et connotatif, s'innocentent-ils mutuellement, comme le font apparaître ces deux indispensables citations :

« La lettre de l'image correspond en somme au premier degré de l'intelligible (en deçà de ce degré, le lecteur ne percevrait que des lignes, des formes et des couleurs), mais cet intelligible reste virtuel en raison de sa pauvreté même, car n'importe qui, issu d'une société réelle, dispose toujours d'un savoir supérieur au savoir anthropologique et perçoit plus que la lettre ; à la fois privatif et suffisant, on comprend que dans une perspective esthétique le message dénoté puisse apparaître comme une sorte d'état adamique de l'image ; débarrassée utopiquement de ses connotations, l'image deviendrait radicalement objective, c'est-à-dire en fin de compte innocente » (R.I., p. 46).

« Idéologiquement..., ce jeu » (de renvois d'un système à l'autre) « assure avantageusement au texte classique une certaine *innocence* : des deux systèmes, dénotatif et connotatif, l'un se retourne et se marque : celui de la dénotation ; la dénotation n'est pas le premier des sens, mais elle feint de l'être ; sous cette illusion, elle n'est finalement que la *dernière* des connotations (celle qui semble à la fois fonder et clore la lecture), le mythe supérieur grâce auquel le texte feint de retourner à la nature du langage, au langage comme nature : une phrase, quelque sens qu'elle libère, postérieurement, semble-t-il, à son énoncé, n'a-t-elle pas l'air de nous dire quelque chose de simple, de littéral, de primitif : de *vrai*, par rapport à quoi tout le reste (qui vient *après*, *au-dessus*) est littérature ? » (S/Z, pp. 15-16).

La dénotation, dernière des connotations : que signifie ce paradoxe, souvent cité, mais rarement commenté ? Il comporte deux assertions : la dénotation est une connotation, et c'en est la dernière — le paradoxe est donc double.

1. Le sens dénotatif est généralement considéré, et par Barthes lui-même, comme premier. Nous pensons que cela reste vrai. Simplement, Barthes suggère ici qu'on ne peut guère l'obtenir que par soustraction. C'est peut-être juste dans le cas du signe iconique. Car pour qu'il puisse fonctionner de façon purement dénotative, il faudrait que le dessin, ou la photographie, soient la copie conforme de l'objet photographié ou dessiné, ce qui est bien entendu inconcevable. Le sens dénotatif n'existe que comme limite, et l'on peut effectivement décider d'appeler ainsi le corrélat sémantique de l'ensemble des éléments signifiants qui permettent de façon minimale l'identification de l'objet dénoté, éléments que l'on ne peut guère dégager qu'en éliminant successivement, ainsi que l'on effeuille un artichaut, tous les ajouts interprétatifs. Mais le langage verbal dénote différemment : non par motivation, mais par arbitraire. Le signifiant ne prétend en aucune manière se conformer au référent, et c'est précisément pourquoi il a impérativement besoin d'une convention qui fixe son sens dénotatif (ou ses conditions dénotatives, les sèmes étant, nous l'avons vu, les conditions nécessaires et suffisantes pour que puisse s'effectuer le mécanisme référentiel), lequel peut se saisir, semble-t-il, directement.

2. Lorsqu'il considère d'autre part que le sens dénotatif n'est à tout prendre qu'un cas particulier de sens connotatif (ce qui ne condamne pas l'opposition, ni le fait que les deux types de contenus n'ont pas le même statut, mais reformule la relation — inclusion, au lieu de disjonction — qui existe entre les deux ensembles de valeurs), Barthes semble se fonder sur le raisonnement implicite suivant : la connotation, c'est l'idéologie ; or la dénotation, c'est aussi de l'idéologie ; donc la dénotation, c'est de la connotation — et la dernière, parce que l'idéologie s'y camoufle sous l'apparence du naturel.

C'est de cela qu'il faudrait maintenant débattre. Mais le problème n'est pas simple, et nous nous contenterons de poser quelques jalons :

1. Il ne nous semble pas que la connotation puisse être assimilée, ni à l'idéologie, ni à l'anti-idéologie, étant entendu que par « idéologie » nous entendons

un système de représentations (une forme de contenus)

de nature interprétative (et non « objective »)

jouant un rôle historique et politique précis (le travail idéologique vise à justifier les intérêts d'une classe donnée)

qui tend, fallacieusement, à s'universaliser et se naturaliser (l'idéologie ne s'avoue jamais comme telle ; elle ne cesse au contraire de dire : je ne suis pas l'idéologie)

et qui, tout en investissant le langage verbal, constitue elle-même un langage relativement autonome.

En ce sens, les signifiés de connotation qui s'attachent, selon Barthes, à l'image du « soldat noir faisant le salut militaire français » — « francité » + « militarité » + « impérialité française » — relèvent effectivement, et pleinement, de l'idéologie. Mais ce n'est pas le cas au même titre de tous les faits de connotation.

2. Il convient donc d'essayer de cerner, parmi l'ensemble des connotations dont nous avons fait l'inventaire, celles qui seraient susceptibles d'être qualifiées d'idéologiques. Nous avons en effet posé, au début de cette étude, l'existence d'une classe de connotations idéologiques, que nous avons ensuite laissée vide. C'était reculer pour ne guère mieux sauter. Mais il est évident que certaines catégories de connotations pourraient être reversées dans cette classe, et qu'un certain nombre de contenus connotés (mais pas tous, loin de là), sont de nature idéologique, par exemple :

— les valeurs axiologiques, qui explicitent l'attitude évaluative de l'énonciateur vis-à-vis de l'objet dénoté, laquelle ne se motive qu'à l'intérieur d'un système idéologique ;

— dans une certaine mesure, toutes les connotations stylistiques sont interprétables en termes d'idéologie, puisque tout choix stylistique implique une valorisation implicite de tel ou tel mode de discours : si je produis un calembour, c'est sans doute que j'apprécie les calembours, et que quel que soit ce qu'il dit par ailleurs — qui peut aussi être investi par l'idéologie —, je valorise la fonction ludique du langage, ce qui n'est pas idéologiquement innocent.

A la limite le choix d'un langage essentiellement dénotatif peut connoter une certaine conception (idéologique) du discours littéraire. « Ainsi, demande R. Barthes, comment expliquer la présence dans une description d'intérieur intégrée à un récit de Flaubert, d'un « baromètre » placé au-dessus d'un « vieux piano » supportant lui-même « un tas pyramidal de boîtes et de cartons » ? ». A cette question, Barthes propose la réponse suivante : « Les résidus irréductibles de l'analyse fonctionnelle ont ceci de commun de dénoter ce que l'on appelle couramment le réel concret... il se produit un *effet de réel* ». Et Nicole Gueunier commente : « Sa présence connotant en fait « la catégorie du réel », le baromètre n'est qu'en apparence un élément dénotatif » [147] — pourquoi « en apparence » ? Le baromètre joue en réalité sur les deux registres à la fois : par sa valeur dénotative, il connote l'esthétique réaliste.

— Il faudrait également placer dans la rubrique des connotations idéologiques tous ces « idéologèmes » qui s'attachent à certaines dénominations particulières (et généralement déviantes par rapport à la dénomination usuelle équivalente dénotativement), lesquelles ont la propriété de trahir immédiatement la position qu'occupe l'énonciateur sur l'échiquier politico-idéologique. Il en est ainsi de ces euphémismes euphoriquement connotés tels que « demandeurs d'emploi », des dénominations du genre « l'Allemagne centrale » (pour la

---

(147) *Langue française*, n° 3, p. 43.

R.D.A.), « le monde libre » — libre peut-être en ce qui concerne les libertés « formelles », mais assujetti aux lois de l'économie du marché, donc aliéné au regard des libertés « substantielles » —, exemple qui permet à Eco de déclarer : « La formule rhétorique /défense du monde libre/ est désormais étroitement associée à des positions politiques qui s'identifient avec les Etats-Unis, leurs alliés et leurs visions idéologiques... On peut donc assez facilement construire un code connotatif qui fasse correspondre à l'expression rhétorique citée l'unité idéologique identifiée. On pourrait, bien sûr, effectuer la même opération avec une formule comme /aide fraternelle aux alliés socialistes/. En découvrant ces codes, là où ils existent, la sémiotique... *nous montre comment au-dessous (ou au-dessus) de l'univers des signifiants et de leurs signifiés les plus communs s'agite l'univers des idéologies qui se reflètent dans les aspects préétablis du langage.* Une certaine manière de se servir du langage s'identifie avec une certaine manière de penser la société [148] ».

— Certaines connotations associatives seraient aussi à reverser dans la rubrique idéologique, à savoir :

tout ce qui relève, d'après Barthes, du « code des références », c'est-à-dire toutes les valeurs sémantiques qui renvoient à des systèmes de stéréotypes collectifs (codes de la passion, de l'art ou de l'histoire ; codes gnomiques et psychologiques, etc.) et qui mises bout à bout constituent une sorte de Dictionnaire des Idées Reçues : « Si l'on rassemble tous ces savoirs, tous ces vulgarismes, il se forme un monstre, et ce monstre, c'est l'idéologie. Comme fragment d'idéologie, le code de culture inverse son origine de classe en référent naturel, en constat proverbial » [149] ;

la plupart des connotations symboliques, comme celles qu'Alain Badiou voit s'attacher dans *Dom Juan* à la mention du tabac (symbole de l'échange-don), ou que Pierre Barbéris associe au lexique hugolien, lorsqu'il nous propose [150] une sorte de traduction en code symbolique des termes dénotatifs :

Le lexique	*Quelques connotations*
La pelouse...	L'âge d'or, Chanaan
Epouse, fiancée, hymen des peuples, frères, nations nubiles...	Mythe agraire et solaire des noces.

---

(148) *La structure absente*, p. 163.
    Eco envisage d'autre part (p. 92), dans son inventaire des connotations, celles qu'il appelle (le terme est un peu contestable) « définitions idéologiques » : « les définitions idéologiques sont des définitions incomplètes qui cristallisent dans une unité culturelle, ou dans un ensemble d'unités culturelles, une seule des façons d'envisager le réel. En ce sens, on peut les entendre comme le « sinn » de Frege, c'est-à-dire comme la manière particulière selon laquelle l'objet est signifié. Par exemple /Napoléon/ peut être défini soit comme « le vainqueur de Marengo », soit comme « le vaincu de Waterloo » ».
(149) *S/Z*, p. 104.
(150) Dans « A propos de « Lux » », *Littérature*, n° 1, février 1971, pp. 92-105.

opération au sujet de laquelle Jean-Claude Coquet a tout à fait raison de dire que « les connotations, dont les linguistes, malgré leurs efforts répétés, n'ont jamais pu préciser le statut, ont tout l'air ici d'*interprétations* idéologiques » [151] (interprétations, à son avis, trop souvent arbitraires, mais ce n'est pas ici le problème) ;

enfin, certaines métaphores, comme celle-ci, que nous a signalée M. Le Guern : jusqu'au XVIIe siècle, le verbe « moissonner » connote, euphoriquement, l'abondance [152] ; mais, à partir de Racine, sa valeur s'inverse, puisqu'il devient le synonyme métaphorique de « massacrer » [153] — mutation sémantique qui révèle un changement d'attitude à l'égard du fait agricole : ce n'est plus cette activité idyllique pourvoyeuse d'opulence ; la nature ne prodigue plus généreusement ses richesses, il faut les lui arracher, et c'est dur ; ébauche d'une rupture entre l'homme et la nature, ébauche surtout d'un problème social : c'est tout cela que suggère la connotation dysphorique dont se charge à cette époque le verbe « moissonner ». Mais si toutes les métaphores sont subjectives, et interprétatives, elles ne sont pas toutes « idéologiques » pour autant. Nous voulons bien admettre, à titre d'hypothèse, que l'idéologie est partout. Mais ce genre d'affirmation globalisante bloque la réflexion plutôt qu'elle ne lui permet de progresser. L'idéologie, ce n'est pas l'interprétation, c'est une représentation interprétative qui s'intègre dans un système bien précis et répond à une fonction bien précise. Nous pensons donc qu'il n'est d'aucun intérêt de pointer partout : « ici idéologie », si l'on n'est pas capable d'assortir cette mise en garde de précisions concernant le système et la fonction dont relève le fait dénoncé comme idéologique.

3. Les connotations idéologiques constituent un sous-ensemble des faits de connotation. Mais inversement, une idéologie peut fort bien s'exprimer par les moyens du langage dénotatif. Ces « énoncés idéologiques séparables » dont parle Badiou, ou un discours de Georges Marchais, même s'ils intègrent certains éléments connotatifs, sont des types de messages qui penchent vers le pôle dénotatif du langage, et pourtant leur contenu est très fortement marqué idéologiquement.
Les deux opositions : langage dénotatif/connotatif
anidéologique/idéologique
ne sont pas superposables, puisque le langage dénotatif peut être idéologisé, et que les connotations ne sont pas toutes de ce point de vue pertinentes. En d'autres termes : le taux d'idéologie que comporte un énoncé n'est pas proportionnel à la densité de ses connotations — à moins bien entendu que l'on décide de parler de connotation chaque

---

(151) *Sémiotique littéraire*, p. 25.
(152) C'est le verbe « faucher », dans le même champ sémantique, qui se charge alors de connoter, allégoriquement, la mort.
(153) Cf., entre autres, ces vers :
« J'ai perdu, dans la fleur de leur jeune saison,
Six frères, quel espoir d'une illustre maison !
Le fer moissonna tout... »

fois que l'on décèle, même explicite, un idéologème, ce qui semble tout à fait acceptable, les connotations idéologiques identifiées venant grossir le rang des connotations énonciatives ; et de ne parler de connotation que dans ce cas, ce qui serait beaucoup plus arbitraire, et ferait bon marché des acceptions usuelles de ce terme.

4. Mais si le sort de la connotation n'est pas absolument solidaire de celui de l'idéologie, il est en revanche indissociable de la notion de norme, il faut le dire tout net. Admettre qu'il y ait un sens dénotatif, c'est admettre qu'il existe, pour un objet, une dénomination normale, et pour un terme, un sens normal, lequel se détermine bien entendu en contexte (car ce sens normal, dans un énoncé donné, ne coïncide pas nécessairement avec le sens fondamental d'une unité polysémique, mais il dépend de la combinatoire sémantique), et par rapport auquel les autres valeurs surajoutées seront dites connotées. C'est admettre par exemple que le terme « nègre » est axiologiquement marqué par rapport au mot « noir » ; que dans la plupart des situations de communication, il convient d'appeler « pomme de terre », plutôt que « patate », telle espèce de tubercule comestible — même si la norme, qui ne se définit qu'au sein d'une situation énonciative, et d'un système textuel déterminés, peut aisément s'inverser [154] : lorsque Nicole Gueunier prétend tirer argument du fait que par exemple « M. Riffaterre a montré que le cliché peut, dans la prose littéraire, passer du statut d'élément non marqué à celui d'élément marqué », pour affirmer que « si l'opposition marqué vs non marqué est pertinente au niveau de la langue, son application à la parole paraît plus contestable » [155], elle maintient pourtant intacte la notion de marque, donc de norme.

Nous ne pensons pas que la linguistique, quelle que soit la manière dont elle la rebaptise [156], puisse se passer de la norme [157], que la moindre analyse implicitement présuppose. Nous n'en donnerons qu'un exemple : lorsque Genette signale chez Proust, dans ces « scènes présentées (en particulier par leur rédaction à l'imparfait) comme itératives, mais dont la précision et la richesse de détails font qu'aucun lecteur ne peut croire sérieusement qu'elles ont pu se produire et se reproduire ainsi, sans aucune variation, plusieurs fois » [158], l'usage de ce qu'il appelle le « pseudo-itératif », le morphème « pseudo- » suggère

---

(154) C'est aussi le cas, nous l'avons vu, des tropes tels que la métaphore ou l'ironie, qui convertissent en sens connoté la valeur littérale (normale) des termes « détournés ».

(155) *Langue française*, n° 3, pp. 38-39.

(156) Nous pensons bien sûr ici au concept de grammaticalité.

(157) Umberto Eco montre ainsi (*La structure absente*, pp. 120-121), que même la notion de « jugement analytique » n'a de sens que relativement au « patrimoine de pensée » qui attribue aux unités lexicales, conventionnellement, tel contenu intentionnel : « En critiquant la distinction analytique-synthétique, White affirme avec raison qu'un jugement est analytique sur la base d'une convention et que, une fois changée la convention, les jugements analytiques peuvent devenir synthétiques et vice versa ».

(158) *Problèmes de l'analyse textuelle*, p. 180.

bien que cette sorte d'énallage aspectuel s'oppose à l'utilisation *normale* de l'itératif (« j'appelle itératif le récit du type : « longtemps je me suis couché de bonne heure », qui synthétise en un seul énoncé narratif plusieurs occurrences du même événement ou plusieurs événements considérés comme identiques » [159]), lequel est si bien ancré dans nos habitudes langagières qu'il semble aller de soi, et calquer parfaitement, normalement, naturellement, la réalité événementielle.

Plus largement, c'est l'ensemble de la réflexion sémiologique [160] qui se trouve sous-tendue par la notion de norme : en cinéma, en peinture, l'usage dénotatif, c'est celui qui se conforme à certaines habitudes collectives de représentation, qui varient bien entendu dans l'espace et le temps. Avant l'invention de la perspective, il ne serait venu à l'idée de personne de reprocher au mode de représentation pictural alors en vigueur de n'être pas réaliste. Même chose pour le langage filmique, à propos duquel Metz déclare très justement que les codes dénotatifs « qui permettent de reconnaître les objets visibles et audibles qui apparaissent dans le film, grâce à la ressemblance dont ils sont responsables... ne résultent pas du travail conscient d'un petit groupe d'hommes, mais s'enracinent profondément dans le corps social tout entier (= classifications socio-culturelles qui dénombrent les « objets » perceptibles, etc.), et même dans des processus psycho-physiologiques (la perception comme telle). Ce sont des organisations stables, fortement cohérentes et « intégrées », à évolution lente et inconsciente, largement soustraites à l'action des innovations individuelles ». En cela, le langage dénotatif s'oppose aux codes connotatifs ou « « écritures » cinématographiques propres aux écoles ou aux genres, qui sont l'œuvre consciente de cinéastes en petit nombre, et

---

(159) *Ibidem*, p. 177.
(160) Il serait intéressant de voir dans quelle mesure sont transposables dans les autres domaines sémiologiques les notions de dénotation/connotation. Quelques auteurs se sont penchés sur la question, auxquels nous ne pouvons que renvoyer ici :
— Langage cinématographique : l'auteur de référence, c'est bien entendu Christian Metz, qui a consacré à ce problème de nombreux développements (voir surtout, dans le tome II des *Essais...*, le chapitre intitulé « la connotation, de nouveau »). Pour le langage de l'image, voir aussi Roland Barthes (« Rhétorique de l'image », dans *Communications*, n° 4) et Umberto Eco (*La structure absente*, p. 254).
— Dans ce dernier ouvrage, Eco s'intéresse également au discours architectural, et à ce qu'y devient l'opposition dénotation/connotation (pp. 271-275).
— Pour le langage pictural, voir J.L. Schefer, « Lecture et système du tableau », *in* J. Kristeva et J. Rey-Debove, *Essais de sémiotique*, pp. 477-501 : comme dans tous les langages analogiques, le sens dénoté ne s'obtient, d'après Schefer, que par soustraction : « La lexie fait apparaître le niveau dénoté au terme... d'un circuit de la connotation ».
— Plus particulièrement, la notion d' « anagramme » se trouve appliquée aux arts plastiques par Viviane Forrester (qui dans *La Quinzaine littéraire*, n° 222, 1er-15 déc. 1975, p. 16, parle à propos de Bellmer des « anagrammes du corps »), et au discours musical par Roland Barthes dans « Rasch » (*Langue, discours, société*, p. 219).
— À propos enfin des signaux olfactifs, on pourrait dire qu'ils dénotent l'objet-support de l'impression sensorielle, et qu'ils connotent diverses valeurs associées, émotionnelles et axiologiques.

qui apportent dans le film une deuxième couche de sens (non « littérale ») en même temps qu'une marque de cinématographicité (= « ceci
est un film ») »[161].

L'usage dénotatif repose donc, toujours, sur l'existence d'un
consensus — consensus, non sur le fait d'attribuer à tel signifiant telle
valeur sémantique, car les connotations, Barthes le montre bien, sont
elles aussi codées, même si leur codage est plus flou, mais sur
la normalité de la relation sémiotique, et l'existence d'un état neutre
du langage, par rapport auquel certains usages se marquent et se
démarquent. Car Barthes a beau faire, il a beau garder ses distances
vis-à-vis du concept de « déviance », et le remplacer par celui de « dérapage », qui en vérité ne dit rien d'autre (« le terme de « déviance »
serait sans doute gênant si l'on entendait qu'il existe un modèle
anthropologique du récit (dont le créateur « s'écarterait ») ou encore
une ontologie narrative (dont l'œuvre serait quelque rejeton mons-
trueux)) », alors que « le modèle narratif n'est lui-même qu'une « idée »
(une fiction, un souvenir de lecture) »[162], ces mises en garde ont pour
effet, non de mettre en cause la pertinence du couple norme/déviance,
mais de mettre en lumière le caractère arbitraire de la norme elle-
même.

5. Les assertions suivantes permettront de voir plus clairement
comment s'articulent à nos yeux les concepts de dénotation/conno-
tation, de convention et d'idéologie :

— La convention est partout dans le langage : elle régit aussi
bien les codes dénotatifs que connotatifs.

— Mais Barthes a tort d'assimiler parfois la convention à l'idéologie. Appeler un chat « un chat », c'est *interpréter* le référent (en
constituant sur la base d'axes classificatoires conventionnels une
classe d'objets discrète), mais on ne peut dire sans abus de langage
que cette interprétation soit du même coup *idéologique*. Ce n'est pas
parce que toute dénomination est doublement arbitraire qu'elle est
automatiquement suspecte, et entachée d'idéologie. Il est aussi dan-
gereux d'interpréter la convention en termes de mensonge, que d'interpréter la norme en termes de vérité.

Dire que l'idéologie est partout, c'est la banaliser, la rendre inof-
fensive, et décourager l'analyse autant que d'affirmer qu'elle est nulle
part. La convention est omni-présente dans le langage, mais l'idéologie
ne s'y inscrit pas partout *au même titre*, et ce sont ses lieux et ses
modes d'inscription privilégiés qu'il convient de traquer.

— Ces lieux se rencontreront aussi bien dans les langages de
connotation que de dénotation. Mais il existe entre eux une différence
fondamentale : c'est que le langage de dénotation, apparaissant comme

---

(161) *Langage et cinéma*, p. 202.
(162) « Le retour du Poéticien », *in La Quinzaine littéraire*, n° 150, 16-31 oct.
1972, p. 15.

simple, franc, habituel, littéral, risque de se faire passer pour vrai et naturel. Ce glissement du « normal » (au sens : conforme aux usages habituels) au « naturel » (au sens de : conforme à la nature des choses), que signale et favorise d'ailleurs la polysémie de ces termes, les théoriciens de Port-Royal le commettent sans s'en rendre compte lorsqu'ils déclarent que par opposition aux expressions figurées, l'expression simple, sans apprêts ni artifices, « ne marque que la vérité toute nue » [163]. Et sur ce point, Barthes a mille fois raison, lorsqu'il dénonce ce risque qui s'attache à la notion de dénotation : qu'elle soit prise pour « la vérité du langage » ; et lorsqu'il répète obsessionnellement que l'entreprise la plus urgente et méritoire, c'est celle qui consiste à *démasquer partout où elle se manifeste, la naturalisation du culturel. Il importe en effet de donner à voir l'arbitraire des systèmes de représentation, de décoaguler inlassablement l'ordre langagier de l'ordre référentiel, de dire et de montrer que le discours ne peut pas, pour des raisons constitutives, être un analogon parfait de la réalité,* que par exemple la chronologie textuelle *ne peut pas* coïncider avec la chronologie référentielle, pour la bonne raison que tout dans le langage verbal se déroule sur l'axe des successivités, alors que le réel présente aussi des simultanéités, et que les codes linguistiques sont contraints de s'inventer des subterfuges divers pour traduire malgré tout, par des procédés nécessairement *décalés,* ces données référentielles qu'il leur est impossible de reproduire telles quelles.

— Les langages de connotation n'encourent pas, de ce point de vue, le même risque, car dès lors qu'il s'érige en norme, en habitude, le fait de connotation bascule dans le langage de dénotation. Or, c'est l'habitude qui est responsable de cette naturalisation abusive : c'est elle qui convertit le culturel en naturel, c'est-à-dire la nécessité (d'appeler un chat « un chat ») en illusion de motivation (à force d'associer tel signifiant à tel signifié, on finit par attribuer à cette association un caractère logique et naturel) [164] ; c'est à cause d'elle que la convention dénotative finit par *ne plus se voir* [165]. Contre ce conditionnement qui tend à faire passer pour naturel un langage dénotatif arbitraire, le travail de la connotation opère un déconditionnement bénéfique.

Mais nous ne dirons pas pour autant que la connotation (et son lieu d'expression, la littérature) travaille contre l'idéologie : elle travaille contre les codes de représentation, ce qui n'est pas la même chose. Car l'idéologie, c'est pour nous une forme de contenus, relativement indépendante de la forme d'expression qui la réalise, et il

---

(163) *Logique*, p. 131.
(164) Rappelons que le concept de « nécessité » ne doit pas être confondu avec celui de « motivation », comme c'est trop souvent le cas (cf. toutes ces prétendues objections à l'affirmation saussurienne de l'arbitraire du signe), du fait sans doute que ces deux termes ont « arbitraire » pour antonyme commun.
(165) En cela, le fonctionnement du langage dénotatif est *analogue* à celui de l'idéologie, qui pour survivre doit nécessairement se nier en tant que telle, et se faire passer pour naturelle. Mais cette analogie ne suffit pas à les assimiler.

nous semble que parler de subversion « idéologique » à propos de ces
« écritures » connotées auxquelles s'intéressent Metz et Barthes [166],
c'est quelque peu abuser de l'idéologie.

C'est toute la querelle de l'avant-garde et de l'académisme qui se
trouve ici interpellée. Dans la préface à *Sade, Fourier, Loyola*, Barthes
envisage trois modes de subversion de l'idéologie dominante : le non-
discours (« ne parlons pas, n'écrivons pas : militons ») ; le contre-
discours (« discourons contre la culture de classe ») ; et enfin, le vol/
viol du signifiant, seule stratégie efficace à ses yeux : « la seule riposte
possible n'est ni l'affrontement ni la destruction, mais seulement le
vol : fragmenter le texte ancien de la culture, de la science, de la
littérature, et en disséminer les traits selon des formules méconnais-
sables, de la même façon qu'on maquille une marchandise volée. Face
à l'ancien texte, j'essaye donc d'effacer la fausse efflorescence, sociologique, historique ou subjective des déterminations, visions, projec-
tions ; j'écoute l'emportement du message, non le message, je vois
dans l'œuvre triple le déploiement victorieux du texte signifiant, du
texte terroriste, laissant se détacher, comme une mauvaise peau, le
sens reçu, le discours répressif (libéral) qui veut sans cesse le recou-
vrir. L'intervention sociale d'un texte (qui ne s'accomplit pas forcément dans le temps où ce texte paraît) ne se mesure ni à la popularité
de son audience ni à la fidélité du reflet économico-social qui s'y
inscrit ou qu'il projette vers quelques sociologues avides de l'y recueil-
lir, mais plutôt à la violence qui lui permet d'*excéder* les lois qu'une
société, une idéologie, une philosophie, se donnent pour s'accorder
à elles-mêmes, dans un beau mouvement d'intelligible historique. Cet
excès a un nom : écriture ». Et à ce titre, Sade, Fourier et Loyola,
également « excessifs », sont également subversifs.

Cette mystique de l'écriture, ce fétichisme du signifiant (qui
dégrade le sens jusqu'à le réduire à l'état de « mauvaise peau »), cette
apologie de la déconstruction langagière n'est pour Meschonnic que
le nouveau « caviar de la bourgeoisie ». On peut y voir en tout cas
une contradiction, car il est difficile d'admettre simultanément

que les formes de l'expression et du contenu sont parfaitement
indépendantes l'une de l'autre ; et

que la subversion de l'une entraîne automatiquement la subversion de l'autre.

Certes, comme le remarque Eco, « une certaine manière de se
servir du langage s'identifie avec une certaine manière de penser la
société ». Pourtant, « il est sans doute possible de proposer une
révision des attentes idéologiques en ayant recours... à une fonction

_____
(166) Cf. *La Quinzaine littéraire*, n° 150 : « Les déviances (par rapport à un
code, à une grammaire, à une norme) sont toujours des manifestations d'écriture : là où la règle se transgresse, là apparaît l'écriture comme excès, puisqu'elle
prend en charge un langage *qui n'était pas prévu* ».

purement référentielle des messages. C'est ainsi que quelqu'un qui voudrait soutenir l'immoralité de l'union familiale (en bouleversant sans doute des systèmes d'attente idéologiques) pourrait communiquer sa décision à travers des messages construits selon les règles de la prévisibilité rhétorique (du type : /je soutiens que la famille n'est pas un noyau naturel et qu'elle exerce une fonction corruptrice/) » [167].

Contrairement à l'hypothèse qui fonde ce que l'on appelle communément l'avant-garde, nous pensons que la subversion des codes de représentation n'entraîne pas nécessairement celle des contenus idéologiques ; que mettre en crise le langage, ce n'est pas obligatoirement mettre en crise l'idéologie dominante [168] ; que l'on peut fort bien couler des contenus subversifs dans des formes traditionnelles [169], et que certains textes d'écriture « classique » mettent à mal l'idéologie dominante de façon beaucoup plus efficace que la plupart des textes avant-gardistes ; et qu'inversement, le bouleversement des formes signifiantes peut laisser intacts, et même cautionner, tous les stéréotypes de l'idéologie dominante : il ne faut pas oublier que pendant longtemps, la littérature et la poésie ont eu précisément pour fonction d'être les porte-parole éloquents, donc efficaces, de l'idéologie de la classe dominante, fonction dont les publicitaires assurent aujourd'hui dans une certaine mesure la perpétuation et la reproduction [170].

Tout ce que l'on peut dire, c'est que dans le « texte », le travail sur le signifiant connote une idéologie du travail sur le signifiant, et une valorisation de ce signifiant ; et au-delà de cette tautologie, que le texte travaille non contre l'idéologie, mais contre un fait d'idéologie : l'illusion du langage transparent.

---

(167) *La structure absente*, pp. 163-164.
Eco ajoute encore : « Mais un bouleversement réel des attentes idéologiques n'est effectif que dans la mesure où il est réalisé par des messages qui bouleversent aussi les systèmes d'attentes rhétoriques. Et tout bouleversement profond des attentes rhétoriques est aussi un redimentionnement des attentes idéologiques ». C'est donc par le truchement de deux adjectifs vagues, « effectif » et « profond », qu'Eco finit par admettre que la subversion des contenus est corrélative de celle des formes d'expression.
(168) Pour les mêmes raisons (autonomie des plans de l'expression et du contenu), il n'est pas possible d'assimiler non plus la dénotation à l'idéologie dominante, et la connotation aux idéologies marginales.
(169) Cf. ces « académistes engagés » que sont par exemple Jean Ferrat pour la chanson et Lakhdar Hamina dans le domaine cinématographique. Inversement, on a souvent reproché au Visconti de *La terre tremble* et des œuvres postérieures d'avoir désarmocé par ses recherches formelles le contenu idéologique de ses films. Nous ne disons pas que le reproche est justifié — mais simplement que le problème des relations entre forme et contenu est plus complexe que ne le laissent supposer certains pourfendeurs de l'académisme.
(170) Sur ce problème des relations entre mutations culturelles et politiques, citons cette opinion de Régis Debray : « Si les orages qui mettent les masses en mouvement par millions n'entraînent pas de mutations décisives — mais souvent des régressions — dans les superstructures culturelles des pays directement concernés, il n'est pas d'avant-garde culturelle sérieuse qui n'ait été tributaire à quelque titre d'un soulèvement social — guerre ou révolution » (*Les rendez-vous manqués*, Seuil, Paris, 1975, p. 72) — remarque qui disqualifie implicitement, comme n'étant pas « sérieuses », les tentatives avant-gardistes contemporaines.

Ce n'est certes pas rien. Mais répétons que cette entreprise de dénaturalisation du langage dénotatif, c'est aussi celle de la linguistique, qui démontre par l'analyse ce que le travail poétique montre par le jeu des connotations [171]. Il est donc injuste de dire, comme Louis-Jean Calvet, « qu'une certaine linguistique nous conforte dans cette croyance » selon laquelle nous pouvons « sans problème, appeler un chat un chat » [172] : si par « certaine linguistique » il entend la tradition saussurienne, et nous ne voyons pas de quelle autre linguistique il pourrait ici s'agir, Calvet est manifestement de mauvaise foi.

6. Un autre point que met en lumière toute réflexion sur la connotation, c'est que l'idéologie imprègne non seulement le langage-objet, mais aussi le métalangage, et guide constamment le travail de décodage. L'extraction des connotations mobilise, de façon beaucoup plus massive que celle des traits dénotatifs (qui pourtant met en jeu, outre sa compétence strictement linguistique, certaines connaissances que le descripteur possède du référent), les compétences culturelle et idéologique du décodeur. La lecture d'une image, comme le montre Roland Barthes, est tributaire des différents savoirs (pratiques et mythiques) que le lecteur, spontané ou attentif (c'est-à-dire le sémiologue) est susceptible d'y investir ; et à un détour de *S/Z*, ce même Roland Barthes déclare que pour procéder à l'extraction des sèmes et des symboles, il a « pilé » des idées « venant de sa culture ».

Cette remarque est importante. Car elle illustre ce fait évident mais trop souvent tu : que bien loin d'être « neutre », le descripteur parle d'un lieu idéologique précis, et que son méta-texte peut-être à son tour soumis à une analyse de contenu [173], et que le méta-méta-texte ainsi obtenu peut être à son tour soumis à une analyse de contenu — et ce à l'infini.

Il n'y a d'ailleurs pas de mal à cela. Car l'idéologie, ce n'est pas, comme le déclare parfois Barthes — c'est qu'il identifie alors l'idéologie (indéterminée en apparence seulement) avec cette idéologie petite-bourgeoise qu'il exècre — l'horreur, le « monstre », le mal

---

(171) Le langage poétique n'est d'ailleurs pas le seul à perturber la norme : les « infractions » du discours pathologique, ou du parler populaire, y contribuent aussi. Ce qui pose un problème gênant : le dément, le schizophrène enfreignent la norme par impuissance ; le langage de cette ouvrière, qu'analyse Yvette Delsaut dans *Actes de la recherche en sciences sociales* (n° 4, juillet 1975), « est le seul dont elle ait l'usage. Son auteur n'ayant pas produit ce discours par un travail à la fois laborieux et inspiré, ne vivant pas de son art et ne s'étant pas fait un « nom » dans les milieux littéraires, un tel texte est dépourvu de valeur sur le marché littéraire. Il s'attirerait un zéro pointé dans toutes les épreuves scolaires. Il est d'avance exclu des salons où fréquentent les écrivains, populistes ou non. Il est tout juste bon à susciter la curiosité amusée de l'écrivain qui, descendu à la cuisine, s'émerveille de la verve populaire de sa « Françoise » et traduit cette expérience insolite dans une prose raffinée et intimiste » (p. 33). Est-ce à dire que ce langage spontané soit moins « subversif » que celui, travaillé, d'un Emile Ajar ?
(172) L.J. Calvet, « Une sémiologie politique », *in L'Arc*, n° 56 (numéro consacré à Roland Barthes), 1974, p. 29.
(173) Par exemple, il est évident que l'omniprésence des connotations sexuelle et textuelle dans les lectures sémiologiques contemporaines connotent une valorisation (idéologique) de ces deux ordres de réalités.

absolu. L'idéologie est partout, même au cœur des discours scientifiques. Mais on ne peut l'évaluer en termes de bien ou de mal que par rapport à un projet politique global [174]. En soi, l'idéologie n'est ni bonne ni mauvaise. Et c'est pourquoi l'on peut s'étonner que soient si fortement axiologisées ces déclarations dénonçant sarcastiquement les présupposés idéologiques qui sous-tendent, par exemple, tel ou tel modèle linguistique : comme si les modèles de remplacement proposés, lorsqu'ils le sont, étaient, eux, purs de toute idéologie ; l'idéologie, c'est encore trop souvent celle de l'autre.

7. Nous avons croisé sur notre chemin deux problèmes importants :

a) D'abord, et une fois de plus, celui de la référence : même si le sens dénotatif est plus directement compromis avec la référence, puisque c'est en observant comparativement les classes dénotatives des items lexicaux que peut s'effectuer la détermination de leur sens dénotatif, *les connotations*, à l'exception peut-être des connotations stylistiques, *dénotent elles aussi ;* les connotations énonciatives, parce qu'elles apportent des informations sur le sujet d'énonciation, lequel fait partie, même si son lieu est spécifique, du référent ; les connotations « sémantiques », parce qu'elles renforcent par des procédés parallèles le contenu dénotatif, ou l'enrichissent de valeurs associées, qui toujours sont paraphasables en langage dénotatif : la différence, nous l'avons dit, entre ce type de connotations et les unités de dénotation n'est pas de contenu, mais de statut.

Que les connotations dénotent : le paradoxe n'est qu'apparent, et se résout si l'on admet que « dénoter », c'est polysémiquement :

— parler du référent sur le mode dénotatif (et les connotations, en ce sens, ne sauraient dénoter) ; mais c'est aussi, plus généralement,

— apporter des informations, quels que soient leur nature et leur statut, sur le référent du message. En guise de preuve, nous nous contenterons de nous retrancher derrière la caution de Ricœur, et de citer quelques déclarations qui nous semblent aussi claires que justes :

● pp. 190-191, Ricœur s'interroge : le travail poétique, en emphatisant le signifiant, oblitère-t-il définitivement le référent, comme on le prétend souvent ?

« Ce qui me paraît acquis, c'est l'idée d'une opacité du discours centré sur lui-même, l'idée que les figures rendent visible le discours. Ce que je mets en question, ce sont les deux conséquences qu'on en tire. On pose d'abord que la suspension de la fonction référentielle,

---

(174) Ainsi pour Brecht (d'après Barthes, *Tel Quel*, n° 47, p. 15), la « bonne » interprétation d'un texte, ce sera celle qui ira dans le sens de l'axiomatique révolutionnaire.

telle qu'elle est exercée dans le discours ordinaire, implique l'abolition de toute fonction référentielle ; reste à la littérature de se signifier elle-même. C'est là, encore une fois, une décision sur la signification de la réalité qui excède les ressources de la linguistique et de la rhétorique, et qui est d'ordre proprement philosophique ; l'affirmation de l'opacité du discours poétique et son corollaire, l'oblitération de la référence ordinaire, sont seulement le point de départ d'une immense enquête sur la référence qui ne saurait être tranchée aussi sommairement. »

La seconde réserve porte sur la distinction même entre « dénotation et connotation »..., dans la mesure où elle est souvent « liée à une présupposition, proprement positiviste, selon laquelle aurait seul pouvoir de dénoter le langage objectif de la prose scientifique. S'en écarter ne serait plus dénoter quoi que ce soit. Cette présupposition est un préjugé qui doit être interrogé en tant que tel ».

● p. 199, à propos du cas particulier de la métaphore, Ricœur prend nettement position, contre la conception affectiviste, et pour une conception informativiste, du trope :

« Seule la reconnaissance de la nouvelle pertinence sémantique opérée par la mutation lexicale pourrait conduire à une investigation des valeurs référentielles nouvelles attachées à la novation de sens, et ouvrir la voie à un examen de la valeur heuristique des énoncés métaphoriques ».

● p. 300, enfin, Ricœur généralise cette observation à tous les cas de connotations :

« La distinction entre dénotation et connotation n'est pas un principe valable de différenciation de la fonction poétique, si par connotation on entend un ensemble d'effets associatifs et émotionnels, dénués de valeur référentielle, donc purement subjectifs ; la poésie, en tant que système symbolique, comporte une fonction référentielle au même titre que le discours descriptif ».

On peut tirer de cette constatation deux conclusions :

— ou qu'il faut s'en tenir à cette « conception psychologique et affectiviste » de la connotation, quitte à admettre qu'ainsi conçue la connotation est impuissante à rendre compte de l'essentiel du fonctionnement sémantique du discours poétique ;

— ou qu'il faut réviser cette conception, et définir la connotation comme un processus générateur de valeurs sémantiques authentiques, lesquelles ont nécessairement un corrélat référentiel : inutile de dire que telle est notre position.

b) Deuxièmement, en cheminant à travers le vaste domaine de la connotation, nous avons rencontré à plusieurs reprises la problématique de l'énonciation.

— J. Sumpf et J. Dubois, *Langages*, 13, pp. 4-5 : « La connotation implique quant à elle l'incidence dans le discours du sujet parlant comme producteur spécifique d'un énoncé ».

Rectificatif : si, d'après notre définition, tous les faits de connotation ne relèvent pas de cette fonction, il est de fait que toutes les unités linguistiques qui fonctionnent comme des indices de l'inscription du sujet d'énonciation dans l'énoncé intéressent ce cas particulier de connotation que nous avons appelée « énonciative ».

— Nous avons d'autre part versé au crédit de la connotation tout ce qui relevait de l'implicite discursif. A ce titre, la connotation nous conduit vers un autre versant de la linguistique de l'énonciation : la valeur illocutionnaire des énoncés [174 bis].

Claude Chabrol, *Le récit féminin*, p. 39 : « Mais ses réponses » — il s'agit de Marcelle Segal — « par leur style, ajoutent à ce contenu narratif des sens nouveaux, comme plaqués à celui-ci. Ces sens sont latents, il faut les reconstituer. Le lecteur les reçoit sans les lire à proprement parler. Ce sont les « connotations »... Les énoncés des réponses expriment, en plus de leur sens dénoté, un des trois signifiés de connotation suivants : une affirmation péremptoire, une réprimande et une incitation à l'effort ». C'est donc bien de valeur illocutoire qu'il s'agit lorsque Chabrol parle ici de connotation.

E. Buyssens, « De la connotation ou communication implicite » (le titre est éloquent), pp. 713-714 : « Lorsqu'une femme dit à son mari : « Il va pleuvoir », il n'est pas sûr qu'elle veuille lui faire prendre son parapluie ; elle dirait la même chose si elle voulait lui faire prendre son manteau ou si elle voulait le faire rester à la maison. Et si la femme ne disait rien et que le mari en ouvrant la porte constate qu'il va pleuvoir, il prendrait quand même son parapluie ou son manteau ou resterait à la maison ; dans ce cas, on ne pourrait pas parler de communication : il s'agirait d'un indice que l'on interprète. Le procédé qui nous permet de découvrir la connotation d'un acte de communication est le même que celui qui nous permet d'interpréter un indice ».

Herbert Clark et Peter Lucy, dans « Understanding what the speaker intended the listener to understand », opposent au sens « conveyed » (littéral) le sens « intended » (implicite, mais qui prétend être perçu), et remarquent que très souvent, la valeur illocutoire véritable de l'énoncé s'exprime sur le mode de l' « intended ».

C'est vrai, mais elle peut aussi être explicitement assertée. Sans doute conviendrait-il donc de réserver le traitement connotatif aux valeurs illocutoires implicites, qui viennent se greffer sur la valeur explicite [175]. Ainsi, la phrase : « As-tu une cigarette ? » suscite une

---

(174 bis) Sur ce problème, cf. notre article dans *Linguistique et sémiologie*, Lyon, 1977/4.

(175) C'est pourquoi M. Le Guern a raison de remarquer : « l'impératif relève de la fonction conative, ce qui n'entraîne pas pour conséquence qu'il soit dépourvu de valeur dénotative, puisqu'il dénote un ordre » (*Sémantique de la métaphore...*, p. 20).

double réponse (comportement verbal ou gestuel d'affirmation +
geste de tendre le paquet), dans la mesure où elle comporte une
double valeur illocutionnaire, interrogative et jussive, la seconde étant
subordonnée à la première : « As-tu une cigarette ? (Si oui, donne
m'en une) ». Il semble donc tout à fait légitime de considérer la valeur
interrogative comme dénotée, et la valeur jussive comme connotée,
et de dire qu'il s'agit dans cette phrase d'un *trope illocutionnaire*, qui
relève comme l'ironie, la litote ou la métaphore, de ce que l'on peut
appeler la « rhétorique du détournement ».

Connotation énonciative, connotation pragmatique [176] : les voies de
la connotation mènent inéluctablement au domaine de l'énonciation.

*
**

Nous avons essayé de montrer sans dissimuler les problèmes que
pose fatalement l'utilisation d'un concept aussi extensif et productif
que celui de connotation, qu'il s'agissait là d'un concept authentique,
c'est-à-dire clarifiable et opératoire, dans la mesure où il répondait
aux trois exigences qu'un code déontologique (à élaborer) des usages
conceptuels devrait leur assigner, à savoir :

(1) Bien qu'il soit extrêmement polysémique, et que cela n'apparaisse pas immédiatement lorsque l'on se contente d'aligner les
définitions proposées en des lieux et des temps divers, le terme de
« connotation » se laisse ramener à une valeur unitaire, archi-
sémémique.

(2) L'opposition dénotation/connotation [177] est le plus souvent
décidable — et d'ailleurs, d'un point de vue pratique, les linguistes
n'ont en général pas l'impression de « babéliser » lorsqu'ils parlent
entre eux de connotation — sur la base des critères suivants :

● Une unité de dénotation a pour support un signifiant lexical
ou syntaxique, et elle apporte des informations explicites sur l'objet
dénoté par le message verbal.

● Une unité de connotation réutilise à son profit n'importe quel
élément du matériel de la dénotation, et ses informations sont de
nature et/ou de statut différent. Tantôt elles concernent autre chose
que le référent immédiat du discours (sujet énonciateur, situation

---

(176) Ainsi Mounin déclare-t-il dans *Les Problèmes théoriques...*, p. 159 :
« Nous admettons provisoirement que les connotations, pour des raisons de
méthode, soient considérées non comme une notion de sémantique, mais comme
une notion de pragmatique (traitant des relations entre les utilisateurs des signes
et les signes eux-mêmes) ».

(177) Qui ne s'identifie pas, nous l'avons dit et répété, avec l'opposition
langue/parole. Mais prenant le terme dans le sens de « trait non constitutif de
la définition d'un mot, mais fréquemment associé à sa représentation », on
pourrait dire que le trait [qui relève de l'idiolecte individuel ou textuel] est une
connotation du mot « connotation ».

d'énonciation, type particulier d'énoncé), tantôt elles viennent enrichir, sous forme de valeurs additionnelles et suggérées, le contenu dénotatif.

La diversité des signifiants de connotation nous a permis de sortir d'une perspective strictement lexicaliste — mais sans atteindre pour autant le niveau phrastique. Car il faut bien admettre qu'à ce niveau, le problème de la décidabilité de l'opposition est beaucoup plus délicat : que faut-il considérer, dans une phrase, comme valeurs dénotatives (dont l'ensemble constitue son « contenu informationnel »), et comme nuances connotatives additionnelles ? Ce problème, même s'il n'est pas formulé en ces termes, est au centre du débat sur les transformations, et leur incidence sémantique. Lorsque les transformationalistes (standard) affirment que les transformations « ne modifient pas le sens des unités sous-jacentes auxquelles elles s'appliquent », ils entendent par « sens » le « contenu informationnel » des messages, et ils admettent que les transformations entraînent des modifications d' « accent » [178], de « relief », de « prominence » [179], de « dominance » [180], de hiérarchie des éléments assertés dans la phrase. Il est certain que la distance sémantique qui sépare

1-*a*) « le chat mange la souris », et

1-*b*) « la souris mange le chat »,
est beaucoup plus grande que celle qui existe entre

2-*a*) « le chat mange la souris », et

2-*b*) « la souris est mangée par le chat » [181],
et qu'une transformation, acceptable en 2-, serait inadmissible en 1-.

Mais est-il possible de dépasser cette constatation et d'établir une procédure permettant de déterminer ce qui dans une phrase constitue son noyau informationnel ? Nous sommes bien incapable de répondre à cette question. Posons simplement :

● Que le critère de la valeur de vérité, avec ses imperfections et ses limites d'application, peut être utilisé pour définir la synonymie dénotative entre phrases : P_1 et P_2 seront dénotativement synonymes si elles sont soumises aux mêmes conditions de vérité. Ex. : 2-*a*) et 2-*b*) (étant admis bien entendu qu'il s'agit du même chat et de la même souris). En revanche, la vérité de 1-*a*) n'implique pas la vérité de 1-*b*) ni la vérité de 1-*b*) celle de 1-*a*), bien au contraire. En vertu de ce critère, on peut admettre comme des transformations, dans la mesure où elles laissent inchangé le contenu dénotatif ainsi défini :

---

(178) Ruwet, *Introduction à la grammaire générative*, p. 337 : « Entre une phrase active (« Pierre aime Marie ») et la phrase passive correspondante (« Marie est aimée de Pierre »), la différence n'est pas de sens, mais seulement d'accent, comme l'avait reconnu depuis longtemps la grammaire traditionnelle ».
(179) Ce terme est de Chafe, *Meaning...*, p. 204.
(180) Cf. P. Le Goffic, *Langue française*, n° 8, p. 85.
(181) Remarquons au passage que la modification sémantique n'est pas proportionnelle à l'importance de la modification du signifiant.

la transformation passive [182]
la transformation d'emphase
la transformation de nominalisation (qui généralement convertit un posé en présupposé)
la transformation de « focalisation » ou « topicalisation »
et toutes les transformations dites de « modalisation » [183].

● Que ce problème peut être traité en termes de dénotation/connotation.

● Que la problématique de la connotation appelle une réflexion sur la sémantique de la phrase (nécessité d'élucider les concepts de contenu informationnel, de modalisation, de posé/présupposé, et de hiérarchie des éléments d'information au sein d'un énoncé — autant de problèmes que nous avons délibérément escamotés).

(3) Enfin, cette distinction est pertinente, c'est-à-dire qu'elle a un répondant sur le plan empirique : elle correspond à une différence importante dans le fonctionnement de la signification, et dans la modalité d'affirmation du sens ; elle révèle, non pas le « décalage entre signifié et signifiant » [184], mais la complexité des rapports qui s'établissent entre les deux plans de l'expression et du contenu.

Le discours linguistique actuel ne peut pas se passer de la connotation, qui a fini par se rendre indispensable à la langue même de ces semi-techniciens du langage que sont les journalistes [185], les critiques et les publicitaires, et de là, par investir la langue commune. Et les sarcasmes de ces pourfendeurs de « jargon » n'y changeront rien, tels Santoni [186] et René Pommier, qui déclare :

----

(182) Et plus généralement, tous les problèmes de voix, au sens large, du type : x épouse y/y épouse x/x et y se marient.
En revanche « la corde casse » et « je casse la corde » ne peuvent être considérés comme des variantes transformationnelles.
(183) Auxquelles s'apparente pour Dubois la transformation passive : « Ainsi la transformation passive... traduit une certaine attitude du sujet, qui est indépendante de l'interprétation sémantique de base. On s'est souvent demandé à l'intérieur de la linguistique générative si les transformations ajoutaient un sens ; en réalité elles sont là pour modaliser l'énoncé » (Langages, n° 13, p. 108).
(184) Comme le prétend P. Kuentz (Langue française, n° 15, p. 28), qui a ensuite beau jeu de déclarer que « la notion de connotation représente une caricature » de ce décalage.
(185) Ainsi, nous l'avons entendu au journal de France-Inter le 19 octobre 1975, et lu sous la plume d'Escarpit (Billet du Monde, 15 mai 1974) : « Ce qui a disparu, par contre, c'est la vieille connotation réactionnaire de la droite ».
Le terme de « dénotation » ne connaît en revanche pas la même faveur (sans doute parce que le sens dénotatif, c'est le sens non marqué, qui va de soi, et dont on ne parle pas). C'est pourquoi on peut s'étonner de voir figurer, dans la liste des « mots-clefs » (au sens de Matoré) que propose J. Pohl, « dénotation », mais pas « connotation » : « Parmi les mots-clefs de notre civilisation intellectuelle, à côté de « structure », « herméneutique », « existentiel », « dénotation », « opérationnel », « archétype » et pas mal d'autres, « communication » occupe une place très honorable » (Symboles et langages, t. I, p. 22).
(186) Dans son rapport de l'agrégation de Lettres modernes de 1973, Santoni ironise en effet sur la fréquence de ce terme dans le discours estudiantin, et le place dans la liste des mots à proscrire, aux côtés du mot « érotisme ».

« Qu'importe qu'on exprime les idées les plus rebattues, les stupi-
dités les plus patentes, si l'on veut faire partie de l'avant-garde, si
l'on veut être rangé dans l'élite pensante, il suffit d'employer les
vocables en vogue. Point n'est besoin, d'ailleurs, d'en connaître beaucoup : certains d'entre eux sont si goûtés qu'on peut les prodiguer
à satiété et il en est même un dont l'effet est tellement magique qu'il
peut à lui seul remplacer tous les autres et qu'on peut l'employer dans
toutes ses phrases sans jamais lasser les connaisseurs : « connotation ». La plupart du temps, ce mot est employé exactement dans le
même sens que l'on employait avant sa création les expressions :
« idées secondaires, idées annexes, sens seconds, harmoniques, résonances, halo, aura... ». Il n'empêche qu'en employant sans discrétion
« connotation », les plus médiocres font maintenant figure de doctes,
tandis que, si l'on s'en tient à « halo », à « harmoniques » ou à
« résonances », parce qu'on trouve ces mots plus élégants et qu'on
se moque de la mode [187], on passe, aux yeux des snobs, pour n'être
qu'un vieux schnoque » [188]. Sans commentaire.

Mais les linguistes eux-mêmes prennent parfois la connotation
pour cible. Par exemple :

A. Rey, dans le glossaire de *La lexicologie*, définit la connotation
comme « l'élément de la signification d'une forme qui n'est pas
commun à tous les communicants et peut varier selon les contextes »,
et commente : « le concept s'oppose à la dénotation et n'est pas clair ».

D. Maldidier, C. Normand et R. Robin (*Langue française*, n° 9,
p. 119) : « (La connotation) apparaît bien plutôt comme le signe d'un
problème que comme un concept ».

Nous espérons avoir contribué à clarifier et conceptualiser la
connotation. Certes notre démarche n'a pas échappé à cette circularité
inévitable lorsqu'il s'agit d'élucider un concept quelconque : il faut
bien partir d'une définition intuitive du phénomène en question
(laquelle se fonde sur l'observation d'un certain consensus à son
sujet), pour parvenir à le cerner, et à en proposer ensuite une définition plus ferme et cohérente. Mais le bilan de cette investigation
nous semble positif : le concept de connotation est un concept
productif. Productif en lui-même, pour les services qu'il rend et les
faits qu'il met en lumière ; productif aussi parce qu'il débouche sur
deux problèmes d'importance — problème de la polysémie textuelle,
car c'est bien au concept de connotation que l'on doit la libération
des sens jusqu'alors enfermés dans une conception monologique du

---

(187) A la différence de certains : « Quand M. Roland Barthes s'intéresse à
la mode, on se dit qu'il lui doit bien ça ! ».
(188) « Phallus farfelus », *in Raison présente*, n° 31, 1973, p. 73.

fonctionnement sémiotique [189] ; problème aussi de la subjectivité d'appréhension et de verbalisation du référent —, et qu'il a fonctionné de ce fait comme le catalyseur de questionnements nouveaux sur le langage.

Concluons avec Roland Barthes : il est impossible de se passer, présentement, de la connotation [190] ; bien plus : l'avenir lui appartient [191].

---

(189) Ainsi que le déclare Barthes dans l'article « texte » de *L'Encyclopaedia Universalis* : « Déjà, lorsque l'on conçoit le texte comme un espace polysémique où s'entrecroisent plusieurs sens possibles, il est nécessaire d'émanciper le statut monologique légal de la signification, et de la pluraliser : *c'est à cette libération qu'a servi le concept de connotation*, ou volume des sens seconds, dérivés, associés, ou des vibrations sémantiques greffées sur le message dénoté ». Plus encore, le concept de connotation n'a pas à se saborder, maintenant qu'elle est en voie de constitution, au profit d'une théorie de la polysémie textuelle, car il reste indispensable pour rendre compte de l'hétérogénéité et de l'éventuelle hiérarchie des niveaux sémantiques.

On ne voit pas non plus ce qu'apporterait à la théorie linguistique le remplacement, que propose M.N. Gary-Prieur, du concept de connotation par celui de « paragramme ».

(190) *Tel Quel*, n° 87, p. 95.

(191) *Eléments de sémiologie*, p. 130 : « L'avenir est sans doute à une linguistique de la connotation, car la société développe sans cesse, à partir du système premier que lui fournit le langage humain, des systèmes de sens seconds »...

AUTEURS CITES ET BIBLIOGRAPHIE

(Sont signalés par une astérisque les articles ou ouvrages qui consacrent une part relativement importante de leur réflexion au problème de la connotation.)

ARNAULD (Antoine) et NICOLE (Pierre) : pp. 165-167, 168, 222.
   La logique ou l'art de penser, Flammarion (« Sciences de l'Homme »), Paris, 1970, (1ʳᵉ éd. 1962).
ARON (Thomas) : pp. 48, 54, 57.
   « Une seconde révolution saussurienne ? », *in Langue française* n° 7, sept. 1970, pp. 56-63.
ARRIVÉ (Michel) : pp. 83-84, 96, 97, 130-132, 155, 167, 183, 186, 187, 188, 201, 202, 204.
   * — « Postulats pour la description linguistique des textes littéraires », *in Langue française* n° 3, sept. 1969, pp. 3-14.
   * — « Structuration et destructuration du signe dans quelques textes de Jarry », *in* Greimas (A.J.), *Essais de sémiotique poétique*, Larousse, Paris, 1972, pp. 64-79.
   * — *Les langages de Jarry. Essai de sémiotique littéraire*, Klincksieck, Paris, 1972.
   * — « Pour une théorie des textes poly-isotopiques », *in Langages* n° 31, sept. 1973, pp. 53-63.

BAKHTINE (Mikhaïl) : pp. 65, 133, 167-168.
   Problèmes de la poétique de Dostoïevski, L'Age d'homme (« Slavica »), Paris, 1970 (1ʳᵉ éd. 1929).
BALLY (Charles) : pp. 89, 95, 96, 101, 105, 174, 175.
   — *Traité de stylistique française*, 2ᵉ éd., Klincksieck, Paris, 1930.
   — « Les notions grammaticales d'absolu et de relatif », *in Essais sur le langage*, Minuit (« Le sens commun »), Paris, 1969, pp. 189-204 (1ʳᵉ éd. Genève, 1932).
BANGE (Pierre) : p. 194.
   Ironie et dialogisme dans les romans de Theodor Fontane, P.U.G., Grenoble, 1974.
BARBERIS (Pierre) : p. 217.
   « A propos de « Lux » : la vraie force des choses (sur l'idéologie des « Châtiments ») », *in Littérature* n° 1, févr. 1971, pp. 92-105.
BARTHES (Roland) : pp. 6, 7, 16, 19, 33, 36, 53, 72, 80, 85, 95, 105, 116, 133, 181, 184, 185, 194-195, 197, 203, 204, 207, **208-223**, 232, 233.
   * — *Mythologies*, Seuil, Paris, 1957.
   * — « Rhétorique de l'image » *in Communications* n° 4, nov. 1964, pp. 40-52.
   * — « Eléments de sémiologie », *ibid.*, pp. 91-135.
   — « Proust et les noms », *in To honor Roman Jakobson*, vol. I, Mouton, La Haye Paris, 1967, pp. 150-158.

* — *S/Z*, Seuil, Paris, 1970.
— « Ecrivains, Intellectuels, Professeurs », *in Tel Quel* n° 47, automne 1971, pp. 3-18.
— « Réponses », *ibid.*, pp. 89-107.
— « Le retour du Poéticien », *in La Quinzaine littéraire* n° 150, 16-31 oct. 1972, pp. 15-16.
* — « Analyse textuelle d'un conte d'Edgar Poe », *in* Chabrol (Cl.), *Sémiotique narrative et textuelle*, Larousse, Paris, 1973, pp. 7-27.
* — « Théorie du Texte » (article « Texte »), *Encyclopaedia Universalis*, t. XV, Paris, 1973.
— « Au séminaire », *in L'Arc* n° 56, 1974, pp. 48-56.
— « Rash », *in* Kristeva (J.), Milner (J.Cl.) et Ruwet (N.), *Langue, discours, société*, Seuil, Paris, 1975, pp. 217-228.
BATANY (Jean) et RONY (Jean) : p. 111.
« Idéal social et vocabulaire des statuts. *Le Couronnement de Louis* », *in Langue française* n° 9, févr. 1971, pp. 110-118.
BAUDRILLARD (Jean) : p. 72.
Système des objets, Gallimard, Paris, 1968.
BECKETT (Samuel) : pp. 206, 207.
BENDIX (Edward Herman) : p. 179.
Componential analysis of general vocabulary, Mouton and Co, La Haye, 1966.
BENVENISTE (Emile) : p. 172.
« Sémiologie de la langue », *in Semiotica*, 1969-1, pp. 1-3, et 1969-2, pp. 127-136.
BLOOMFIELD (Léonard) : pp. 6, 10, 11, 13, 105.
Le langage, Payot, Paris, 1970 (1re éd. Holt, Rinehart et Winston, New York, 1933).
BOONS (Jean-Paul) : p. 168.
« L'importance du jugement d'importance dans les sciences sociales », *in* Kristeva (J.), Rey-Debove (J.) et Umiker (D.J.), *Essais de sémiotique*, Mouton, La Haye Paris, 1971, pp. 204-215.
BREKLE (Herbert E.) : p. 120.
Sémantique, Armand Colin, Paris, 1974.
BRESSON (F.) : pp. 41, 80.
« La signification » *in Problèmes de psycholinguistique*, P.U.F., Paris, 1963, pp. 9-45.
BUYSSENS (Emile) : p. 228.
* « De la connotation ou communication implicite », *in Actes du Xe Congrès International des linguistes* (Bucarest, 28 août-2 sept. 1967), Ed. de l'Académie de la République socialiste de Roumanie, Bucarest, 1970, t. II, pp. 711-714.

CALVET (Louis-Jean) : p. 225.
« Une sémiologie politique », *in L'Arc* n° 56 (Barthes), 1er trim. 1974, pp. 25-29.
CAMINADE (Pierre) : pp. 155, 187.
Image et métaphore, Bordas, Paris, 1970.
CELATI (Gianni) : p. 206.
« Beckett, l'interpolation et le gag », *in Poétique* n° 14, 1973, pp. 225-234.
CÉLINE : p. 68.

CHABROL (Claude) : pp. 158, 209, 228.
— *Le récit féminin. Contribution à l'analyse sémiologique du courrier du cœur et des entrevues ou « enquêtes » sur la femme dans la presse féminine actuelle*, Mouton, La Haye Paris, 1971.
— « De quelques problèmes de grammaire narrative et textuelle », *in Sémiotique narrative et textuelle* (recueil d'articles réunis par Chabrol), Larousse, Paris, 1973, pp. 7-27.
CHAFE (W.L.) : p. 230.
Meaning and the structure of language, The University of Chicago Press, 1970.
CHARLES (Michel) : p. 196.
« Le discours des figures », *in Poétique* n° 15, 1973, pp. 340-364.
CHASTAING (M.) : pp. 28, 30, 33-35.
Bibliographie p. 28.
CHEVALIER (Jean-Claude) : p. 57.
« La poésie d'Apollinaire et le calembour », *in Europe* n° 451-2, nov.-déc. 1966.
COHEN (Jean) : pp. 35, 41, 43, 63, 66, 74, 106, 153, 156, 157, 181, 198, 199-200.
* — *Structure du langage poétique*, Flammarion, Paris, 1966.
— « Poésie et motivation », *in Poétique* n° 11, 1972, pp. 432-445.
COQUET (Jean-Claude) : pp. 6, 58, 174-176, 188, 218.
— « Problèmes de l'analyse structurale du récit : *L'Etranger* d'Albert Camus », *in Langue française* n° 3, sept. 1969, pp. 61-72.
— « La lettre et les idéogrammes occidentaux », *in Poétique* n° 11, 1972, pp. 395-404.
— *Sémiotique littéraire. Contribution à l'analyse sémantique du discours*, Mame (« Univers sémiotiques »), Paris, 1973.
COSERIU (Eugène) : pp. 72-73, 178.
« Les théories linguistiques et leurs possibilités d'application : structures lexicales et enseignement du vocabulaire », *in Actes du premier Colloque International de linguistique appliquée*, Nancy, 1966, pp. 175-217 (extraits *in* A. Rey, *La Lexicologie*, pp. 141-143).
COURDESSES (Lucile) : p. 112.
« Blum et Thorez en 1936 : analyses d'énoncés », *in Langue française* n° 9, févr. 1971, pp. 22-23.

DADOUN (Roger) : p. 44.
« Marches barthésiennes », *in L'Arc* n° 56, 1974, pp. 37-39.
DELACAMPAGNE (Christian) : p. 45.
« L'écriture en folie », *in Poétique* n° 18, 1974, pp. 160-175.
DELAS (Daniel) et FILLIOLET (Jacques) : pp. 52-53, 97, 196, 198.
Linguistique et poétique, Larousse, Paris, 1973.
DELATTRE (P.) : p. 60.
« L'intonation par les oppositions », *in Le français dans le monde*, avril-mai 1969.
DELAVEAU (A.), HUOT (H.) et KERLEROUX (F.) : p. 99.
« Questions sur le changement linguistique », *in Langue française* n° 15, sept. 1972, pp. 29-46.
DELESALLE (S.) et VALENSI (L.) : p. 77.
« Le mot « nègre » dans les dictionnaires d'Ancien Régime, histoire et lexicographie », *in Langue française* n° 15, sept. 1972, pp. 79-104.
DELEUZE (Gilles) : p. 191.
Logique du sens, U.G.E. 10/18, Paris, 1969.

DELSAUT (Yvette) : p. 225.
  « L'économie du langage populaire », *in Actes de la recherche en sciences sociales*, n° 4, juillet 1975, pp. 33-40.
DENIS (Y.) : p. 57.
  « Glose d'un texte de Rimbaud : "Après le déluge" », *in Les Temps Modernes* n° 260, janv. 1968, pp. 1261-1276.
DUBOIS (Jacques), EDELINE (F.), KLINKENBERG (J.M.), MINGUET (P.), PIRE (P.) et TRINON (H.) : pp. 94, 97, 114, 155, 181, 199, 205.
  Rhétorique générale, Larousse, Paris, 1970.
DUBOIS (Jean) : pp. 71, 99, 179, 231.
  — *Grammaire structurale du français*, Larousse, Paris
        Nom et pronom, 1965 ;
        Le verbe, 1968 ;
        La phrase et ses transformations, 1969.
  — « La résolution des polysémies dans les textes écrits et structuration de l'énoncé », *in Actes du premier Colloque International de linguistique appliquée*, Nancy, 1966, pp. 71-91.
  — « Enoncé et énonciation », *in Langages* n° 13, mars 1969, pp. 100-110.
DUBOIS (Jean) et SUMPF (J.) : pp. 112, 227-228.
  « Problèmes de l'analyse du discours », *in Langages* n° 13, mars 1969, pp. 3-7.
DUCHACEK (Otto) : pp. 105, 140, 142, 191.
  — « Sur quelques problèmes de l'antonymie », *in Cahiers de lexicologie* n° 6, 1965-1, pp. 55-66.
  — « Les jeux de mots du point de vue linguistique », *in Beitage zur Romanischen Philologie*, Heft 1, IX, 1970, pp. 107-117.
DUCROT (Oswald) : pp. 75, 79, 80, 96, 102, 161, 162-163, 168, 171, 174-175.
  — « La description sémantique des énoncés français », *in L'Homme*, 1968, I.
  — *Dire et ne pas dire. Principes de sémantique linguistique*, Hermann (« Savoir »), Paris, 1972.
  — *La preuve et le dire*, Mame (« Repères »), 1973.
DUCROT (Oswald) et TODOROV (Tzvetan)
  Dictionnaire encyclopédique des sciences du langage, Seuil, Paris, 1972.
DUMONT (Jean-Paul) : p. 72.
  « "Littéralement et dans tous les sens", essai d'analyse structurale d'un quatrain de Rimbaud », *in Greimas (A.J.), Essais de sémiotique poétique*, Larousse, Paris, 1972, pp. 126-129.

ECO (Umberto) : pp. 13, 23, 71, 80, 82, **89-91,** 98, 108, 114, 118, 119, 136, 155, 172, 173, **199,** 217, 220, 223-224.
  — *La structure absente. Introduction à la recherche sémiotique*, Mercure de France, Paris, 1972.
  — « Sémantique de la métaphore », *in Tel Quel* n° 55, automne 1973, pp. 25-46.

FILLMORE (Charles J.) : pp. 163, 176.
  « Types of lexical information », *in Steinberg (D.D.) et Jakobovits (L.A.) eds., Semantics*, Cambridge Univ. Press, 1971, pp. 370-392.
FISCHER (Hardi) : p. 120.
  « A new Approach to the Measurement of Meaning », *in Linguistics* n° 22, 1966, pp. 24-33.

— « Note sur les notions de norme et de lisibilité en stylistique »,
    in Littérature n° 14, mai 1974, pp. 114-122.
HJELMSLEV (Louis) : pp. 6, 7, 19, 27, 60, 75, **80-85**, 89, 163, 182, 197.
— *Prolégomènes à une théorie du langage*, Minuit, Paris, 1966 (1ʳᵉ éd.
    Copenhague, 1943).
— « Pour une sémantique structurale », *in Essais linguistiques*,
    Minuit, Paris, 1971, pp. 105-121 (1ʳᵉ éd. 1957).
HERVEY (Sandor G.J.) : p. 199.
« Notions in the manipulation of non-denotational meaning in
speech », *in La Linguistique*, vol. VII, fasc. I, 1971, pp. 31-53.

IKEGAMI (Yoshihiko) : p. 114.
« Structural Semantics », *in Linguistics* n° 33, mars 1972, pp. 49-67.

JAKOBSON (Roman) : pp. 21, 25, 33, 40, 41-42, 43, 90, 157.
Essais de linguistique générale, Minuit, Paris, 1968 (1ʳᵉ éd. française
    1963).
JAKOBSON (R.) et PICCHIO STEGANO (L.).
« Les oxymores dialectiques de Fernando Pessoa », *in Langages*
n° 12, déc. 1968, pp. 9-27.
JOYCE (James) : pp. 42, 45, 78-79, 115, 201, 205, 207-208.

KATZ (J.J.) et FODOR (J.A.) : pp. 89, 98, 124.
« La structure d'une théorie sémantique », *in Cahiers de lexicologie*
n° 9, 1966-2, pp. 39-72 ; et n° 10, 1967-1, pp. 47-66.
KERBRAT-ORECCHIONI (Catherine).
— « L'isotopie », *in Linguistique et sémiologie* (Travaux du Centre
    de Recherches linguistiques et sémiologiques de Lyon), 1976/1,
    pp. 11-34.
— « L'ironie », *in Linguistique et sémiologie*, 1976/2, pp. 9-46.
— « Note sur les concepts d' "illocutoire" et de "performatif" »,
    in Linguistique et sémiologie, 1977/4, pp. 55-98.
— *De la sémantique lexicale à la sémantique de l'énonciation*, Thèse
    de Doctorat d'Etat, Lyon, 1977.
KIEFER (Ferenc) : p. 178.
Essais de sémantique générale, Mame (« Repères »), 1974.
KRISTEVA (Julia) : pp. 55, 133.
— « Pour une sémiologie des paragrammes », *in Tel Quel* n° 29,
    printemps 1967, pp. 53-75.
— *Sèméiôtikè. Recherches pour une sémanalyse*, Seuil, Paris, 1969.
KRISTEVA (Julia), MILNER (Jean-Claude) et RUWET (Nicolas).
Langue, discours, société. Pour Emile Benveniste, Seuil, Paris, 1975.
KRISTEVA (Julia), REY-DEBOVE (Josette) et UMIKER (Donna Jean).
Essays in Semiotics. Essais de Sémiotique, Mouton, La Haye Paris,
    1971.
KUENTZ (Pierre) : p. 21.
« Parole/discours », *in Langue française* n° 15, sept. 1972, pp. 18-28.
LAMBERT (Louis) : p. 109.
Formulaire des officiers de Police judiciaire, Editions Police-Revue,
Paris, 1970.

LARTHOMAS (Pierre) : p. 64.
Le langage dramatique, A. Colin, Paris, 1972.

LAVOREL (Pierre Marie) : pp. 110, 129, 197.
   Pour un calcul du sens, Thèse de 3ᵉ cycle, Université de Lyon II,
   éd. I.N.S.A., 1973 (rééd. *Eléments pour un calcul du sens*, Documents
   de Linguistique quantitative, nᵒ 27, Dunod, 1975).
LEACH (E.R.) : pp. 72, 182.
   « La genèse comme mythe », *in Langages* nᵒ 22, juin 1971, pp. 13-23.
LECOINTRE (Simone) et LE GALLIOT (Jean) : p. 194.
   « Le je(u) de l'énonciation », *in Langages* nᵒ 31, sept. 1973, pp. 64-79.
LEE WHORF (Benjamin) : pp. 163-164.
   Linguistique et anthropologie, Denoël, Paris, 1969 (1ʳᵉ éd. *Language,
   Thougt and Reality*, M.I.T., Cambridge, 1956).
LE GOFFIC (Pierre) : p. 230.
   « Linguistique et enseignement des langues : à propos du passif en
   français », *in Langue française* nᵒ 8, déc. 1970, pp. 78-89.
LE GUERN (Michel) : pp. 104, 105, 120, 151, 154, 156, 160, 174, 203, 218, 228.
   Sémantique de la métaphore et de la métonymie, Larousse, Paris,
   1973.
LÉON (Pierre R.) : pp. 25-27, 39, 59, 63, 173, 181.
   — « Principes et méthodes en phonostylistique », *in Langue fran-
   çaise* nᵒ 3, sept. 1969, pp. 73-84.
   — « Eléments phonostylistiques du texte littéraire », *in* Léon (P.),
   Mitterand (H.) et al., *Problèmes de l'analyse textuelle*, 1971,
   pp. 3-18.
LÉON (Pierre R.), MITTERAND (Henri), NESSELROTH (Peter) et ROBERT (Pierre).
   Problèmes de l'analyse textuelle, Didier, Montréal Paris Bruxelles,
   1971.
LEVI-STRAUSS (Claude) : pp. 21, 41, 120, 181.
   Anthropologie structurale, Plon, Paris, 1958.
LINDEKENS (R.) : p. 120.
   « Essai de description d'un espace sémantique », *in Cahiers de lexi-
   cologie* nᵒ 12, 1968-1, pp. 15-36.
LYONS (John) : p. 107.
   Linguistique générale, Larousse, Paris, 1970 (1ʳᵉ éd. *General Linguis-
   tics*, Cambridge Univ. Press, 1968).

MALDIDIER (D.), NORMAND (Cl.) et ROBIN (R.) : pp. 195, 232.
   « Discours et idéologie : quelques bases pour une recherche », *in
   Langue française* nᵒ 15, sept. 1972, pp. 116-142.
MALLARMÉ (Stéphane) : pp. 34, 35, 53, 73, 132, 192, 200, 207.
   Œuvres complètes, Gallimard (« Pléiade »), 1965.
MARIN (Louis) : p. 133.
   « Les femmes au tombeau », *in Langages* nᵒ 22, juin 1971, pp. 39-50.
MARTINET (André) : pp. 13, 119, 170, 199.
   * « Connotation, poésie et culture », *in To honor Roman Jakobson*,
   t. II, Mouton, La Haye Paris, 1967, pp. 1288-1294.
Mc CAWLEY (James D.) : p. 98.
   « The role of semantics in grammar », *in* Bach (E.) et Harms (R.)
   eds., *Universals in Linguistic Theory*, Holt, Rinehart et Winston Inc.,
   1968, pp. 124-169.
MAZALEYRAT (Jean) : p. 64.
   Les éléments de métrique française, A. Colin, Paris, 1974.
MESCHONNIC (Henri) : pp. 95, 198, 223.
   « Pour la poétique », *in Langue française* nᵒ 3, sept. 1969, pp. 14-31.

METZ (Christian) : pp. 23, 81, **85-86,** 207, 220-221.
— *Langage et cinéma*, Larousse, Paris, 1972.
* — *Essais sur la signification au cinéma*, Klincksieck, Paris, t. I, 1968 ; t. II, 1973.
MILLY (Jean) : p. 179.
« Sur quelques noms proustiens », *in Littérature* n° 14, mai 1974, pp. 65-82.
MILNER (Jean-Claude) : p. 178.
Arguments linguistiques, Mame (« Repères »), Paris, 1973.
MITTERAND (Henri) : pp. 18, 124, 171.
* — « Corrélations lexicales et organisation du récit : le vocabulaire du visage dans Thérèse Raquin », *in La Nouvelle Critique*, n° spécial, (« Linguistique et littérature », Colloque de Cluny), 1968, pp. 21-29.
— « L'idéologie du mythe dans Germinal », *in* Léon (P.), Mitterand (H.), Nesselroth (P.) et Robert (P.), *Problèmes de l'analyse textuelle*, Didier, Montréal Paris Bruxelles, 1971, pp. 83-92.
MOLINO (J.) : pp. 106, 122, 167, 203.
* « La connotation », *in La Linguistique*, vol. VII, fasc. I, 1971, pp. 5-30.
MOUNIN (Georges) : pp. 14, 95, 108, 112, 120, 169, 203, 229.
* — *Les problèmes théoriques de la traduction*, Gallimard, Paris, 1963.
— *La communication poétique*, Gallimard, Paris, 1969.
— *Clefs pour la sémantique*, Seghers, Paris, 1972.

NIDA (Eugène A.) : pp. 105, 167.
Exploring semantic structure, Wilhelm Fink Verlag, Munich, 1975.

OSGOOD (Ch.), SUCI (G.J.) et TANNENBAUM (P.H.) : pp. 108-109, **120-122,** 182, 183.
The Measurement of Meaning, Univ. of Illinois Press, Urbana, 1957.
OULIPO : pp. 189-190.
La littérature potentielle, Gallimard (« Idées »), 1973.

PASOLINI (Pier Paolo) : p. 174.
Cahiers du Cinéma n° 171, oct. 1965.
PERRET (Delphine) : pp. 106, 197.
« Termes d'adresse et injures », *in Cahiers de lexicologie* n° 12, 1968-1, pp. 3-14.
PETERFALVI (J.M.) : pp. 28-31, 34, 37, 112.
— *Introduction à la psycholinguistique*, Paris, P.U.F., 1970.
— Bibliographie, p. 28.
POHL (Jacques) : pp. 59-60, 96.
Symboles et langages (t. I : *Le symbole clef de l'humain ;* t. II : *La diversité des langages*), Sodi, Paris Bruxelles, 1968.
POMMIER (René) : pp. 187, 231-232.
« Phallus farfelus », *in Raison présente* n° 31, 3e trim. 1974, pp. 71-91.
POTTIER (Bernard) : pp. 62, 70, 71, 118, 124, 126, 171, 173, 179, 181.
— « Vers une sémantique moderne », *in Travaux de Linguistique et de Littérature*, II-1, 1964, pp. 107-137.
— *Linguistique générale. Théorie et description*, Klincksieck, Paris, 1974.
PRIETO (Luis J.) : pp. 6, 80, 165.
Pertinence et pratique. Essai de sémiologie, Minuit, Paris, 1975.
PROUST (Jacques) : pp. 56, 76-77, 124.
« Le corps de Manon », *in Littérature* n° 4, déc. 1971, pp. 5-20.
PROUST (Marcel) : pp. 54, 74, 103, 142, 179, 188, 193, 219.

QUENEAU (Raymond) : pp. 46, 56, 58, 98, 111, 115, 191.
— *Bâtons, chiffres et lettres*, Gallimard (« Idées »), Paris, 1965.
— *Exercices de style*, Gallimard, Paris, 1966 (1re éd. 1947).

RASTIER (François) : pp. 52, 53, 116, 132, 158, 185.
— « Systématique des isotopies », in Greimas (A.J.), *Essais de sémiotique poétique*, Larousse, Paris, 1972, pp. 80-106.
— *Essais de sémiotique discursive*, Mame (« Univers sémiotiques »), Paris, 1973.
REY (Alain) : p. 232.
La lexicologie. Lectures, Klincksieck, Paris, 1970.
REY-DEBOVE (Josette) : pp. 129, 141, 178, 207.
— « Autonymie et métalangue », in *Cahiers de lexicologie* n° 11, 1967-2, pp. 15-27.
— « Les relations entre le signe et la chose dans le discours métalinguistique : être, s'appeler, désigner, signifier et se dire », in *Travaux de Linguistique et de Littérature*, VII-1, 1969, pp. 113-129.
— « Note sur une interprétation autonymique de la littérarité : le mode du "comme je dis" », in *Littérature* n° 4, déc. 1971, pp. 90-95.
— *Recherches sur les systèmes signifiants* (Actes du symposium de Varsovie, 1968), Mouton, La Haye Paris, 1973.
RICARDOU (Jean) : pp. 53, 75, 183-184, 207.
— « L'or du scarabée », in *Tel Quel* n° 34, été 1968, pp. 42-57 (article repris dans *Théorie d'ensemble*, Seuil, 1968, pp. 365-383).
RUWET (Nicolas) : p. 230.
RICŒUR (Paul) : pp. 8, 118, 151-152, 153, 157, 158, 161, 172, 205, 226-227.
La métaphore vive, Seuil, Paris, 1975.
RIFFATERRE (Michael) : pp. 111, 132, 157, 219.
— « La métaphore filée dans la poésie surréaliste », in *Langue française* n° 3, sept. 1969, pp. 46-60.
— « Modèles de la phrase littéraire », in Léon (P.), Mitterand (H.), Nesselroth (P.) et Robert (P.), *Problèmes de l'analyse textuelle*, Didier, 1971, pp. 133-151.
RUWET (Nicolas) : p. 230.
Introduction à la grammaire générative, Plon, Paris, 1967.

SAUSSURE (Ferdinand de) : pp. 20, 48-57, 113-114, 116-117.
Cours de Linguistique générale, Payot, Paris, 1968 (1re éd. Genève, 1915).
SHANE (S.A.) : p. 98.
French phonology and morphology, M.I.T. Cambridge (Mass), 1968.
SLAKTA (Denis) : p. 161.
« Esquisse d'une théorie lexico-sémantique : Pour une analyse d'un texte politique (Cahiers de doléance) », in *Langages* n° 23, sept. 1971, pp. 87-134.
STAROBINSKI (Jean) : pp. 48-55.
Les mots sous les mots. Les anagrammes de Ferdinand de Saussure, Gallimard, Paris, 1971.

TODOROV (Tzvetan) : pp. 23-24, 29, 42, 48, 64, 72, 73, 81, 83, 96, 100, 114, 126, 140, 161, 163, 171, 172, 174, 178, 194.
— « La description de la signification en littérature », in *Communications* n° 4, nov. 1964, pp. 33-39.

— « Recherches sémantiques », *in Langages* n° 1, mars 1966, pp. 5-43.
— « Anomalies sémantiques », *in Langages* n° 1, mars 1966, pp. 100-123.
— *Littérature et signification*, Larousse, Paris, 1967.
— « Problèmes de l'énonciation », *in Langages* n° 17, mars 1970, pp. 3-11.
— « Introduction à la symbolique », *in Poétique* n° 11, 1972, pp. 273-308.
— « Recherches sur le symbolisme poétique », *in Poétique* n° 18, 1974, pp. 215-245.
TODOROV (T.) et DUCROT (O.) : voir DUCROT.

ULLMANN (Stephen) : p. 109.
Précis de sémantique française, A. Francke, Berne, 1952.

VALÉRY (Paul) : 6, 41, 50.
VAN DIJK (Teun A.) : pp. 185-202.
— « Aspects d'une théorie générative du texte poétique », *in* Greimas (A.J.), *Essais de sémiotique poétique*, Larousse, Paris, 1972, pp. 180-206.
— « Quelques problèmes à propos d'une théorie du signe poétique », *in* Rey-Debove (J.), *Recherches sur les systèmes signifiants*, Mouton, 1973, pp. 381-391.
VASSEVIÈRE (Maryse) : p. 132.
« La réécriture des « Communistes » d'Aragon », *in Littérature* n° 4, déc. 1971, pp. 78. 89.

WEINREICH (Uriel) : pp. 55-98.
« Explorations in semantic theory », *in* Steinberg (D.D.) et Jakobovits (L.A.), *Semantics*, Cambridge, 1971, pp. 308-328.
WUNDERLI (Peter) : pp. 48, 197, 200.
« Saussure et les anagrammes », *in Travaux de Linguistique et de Littérature*, X-1, 1972, pp. 35-53.

ZIFF (Paul) : p. 110.
Semantic Analysis, Cornell Univ. Press, Ithaca New York, 1960.
ZUBER (Ryszard) : pp. 61, 161.
Structure présuppositionnelle du langage, publication du Centre de linguistique quantitative, document n° 17, Dunod, 1972.
ZUMTHOR (Pierre) : pp. 49, 190.
« Jonglerie et langage », *in Poétique* n° 11, 1972, pp. 321-336.

INDEX

(Certains concepts sont accompagnés d'une définition, d'autres ne le sont pas : c'est qu'elle figure explicitement dans le corps de l'ouvrage).

N. B. — Nous n'avons pas spécifié les cas où le mot figurait dans une note en bas de page.

(1) le Sa reproduit plus ou moins approximativement le référent : moti-vation « phonétique » ;

(2) le lexème est constitué de plusieurs morphèmes tels que sa signi-fication globale soit la résultante de celle de ces différents morphèmes : : motivation « morphologique » ;

(3) le lexème est constitué d'un Sa existant par ailleurs dans le système lexical, mais avec une autre signification apparente (par métaphore, métonymie, etc.) : motivation « sémantique », ou « par polysémie » ;

(4) le lexème est apparenté quant à son Sa (paronymique) et quant à son Sé (parasynonymique) à un autre lexème de la langue (ex. : père/mère, cerise/merise, etc.) : motivation « par paronymie ».

Les trois derniers cas de motivation sont relatifs, indirects, internes au système linguistique. Le dernier est extrêmement rare en langue, mais très largement exploité par le discours (remotivation))

pp. 28, 35-36, 92, 175, 206-207, 215, **222** ;

l'arbitraire paronymique

pp. 40-1 ;

les unités connotatives : arbitraires ou motivées ?

pp. 174-175.

Association (valeur, connotation associative ; mécanisme associatif) :
voir **champ associatif, image associée**

pp. 17, 29, 70, 75, 76, 91, 92, 95, **112-161**, 167, 169, 173, 183, 184, 202, 217 ;

association in praesentia / in absentia

pp. 122-123.

Assonance

pp. 38, 49.

Autonymique (emploi)

pp. 141, 143 ;

connotation autonymique

p. 129.

Axiologique (sont dites « axiologiques » les unités linguistiques qui reflètent un jugement de valeur, positif ou négatif, porté sur l'objet dénoté par le sujet d'énonciation ; de telles unités comportent donc une « connotation axiologique »)

pp. 70, 71, 90, 91, 93, **100-103**, 109, **110-111**, 121, 161, 166, 168, 169, 176, 182, 184, 216.

Burlesque

pp. **103**, 111.

Calembour : voir **antanaclase, syllepse**

pp. 57, **140-149**, 159-160, 193-194.

Champ

    associatif

    pp. 91, 113, 116-117, 209 ;

    connotatif

    p. 99 ;

    morpho-sémantique

    pp. 114, 117 ;

    paronymique

    p. 114 ;

    sémantique

    pp. 13, 24, 99, 113, 185.

Ironie
    pp. **134-139,** 156, 161, 194.

Isotopie (« séquence isotope » : toute séquence discursive pourvue d'une certaine cohérence syntagmatique grâce à la récurrence d'unités d'expression et/ou de contenu ; « isotopie » : principe de cohérence de la séquence (sémantique, phonétique, prosodique, stylistique, énonciatif, rhétorique, présuppositionnel, syntaxique, narratif), ou la séquence isotope elle-même. Le plus souvent, « isotopie » = isotopie sémantique)
    pp. 5, 27, 55, 124, 131, 143, 145, 146, 149, 156, **185-188,** 189, 194 ;
    isotopie phonétique
    pp. 38, 185 ;
    isotopie stylistique
    pp. 97-98, 100, 101, 111, 185 ;
    isotopie dénotée / connotée
    pp. 115, 125, 138, 157-158, **185-188.**

Langage de connotation
    pp. **80-81,** 84, 184, 201, 218.

Logatome
    pp. 29, 30.

Métalangage (métalinguistique)
    pp. 80-81, 116, 122, 130, 195, 201, 213.

Métaphore
    pp. 8, 32, 84, 111, 115, 123, 136, 139, 143, **149-161,** 172, 180, 185-187, 188, 194, 218, 227.

Métasème (nous appelons métasème(s) le(s) trait(s) sémantique(s) qui assure(nt) le transfert métaphorique d'un terme. Sm_1 et Sm_2 étant les sémèmes correspondant aux sens propre et dérivé de ce terme, le(s) métasème(s) se trouve(nt) à l'intersection des deux sémèmes (et ils reflètent linguistiquement la ou les propriétés perçue(s) comme commune(s) aux deux dénotés). Sème et métasème sont deux unités théoriques distinctes (qui ne sont pas dégagées par les mêmes procédures comparatives), même si elles peuvent dans certains cas coïncider substantiellement)
    pp. 150, 154, **180,** 181.

Métasémémie (pour un terme, modiifcation de son sémème central, selon certaines règles générales — métaphore, métonymie, synecdoque, extension / spécialisation —, qui permettent de rendre compte de la polysémie des unités lexicales. La métasémémie peut être envisagée en synchronie ou en diachronie, en langue ou en discours)
    pp. 114, 181.

Métonymie
    pp. 32, 75, 94, 117, 143, 155, 156.

Monosémémisation (on parle de « monosémémisation » lorsqu'une unité polysém(ém)ique en langue voit le nombre de ses sémèmes, au cours de l'actualisation discursive, et de par les effets du contexte linguistique et/ou extralinguistique, se réduire à un seul)
    pp. 140, 143, 194.

Morphème (la plus petite unité à deux faces (douée de sens). Le morphème peut être de longueur inférieure, égale ou supérieure au mot)
    pp. 37, 129 ;
    morphème discontinu
    pp. 48, 50.

Paronymie (relation de ressemblance phonétique et/ou graphique entre deux
  unités signifiantes)
  pp. 39-46, 116-117, 123 ;
  connotation par paronymie
  pp. 79, 117, 123, 126, 139, 149, 161, 171-173, 179.

Pause
  pp. 62, 64.

Phème (plus petite unité qui articule le plan de l'expression (orale).
  Les phèmes sont les « traits distinctifs » constitutifs des phonèmes, dans
  lesquels ils sont amalgames — c'est-à-dire qu'ils ne sont pas susceptibles
  de s'actualiser isolément)
  pp. 36, 37, 38, 40, 86, 87 ;
  archiphème
  p. 38.

Phonème (plus petite unité du plan de l'expression qui soit susceptible de
  s'actualiser isolément, sous forme de « son ». Ces unités abstraites, non
  significatives (dénotativement du moins — car elles peuvent se charger
  de valeurs connotatives), sont constituées de phèmes amalgamés, et
  constituent par concaténation le morphème)
  pp. 23-27, 29, 37, 46, 58, 92.

Phonostylème
  pp. 25-27, 49, 57, 59, 60, 63, 91, 93, 104, 182.

Pluriel (sens) (= « polysémie textuelle »)
  pp. 21, 54, 69, **189-196**, 198, 208, 212, 232.

Poétique
  connotation poétique
  pp. 71, 73-74, 76, 92, 95, 97, 103, 143, 153 ;
  fonction poétique
  pp. 26, 42, 157 ;
  parole, discours poétique ; poéticité, poésité
  pp. 35, 38, 41, 42-43, 63, 66, 81, 160, 171, 197-207, 224, 226-227.

Polysémie (plus justement « polysémémie » : la plupart des unités lexicales sont
  « polysémiques », dans la mesure où elles comportent, en langue, plusieurs
  sens (sémèmes). Lorsqu'à un signifiant unique correspondent plusieurs
  sens entre lesquels existent certaines relations perçues intuitivement, et
  qui peuvent se décrire à la lumière des règles de métasémémie, on parle
  de polysémie (mais d'homonymie, si ces sémèmes sont totalement disjoints). La polysémie d'une expression linguistique peut être envisagée en
  langue, ou en parole : on parle alors de **polysémie actualisée (textuelle,
  discursive)** : voir **sens pluriel, calembour**)
  pp. 92, 100, 123, 142-143, 146, 167 ;
  connotation par polysémie
  pp. 92, 101, 110, 114-116, 117, 123, 139, 203-204 ;
  « polysémie syntagmatique »
  p. 179.

Production (modèle de)
  pp. 50, 54, 133.

Prosodie
  pp. 23, 26, **58-65**, 92, 94, 166.

Sémème (nous appelons « signifié » — ou encore « surface sémantique » — d'une unité lexicale, l'ensemble des valeurs qu'elle possède en langue, et qui constituent autant de « sémèmes » distincts (mais co-reliés), susceptibles d'être analysés en sèmes. Le sémème est donc une union conjonctive de sèmes ; le signifié, une union conjonctive de sémèmes, qui devient généralement disjonctive au cours de l'actualisation discursive)
pp. 5, 24, 87, 89, 96, 100, 114, 124, 125, 140, 142, 145, 184 ;
constitution du sémème
pp. **176-182.**

Sémique (analyse) : voir **componentielle.**

Signe : voir **objet-signe**
signes dénotatifs
pp. 19-20, 80-81, 86-87, 92 ;
signes connotatifs
pp. 19-20, 28, 36, 81, 85, 86-87, 92, 175 ;
théorie du signe
pp. 7, 20, 48, 55 ;
signe iconique
pp. 85, 215.

Signifiance : voir **signification**
pp. 7, 172, 196, 199 ;
vs **signifiose**
pp. 53, 55, 184, 196, **213.**

Signification (la signification d'un terme ou d'une séquence, c'est l'ensemble exhaustif de ses valeurs sémantiques actualisables, qu'elles soient de nature dénotative ou connotative. Certains théoriciens opposent le « sens » (= « meaning »), en langue, à la « signification » (« sense »), actualisée en discours. Dans cet ouvrage, les deux termes sont en général commutables, et valent pour les deux perspectives descriptives — mais nous utilisons « signifiance » dès lors que nous voulons mettre l'accent sur les mécanismes complexes de production du sens en discours)
pp. 11-14, 20-21, 120-122, 169-170, 176-182 ;
signification dénotative vs connotative
pp. 15-18, 112, 165-166, 199, 210 ;
dénotative
(= « signification » : p. 11 ;
= « signification principale » : pp. 165-166 ;
= « sens », ou « signifié » : p. 168) :
voir **dénotation.**

Situation de communication (= contexte situationnel, extralinguistique)
pp. 11, 16, 18, 67, 99, 104, 136-137, 176.

Stylème (unité de connotation stylistique)
pp. 94, 182.

Stylistique (discipline ayant pour objet l'étude des textes réalisés envisagés dans leur spécificité)
pp. 198, 204 ;
connotation stylistique (fait de connotation ayant pour contenu informationnel : « la séquence relève de telle catégorie de discours ou registre de langue »)
pp. 38, 63, 66, 70, **94-104,** 104-105, 143, 149, 161, 167 ;
isotopie stylistique : voir **isotopie** ;

TABLE DES MATIERES

Imp. Bosc Frères, Lyon - Dépôt légal n° 6796 - 4° trimestre 1977